KB273217

카이스트 MBA, 열정

KAIST MBA REALSTORY

카이스트 MBA, 열정

서영훈 강승욱 김지수 지음

매일경제신문사

MBA는 경영 이론과 사례에 대해 배우는 과정이 아니다.

오히려 생각하는 방식을 바꾸는 훈련이며,

문제를 정의하고 해결하기 위한 새로운 관점을 정립하는 과정이다.

그런 의미에서 MBA를 컴퓨터의 OS(운영체제)를 다시 설치하는 작업과 비교할 수 있다.

OS가 업그레이드되지 않으면 아무리 좋은 프로그램을 설치해도 무용지물이다.

우리가 보낸 지난 2년은 OS를 통째로 갈아엎는 시간이었다.

카이스트 비즈니스 스쿨이 훌륭한 학교인 이유는 학생들이 훌륭하기 때문이다. 훌륭한 학생을 가르치는 교수 역시 훌륭하지 않으면 살아남기 힘들다. 나는 미국의 MIT와 스탠포드에서 강의해 본 경험이 있고, 여기서 강의한 지도 10년이 되어간다.

그러나 여전히 카이스트에서 강의하는 일은 부담이 되고 동시에 흥분이 되기도 한다. 교실에 들어설 때마다 느껴지는 창의적인 흥분. 창의적인 사람들과 만날 때는 무엇인가 일이 벌어지곤 하기 때문이다. 기대와 흥분을 주는 교실과 학생들, 그런 장소에서 가르치는 교수는 행복할 수밖에 없다.

학교는 학생들이 실패를 경험하는 장소이다. 그래서 교수들은 학생들이 뼈아프지 않게, 그러나 마음 놓고 실패를 경험할 수 있도록 성적을 매긴다. 만점 받는 학생은 아주 드물다. 모두가 실패 경험을 가지고 학교를 졸업하는 것이다.

졸업 직후 현장으로 진출하는 MBA 과정에서는 학생들이 창의적 시도를 할 수 있는 기회가 더욱 많이 제공된다. 창의적인 아이디어는 수많은 시행착오를 거쳐야 생성되는 법. 결국 창의적인 학생들은 실패를 즐겁게 받아들일 수 있는 성품을 만들어야 한다. 현장은 기대하지 못한 경이적인 일로 가득 차 있기 때문이다.

이 책은 카이스트 MBA 과정 2년을 이수한 학생들 세 사람이 자신의 경험을 기록한 책이다. 스타 교수님들의 강의 애기도 거론되지만 그보다는 자기들의 일상생활을 아주 재미있게 묘사했다. 덕분에 카이스트 비즈니스 스쿨에서 일상적으로 벌어지는 일들을 실제 경험하듯 느낄 수 있게 해준다.

나는 대학을 선택하는 많은 학생들에게 우선 그 학교의 분위기를 느껴보라고 권한다. 교수들과 학생들이 서로 부딪치면서 발생하는 창조적 에너지를 느껴봐야 자신에게 맞는 학교생활을 경험할 수 있다. 짧은 기간의 학교생활은 평생 큰 영향을 준다. 좋은 학교란 외국 잡지의 순위로 결정되는 것이 아니다. 그 학교와 자기의 품성이 맞아야 한다. 이 책의 저자들은 행간에 그런 고민을 토로하고 있다.

카이스트 비즈니스 스쿨은 취직 시험을 준비하는 학원이 아니다. 즐겁지만 한편으로는 고된 2년간의 교육은 세계 기업들이 요구하는 창조적 경영 인재를 양성하기 위함이다. 창조적 인재만이 복잡한 기업 경영의 문제를 제대로 정의하고, 해결책을 제시할 수 있기 때문이다.

책에서 저자들은 이러한 기업 경영의 문제 해결을 위한 치열한 훈련 과정을 생생하게 묘사하고 있다. 더불어 이들은 단순히 경영이라는 특정 학문을 배우는 과정뿐 아니라 배움에 대한 치열한 열정과 도전의 과정을 이야기한다. 힘겨운 시간들을 기꺼이 받아들이는 모습에서 오히려 낭만과 행복이 느껴진다.

경영과 MBA 과정에 관심이 있는 사람들뿐 아니라 한 번쯤 치열한 배움의 과정을 경험하고, 삶에 대한 뜨거운 열정을 꿈꾸는 모든 이들에게 이 책을 추천하고자 한다.

카이스트 서울 부총장 **배순훈**

카이스트 비즈니스 스쿨에서 공부하던 첫 학기.

그 때만 해도 우리는 MBA에 대해 '마케팅을 배우고, 재무이론을 습득하고, 기업전략의 다양한 사례를 배우는 것이 전부일 것'이라는 생각을 가지고 있었습니다. 끝도 없이 쏟아지는 케이스들과 팀 미팅, 시험과 갖가지 과제들 앞에서 과연 이렇게까지 해야 하는 것인가, 이렇게 공부해야만 경영을 제대로 알 수 있단 말인가 고민하며 회의감에 휩싸일 때도 많았습니다. 때론 가족과 친구 등 소중한 사람들과의 소원함을 감수해야 했고, 따뜻한 봄볕과 고운 가을 낙엽도 과거의 추억을 통해서만 느껴야 했습니다.

하지만 시간이 흐르면서 MBA가 단지 마케팅과 재무, 전략과 생산관리 등 개별 경영 과목들에 대한 이론과 기술적 수단을 학습하는 것이 아니라는 사실을 깨달았습니다. 지겨울 만큼 계속되던 케이스와 팀 미팅을 통해 우리가 얻었던 것은 단편적 지식이 아니었습니다. 진정한 MBA란 다양한 문제 가운데 핵심을 집어내고, 그 문제를 해결하는 종합적인 역량을 습득하는 작업이었던 것입니다.

그런 의미에서 MBA는 생각하는 방식을 바꾸는 과정이라 할 수 있습니다. 생각하는 방식을 바꾸지 않으면 근본 문제가 무엇인지조차 제대로 진단할 수 없습니다. 이런 과정은 컴퓨터의 OS(운영체제)를 통째로 업그레이

드하는 것과 같습니다. 소프트웨어가 아무리 훌륭해도 낮은 버전의 OS 위에서는 성능을 제대로 발휘하지 못하고 때로는 작동조차 되지 않습니다. 마찬가지로 생각하는 방식이 바뀌지 않고서는 탁월한 이론과 선진 기업의 사례들도 문제해결에 아무런 기여를 할 수 없는 것입니다.

OS를 업그레이드하는 과정. 이는 곧 우리 두뇌에 깔린 생각의 메커니즘을 바꾸는, 상상하지 못했던 일을 경험하는 과정이었습니다. 시간이 지나면서 우리 스스로의 변화를 확인할 수 있었고, 동료 학우들의 모습 역시 변화되어 가는 것을 볼 수 있었습니다. 고된 훈련이었지만 경이와 희열을 느낄 수 있었고, 무엇보다 스스로에 대한 무한한 자신감을 얻었습니다. 그것은 기업 경영 현장에서 발생하는 모든 문제들에 대해 즉답할 수는 없어도 문제 해결을 위한 전체 그림을 그릴 수 있다는 자신감이었습니다. 이러한 저희들의 감동과 희열을 함께 나누고 싶습니다.

한정된 지면 때문에 모든 분들을 열거하지는 못했지만, 매 수업마다 열정을 다해 깨우침을 주셨던 카이스트 MBA 교수님들을 잊지 못합니다. 교수님들이 저희에게 주셨던 것은 이론과 지식이 전부가 아니었습니다. 배움에 대해 보다 근본적으로 성찰할 수 있는 계기를 만들어 주셨습니다.

우리는 수업을 통해 이론과 현실의 세계가 별개로 존재하는 것이 아니라는 것을 알 수 있었습니다. 질서 없이 그 자체로 존재하는 현실의 조각들에 질서를 부여하여 군집으로 묶은 것이 이론이었고, 이론은 다시 일반적 현실을 해석하고 방향성을 주는 엔진이었습니다. 이론의 위력을 무시해서도 안 되지만, 현실에 뿌리 내리지 못한 이론을 맹목적으로 추종하는 것도 경계해야 할 일이었습니다.

배움이 두뇌 활동의 결과물임에는 틀림없지만 머리만으로 해결할 수 있는 것에는 한계가 있었습니다. 심장에서 뜨겁게 쏟아지는 열정의 기운이 있어야 했습니다. 두뇌로 배움이 시작될지라도 열정에 의해 성장되고 완성되는 것이었습니다. 열정이 뒤따르지 않으면 그 어떤 배움도 결실을 맺지 못 할 것입니다. 새로운 것에 대한 열정, 미지의 대상에 대한 열정이 없다면 인류는 벽돌 한 장 높이의 지식도 쌓지 못했을 것입니다.

생각하고, 생각하고, 또 생각해라. 끊임없이 비판적 사고를 독려하신 교수님들의 채근이 저희를 성장시켰습니다. 받아들이는데 익숙해진 배움의 자세를 하루아침에 뒤엎기는 힘들었지만 한 번 익혀진 비판적 사고는 이론을 창조적으로 적용하는 능력을 높였습니다.

'하나를 알아도 똑바로 알라.'

배우는 자의 근본자세를 깨우쳐 준 값진 가르침이었습니다.

학교에서 만난 동료 학우들과의 소중한 만남도 잊지 못합니다. 탁월한 학습 능력과 지적 능력을 가진 친구들을 보면서 자격지심에 휩싸여 괴로워하던 나날들이 있었습니다. 하지만 차츰 시간이 흐르면서 서로가 서로에게 배우고 가르쳐줄 수 있다는 사실을 깨달았습니다.

동료 학우들은 저마다 카이스트 비즈니스 스쿨을 이루는 모자이크의 조각 하나하나가 되어 전체를 아름답게 만들어 주었습니다. 많은 학생들은 이미 전자, 통신, 유통, 방송, 금융 등 각 산업의 전문가였습니다. 마케팅과 전략, 유통, 생산, CRM 등의 전문분야를 가진 동료들로부터 각 산업 현장의 생생한 소식을 접할 수 있었고, 전문 역량을 공유할 수 있었습니다.

동료들의 끊임없는 도전과 열정의 자세를 통해 아름다움이 무엇인가 목격했습니다. 새벽 2시, 3시가 넘어도 지속되는 격정적 토론의 풍경을 바라보며 저희가 카이스트 MBA라는 사실에 대해 자부심을 가질 수 있었습니다.

수업 시간에 지속된 격론으로 서로 감정이 상하기도 했지만, 시간은 그것을 아름다운 추억으로 만들어 주었습니다. 그들이 보여준 삶에 대한 진지하고 열정적인 태도가 도전적인 카이스트 비즈니스 스쿨의 문화를 형성하고 있었습니다. 카이스트 MBA의 가장 값진 자산은 우수한 교육 시설이 아니라 탁월한 학생들일지도 모릅니다. 지난 2년을 함께 했던 소중한 배움의 벗들, 그들이 또 다른 스승이고 교과서였습니다.

저희가 느꼈던 감동의 이야기, 카이스트 MBA의 소중한 가치를 여러분과 나누고 싶습니다. 저희의 이야기는 홍릉의 작은 캠퍼스에서 벌어지는 이야기가 아니라 도전과 열정을 갈망하는 수많은 사람들의 이야기일 수 있다고 생각합니다. 자신의 꿈을 이루기 위해 치열하게 하루하루를 살아가는 고등학생, 대학생, 직장인들과 저희들의 경험을 함께 나누고 싶습니다. 저희들의 이야기는 단순히 MBA에 대한 이야기가 아니라 순간순간 치열하게 살아가는 이 시대 사람들의 열정에 대한 이야기입니다.

행여 저희 책의 내용이 카이스트 비즈니스 스쿨의 교수님들과 학생들, 그리고 교직원들께 조금이라도 누가 된다면 그것은 전적으로 저희들의 탓이라는 사실을 말씀 드립니다.

이 책이 나오기까지 격려의 말씀을 아끼지 않으신 김영걸 교수님, 함께 고민하며 조언해 준 이준형 학우와 최하영 학우, 개인적 사연을 공개해 준 김미혜 학우와 김영현 학우, 그리고 번거로움을 마다지 않고 각종 자료를 지원해 주신 마케팅실 선생님들께 다시 한 번 감사의 말씀을 드립니다. 끝으로 곁에서 묵묵하게 지켜보며 사랑의 힘을 가르쳐준 가족들께 가슴 깊은 애정을 전합니다.

부족한 저희를 들어 이 책을 쓰도록 허락하신 하나님께 영광을 돌립니다.

서영훈, 강승욱, 김지수

안다는 것이 무엇인가? 한 번 들어본 적 있거나, 배운 적 있거나, 읽어본 적 있으면 안다는 것인가? 여러분이 안다는 그것으로 여러분 앞에 놓인 문제를 해결할 수 없다면 그것은 아는 것이 아니다. 함부로 안다고 절대 말하지 말라. 한 가지를 알아도 제대로, 똑바로 알아라. 그럴 때 문제해결의 전문가로서 여러분이 진정한 MBA로 태어날 수 있다.

- 이승규 교수, 서비스경영 수업 중

12 학 점 에

반 기 를

들 다

"호영아, 이게 무슨 소리야? 우리 이번 학기 12학점 이상은 신청 못 한다는 이야기인가?" 수강 가능 학점에 대한 공지 이메일을 먼저 확인한 영훈이 물었다.

카이스트 비즈니스 스쿨 시작. 많은 학생들에게 있어 가장 큰 관심거리는 단연 수강 신청이다. 무슨 과목을 어떠한 계획 하에 수강해야 하는지, 또 몇 학점까지 수강할 수 있는지 학기가 시작되기도 전부터 학생들은 정보를 얻기에 바쁘다. 선배들을 통해, 온라인 커뮤니티를 통해 보다 생생하고 구체적인 정보를 얻고자 아우성이다.

"무슨 소리야? 졸업할 때까지 54학점 채우려면 1학기에 15학점은 꼭 들어야 되는데? 계절 학기까지 들으라는 이야기인가? 방학 때도 하고 싶은 일들이 얼마나 많은데. 수업 들을 여유가 어디 있어? 참, 이해할 수가 없다."

〈공지사항〉

MBA 전공 사무실입니다. MBA 1학년 1학기 학생들은 최대 수강 가능 학점이 12학점입니다. 하지만 15학점 수강 여부에 대해 문의를 하는 학생들이 있는 것 같습니다. 그간 대다수의 1학년 학생들이 12학점 수강도 힘들어하는 경우가 많았습니다. 학생들의 원활한 학습 적응을 돕기 위한 조치이오니 이 점을 주지하시어 수강신청에 차질이 없도록 협조해 주시길 부탁드립니다.

"그렇게 말이야. 우리 대학 다닐 때 한 학기에 21학점 듣지 않았어? 15학점 듣는 것이 힘들다는 건가? 야간도 아니고 풀타임(Full time)인데. 15학점이면 3학점 과목 5개 듣는 것이잖아. 아님 수업 이외에도 우리가 해야 할 일이 있는 건가? 통 모르겠네."

한 학기에 21학점씩 듣던 대학 시절을 떠올려 보면, 12학점으로 수강 과목에 제한을 두는 것을 쉽게 받아들일 수 없는 것도 당연하다.

'지금도 듣고 싶은 과목이 10개 정도는 될 것 같은데, 5과목도 듣지 말라니.'

"안녕하세요. 전공 사무실이죠? 저는 텔레콤(Telecom) MBA 1년 차

서영훈이라고 합니다. 다름이 아니라 공지를 보니 12학점만 수강하라고 되어 있는데 이유가 있는 건가요? 15학점을 듣는 것이 저희들에게 부담이 되어서 그러는 건지, 아니면 저희가 모르는 이유가 있는 건지 궁금해서요."

"아, 네. 안녕하세요. 우선 입학하신 것 축하드립니다. 공지사항 보시고 연락하신 거군요. 전공 사무실에서 공지했다시피 MBA 1학기 처음부터 15학점을 수강하시면 너무 힘들어서 수강하는 어느 과목도 제대로 소화하시기 힘들 겁니다. 그 동안 학생들과 교수님들의 경험으로 인해 나온 결론이에요. 2년 차 선배들에게 확인하시면 제가 무슨 말씀을 드리는 것인지 아실 겁니다. 제대로 공부하시려면 4과목 수강도 만만치 않을 거예요. 게다가 영어 회화 수업도 들으실 거 아닌가요? 중국어 회화 수업 듣는 학생도 있을 테고. 외국어 과목들이 학점 인정 과목은 아니지만 아주 인기가 있는 수업들인데…. 선착순 등록이기 때문에 늦으면 등록도 힘들걸요. 12학점 들으시고 영어와 중국어까지 하려면 힘들지 않을까요?"

이미 선배들로부터 카이스트 비즈니스 스쿨에서 3과목 듣는 것도 힘들 때가 있다는 말을 듣기는 했지만, 영훈과 호영은 도통 이해하기 힘들었다. 무엇보다 의욕이 앞서서일까? 12학점을 듣기엔 놓치는 수업이 많은 것 같아 아쉬운 상황이었다.

게다가 졸업하기 위해서는 최소 54학점을 이수해야 하는데, 그러기 위해서는 한 학기 평균 13.5학점, 4.5과목을 들어야 한다는 계산이 나온다. 따라서 한 학기에 5과목을 수강하겠다는 영훈과 호영의 생각이 무리는 아니었다. 전공 사무실에서는 한 가지 대안을 제시했다. 15학점을 듣고자 하는 학생들이 많아 그 동안 허용한 내용이었다.

"굳이 15학점을 듣고 싶으시다면 방법이 한 가지 있습니다. 먼저 전공책임 교수와 상담을 하시고 전공책임 교수께서 5과목 15학점 수강을 허락하시면 수강하실 수 있습니다. 그런데 저는 별로 권하고 싶지 않네요."

〈공지사항〉

텔레콤 MBA 1년 차 여러분, 안녕하세요.

좋은 정보가 있어 공유하고자 합니다. 조금 전에 전공사무실 선생님하고 통화했는데 전공 책임 교수의 승인을 얻으면 1학기에도 5과목 15학점 수강이 가능하다고 합니다. 즐공하세요. ^^;

서영훈 드림
Lab 227

카이스트 비즈니스 스쿨에는 학기 초 '쇼핑(Shopping) 기간' 이라는 것이 있다. 개강 이후 2주간의 수강신청 정정기간 동안 자신이 원하는 수강 후보 과목들을 다양하게 들어본 후 최종적으로 수강 과목을 확정하는 것을 말한다.

법학을 전공한 영훈은 경영학 개론조차 들어본 적이 없어서 1학기부터 경영학에 대해 제대로 배워보겠다는 다짐을 하고 있었다. 쇼핑 기간 영훈의 첫 수업시간. 이회경 교수의 경영통계 시간이다.

"반갑습니다. 이번 학기 경영 통계 과목을 가르치게 된 이회경입니다. 다들 1학년 학생들이죠? 그럼 이 중에는 경영학에 대해 잘 알지 못하는 사람들이 대부분이겠네요. 학부에서 경영학 전공한 학생도 있나요? 다양한 백그라운드(Background)를 가진 사람들이 모였겠군요. 이번 학기 여러분들이 배울 경영통계 과목은 MBA들이 반드시 숙지해야 할 가장 기본적인 과목입니다. 자신이 문과라고 해서 걱정할 필요도 없고, 이과라고 해서 우습게 봐서도 안 됩니다. 먼저 교재부터 말씀 드리면 워나코트(Wonnacott)의 《비즈니스와 경제학을 위한 통계》입니다. 오늘은 첫 시간이라 책이 준비되지 않았을 테니 다음 시간부터 준비해 주세요. 그럼 이제 수업 시작합시다."

'아니, 첫날부터 무슨 수업이야? 교수님 참 특이하시네.'

수업 첫날이라 과정 소개 정도만 간단히 할 줄 알았는데 학생들의 기대는 완전히 어긋났다. 벌써 수업시간 90분이 다 채워져 가고 있었다. 비단 이회경 교수 수업뿐 아니라 카이스트 MBA 모든 과목의 첫 시간은 간단한 강의 소개로만 끝나지 않았다.

본격적인 수업에 들어가는 교수가 있는가 하면 처음 MBA 과정을 경험하는 학생들에게 기본적인 마인드를 심어주는 교수, 기존에 가지고 있는 지식을 물어보며 학생들의 수준을 알려고 하는 교수 등 첫 수업을 꽉 차게 사용하는 교수가 대부분이었다. 일단 개강하면 종강까지 단 한 번의 수업도 건너뛰지 않는 것이 카이스트 MBA의 전통이었던 것이다.

"오늘 간단하게 1장, 2장에 있는 개론 설명을 마쳤으니까 다음 시간부터 본격적인 강의 시작입니다. 다음 시간까지 교과서 구입 후 3장을 미리 읽어오세요. 교과목 포럼에 강의 실러버스(Syllabus) 올려놓을 테니 미리미리 준비하시고 강의 자료도 읽어오세요. 강의 자료는 매 시간마다 포럼에 올리겠습니다. 수업 시간 전에 꼭 확인하고 들어오세요. 질문 있으면 교과목 포럼에 올려주시거나 실러버스 상에 기재되어 있는 조교 연락처로 연락해 조교에게 물어보면 됩니다."

수업이 끝나자마자 영훈은 불만을 터뜨렸다.

"이거 무슨 첫날부터 강의 시간을 꽉 채우냐? 좀 심하지 않나? 대학 땐 거의 첫 수업은 안 하다시피 했는데. 어차피 강의 소개하는 거였으니까 말야. 그런데 정상 수업에다 숙제까지 내주다니."

15학점을 주장하며 제대로 공부 한번 해보겠다던 영훈이었지만 첫날부터 모든 수업이 정상적으로 진행될 줄은 미처 생각지도 못했다.

"그러게요. 직장 생활하다 그만두고 학교에 와서 가뜩이나 적응 못하고 있는데 무슨 매 수업이 첫날부터 정상수업이에요? 벌써 숙제까지 내는 교수들도 한 둘이 아니라는데요." 승욱 역시 카이스트 비즈니스 스쿨의 전통이 낯설다는 듯 말했다.

"이거 진짜 5과목 듣다가 이번 학기 우리 몸 부서지는 거 아냐? 숙제 하다보면 주말도 없을 것 같은데. 그냥 우리 4과목만 들어야 되나? 그래도 그냥 5과목 듣는 것이 나을까? 모르겠다, 정말."

영훈과 호영, 승욱을 비롯한 모든 텔레콤 MBA 1년 차 학생들은 첫 학기 15학점을 신청했다. 또 대부분은 영어와 중국어까지 신청했기 때문에 모두 7과목을 수강하게 되었다. 이러한 결정이 무지에서 비롯되었든, 학습에 대한 열정에서 비롯되었든 그 동기는 별로 중요하지 않았다. 하지만 그들 앞에는 혹독한 카이스트 MBA의 첫 학기가 기다리고 있었다.

와 인 잔
앞 에 서

화요일 밤 10시. 마케팅 첫 모임을 마치고 승욱과 지수, 영훈은 학교 후문 쪽으로 나가 쿠어스라는 와인 바를 찾았다. 한 학기 동안 같은 팀으로 활동하기 위해서는 팀의 단합이 중요했다. 첫 모임을 어떻게 진행하느냐에 따라 향후 팀의 사기와 분위기가 많이 달라지기 때문이다.

"형, 우리 이렇게 모였는데 오늘은 케이스 이야기는 다 잊고 편히 얘기하면서 서로에 대해 좀 잘 알았으면 좋겠어요."

"좋아. 앞으로 한 학기 동안 갈 길이 먼데 잘 해봐야지."

승욱의 말에 영훈이 웃으며 대답했다.

"그럼 오늘은 자기가 그 동안 어떻게 살아왔고, 어떤 계기로 카이스트 MBA를 선택했는지 얘기해 볼까? 어때? 지수부터 시작하자구."

승욱이 지수에게 제안했다.

지수, 최고 마케팅 전문가를 꿈꾸다

하루하루 정신없이 일하다보니 회사 입사 전 나의 포부가 무엇이었느지, 노트에 끼적여 놓은 나의 5년 플랜(Plan), 10년 플랜이 무엇이었는지… 많은 꿈들이 나도 모르는 사이 잊혀 가고 있었다. 나는 무엇을 위해서 이렇게 열심히 일을 하고 있는 것일까? 10년 후 나의 모습은 무엇일까? 내가 원하는 일을 하기 위해서 난 부족함이 없는 것일까?

뒤돌아 볼 여유 없이 앞만 보고 달렸던 대학 시절. 의류학을 전공하던 나는 디자이너의 꿈을 안고 옷을 디자인하는 것에만 집중하면서 남들보다 빨리 직장 생활을 시작하였다. 졸업 전 디자이너라는 직업으로 사회생활에 첫발을 내딛게 된 것이다. 하지만 직장 생활을 6개월 정도 겪고난 후, 디자이너라는 직업에 대한 고민을 하기 시작하였다.

‘세상이 돌아가는 것을 알고 싶어. 지금 내가 하고 있는 이 일은 잡지를 보고, 백화점에서 상품도 보고, 해외 출장을 다니고, 하루하루 흥미로운 일들의 연속인데…. 하지만 사람들이 서로가 부딪히는 사회 속에 들어가 사람들이 무엇을 좋아하는지, 왜 좋아하는지를 알아야 할 것 같아. 디자인도 중요하지만 상품을 직접 기획해 보는 건 어떨까. 어떻게 하면 잘 판매할 수 있는지도 궁금해. 그리고 아침마다 경제 신문도 보고 싶어. 하지만 지금의 나에게 경제 신문을 볼 여유가 있을까? 아니 경제신문을 본다고 해도 이해가 잘 안 간다고, 내 것으로 소화시킬 수 없

다고 말하는 것이 맞겠지.’

이런 생각으로 대학 졸업과 동시에 나는 새로운 직업을 얻게 되었다. 홈쇼핑 상품 기획 MD. 세계 어느 곳에서도 홈쇼핑이 이렇게 발전한 곳이 없을 정도로 한국의 홈쇼핑은 유통의 새로운 강자로 떠올라 있었다.

그 속에서 나는 ‘상품기획’ 이라는 일을 통하여 마케팅의 전 과정을 체험할 수 있었다. 아주 활동적이어서 신나고 흥미 있는 일이었다. 하지만 일을 한 지 2년 정도가 지난 어느 날, 나는 카이스트 MBA 홈페이지를 뒤적거리고 있었다.

‘홈쇼핑 시장보다 더 큰 시장에서 활동하고 싶어. 하지만 그렇게 하기에 지금의 나는 부족한 것이 너무나 많은 듯…. 큰 시장에서 ‘최고 마케팅 경영자(CMO, Chief Marketing Officer)’의 꿈을 이루기 위해서는 경험도 중요하지만 ‘경영’ 이라는 것이 무엇인지도 알아야 해. 학부 때 배운 지식과 경험으로는 경영이 무엇인지 알 수 없었어. 배웠다고는 해도 이는 일부분에 지나지 않았거든. 20년 후 최고 마케팅 경영자로서 기본 틀을 만들기 위해서는 MBA 공부가 필요할거야. 시작하자. 지금이 적기다.’

선배를 통해 카이스트 MBA에 대한 이야기를 들은 적이 있었다. 하지만 그곳은 어쩐지 베일에 싸여 있는 듯한 느낌이었다. 사실 MBA에 대해서 생소했던 시절이었고, 특히 국내 MBA에 관해서는 거의 홍보가 없는 상황이었다. 주변 사람들에게 카이스트 MBA에 대해 물어봐도 대부분은 "카이스트에 MBA가 있어? 그냥 공대만 있는 것 아니야? 거긴 대전이니?"라며 고개를 갸우뚱했다.

그나마 구할 수 있었던 정보는 입학하기 어렵다는 점과 들어갔을 경우 버티기 힘들 만큼 교육 과정이 고되다는 것이었다. 모 대학의 경영학과를 선택할지, 아니면 베일에 싸여 있는 카이스트 MBA를 선택할지 고민이 될 수밖에 없는 상황이었다.

"선택은 간단해. 이론 중심의 수업을 받고 싶으면 일반 대학원의 경영학과를 가는 것이고, 사례 중심의 다양한 케이스 분석과 실전에서 활용할 수 있는 경영 능력을 배우고 싶으면 MBA에 가는 거지. 특히 MBA는 회사 경력이 있는 사람만이 지원할 수 있으니까 보통의 경영대학원보다는 연령층도 높고 다양한 경험을 가진 사람들이 모일 거야."

일반 경영대학원과 MBA의 차이점에 대한 선배의 조언이었다. 사례 분석을 통한 비즈니스 문제 해결 방식 습득이라. 회사 경력도 있는 나에게는 일반 경영대학원보다는 비즈니스 문제 해결 방식을 배울 수 있는 MBA가 더 매력적으로 느껴졌다. 그리고 이것이야말로 내가 필요로 하는 능력이었다.

그럼 과연 내가 MBA를 통해서 얻고자 하는 건 무엇일까? 그리고 얻을 수 있는 것은 무엇인가? 2년의 시간과 기회비용도 적지 않은데다가, 졸업 후에 과연 내가 원하는 길을 갈 수 있을지도 확실하지 않았다.

그러나 분명한 건 MBA를 통해 지금의 나의 모습에서 한 걸음 더 나

아갈 수 있고, 경영의 전문지식과 함께 비즈니스 마인드를 기를 수 있다는 것이었다. 그 외에 더 얻는 것이 있다면 그것은 다양한 사람들을 만날 수 있다는 것과, 그러한 사람들에게 인생의 지혜를 배울 수 있다는 것 정도.

나는 한 번 선택한 길에 대해 후회하고 싶지 않다. 그렇기 때문에 그 상황 속에서 최선을 다한다. 카이스트 MBA에서도 그럴 것이다. 그리고 10년 후, 어느 한 기업의 최고 마케팅 경영자가 되어 있는 모습을 그려 본다.

승욱, 엔지니어에서 전문경영인으로

대학교 4학년. 모두들 바쁘다. 취업을 할 것인지 아니면 대학원 진학을 할 것인지. 성적은 좋았다. 그리고 전자공학에 대한 흥미도 어느 정도는 있었다. 모두들 대학원에 가라고 했다. 더 공부하라고. 박사까지 해서 멋지게 살아보라고.

고민이었다. 대학원에 꼭 가야 하는지 정말 판단이 서질 않았다. 공학에 대한 흥미는 취직을 해서 연구원으로 일하게 되면 계속 유지될 것 같았다. 내가 뚜렷한 목적을 가지지 못하고 단지 다른 사람들의 권유에 이끌려 가기엔 대학원에서의 2년이 너무나 길어 보였고, 한편으론 내 젊음이 무척 가여워 보였다.

'일단 회사에 들어가자. 그리고 공부가 진짜 하고 싶을 때, 그 때 다

시 돌아오자.'

이런 나의 결심에 대해 많은 사람들이 충고해 주었다. 한번 회사에 들어가면 다시 공부하러 돌아오기가 힘들다고. 그때는 그런 얘기가 귀에 들어오지 않았다. 다만, 내가 선택한 길이 유일한 해답이 되어주기를 바랐다. 내 인생이기에 그러한 모험을 내가 책임지고 싶었다.

평소 관심이 많던 자동차산업의 현대모비스에 연구원으로 취직하게 되었다. 연구소가 용인에 있어 도심과 조금 떨어져 있었지만 한적한 주변 환경이 오히려 편안함을 주었다.

그 속에서 난 학교에서 배운 것을 열심히 적용하려고 했다. 또한 많이 배우려고 노력했다. 괜히 일을 만들기도 했다. 그런데 점점 내가 하는 일이 어릴 때부터 꿈꾸던 멋지고 보람된 일인지 의구심이 들었다. 반복적이었고 무료했다. 도전적이지도 않았으며, 발전하는 나 자신을 쉽게 떠올릴 수도 없었다. 인생을 방치하는 듯한 나 자신을 더 이상 용인할 수 없었다.

'좀 더 역동적이고, 나를 발전시키는 일을 찾자. 지금은 너무 따분해. 이렇게 늙을 수는 없어.'

이런 마음의 변화를 혹자는 뚝심이 없다고 말하기도 한다. 최소한 회사에 들어가면 3년 정도는 있으면서 인내도 배우고 하던 업무의 전문성도 키워야 한다고. 물론 이 말에 어느 정도 공감은 한다. 하지만 인생 전체를 놓고 생각해 봤을 때, 지금 내가 하는 일에 스스로가 만족하지 못한다면, 단지 3년 정도 인내심을 키우기 위해 거기에 계속 주저앉는 것보다는 또 다른 행동을 취하는 것이 좋지 않을까?

사실 대학교 때 '과학기술정책'이라는 과목을 들으면서, 과학자로의 길만이 다가 아니라는 생각을 갖게 되었다. 미국과 유럽의 사례를 보면서 과학자들을 어떻게 지원하고 이끌어주는가에 따라 한 나라의 과학 발전이 크게 영향 받는 것을 느꼈다. 그때부터 방황을 하기 시작한 것 같다. 그 즈음 카이스트 MBA에 대해서도 알아보게 되었고, 이후 잠시 잊고 지냈었다. 언젠가는 여기에 올 것을 예견하면서.

여러 가지 대안을 생각했다. 연구원으로 성공하기 위해서 공대 대학원에 진학할 것인가? 직장을 옮겨 새로운 일을 시작할 것인가? 아예 전공을 바꿔서 평소 관심이 많았던 경영공부를 할 것인가? 학사출신으로서 연구원으로 성공하기에는 한계가 있어 보였고, 이를 타파하기 위해서는 박사 학위가 필요했다. 그리고 운 좋게도 그 즈음 나를 경력사원으로 인정해 주겠다고 제안한 회사가 있었는데, 연구원으로 일하는 조건이었다.

'연구원…. 그런데 상품이나 기술기획, 전략기획 등의 새로운 일이 하고 싶다. 내 인생의 주인은 나야. 지금껏 잘해 왔어. 하지만 지금 잠시 뜻하지 않은 길 위에서 멈춰 섰는걸. 다시 길을 찾아보자. 이번 기회가 마지막일지도 모른다. 이제 더 물러설 곳도 없다. 내 인생에 보다 더 진지해지자!'

이렇게 난 카이스트 MBA의 문을 두드렸다.

영훈, 다시 배움의 길로

2001년.

KT 대외협력 파트에 있던 시절 정통부, 외교부, 정보통신정책연구원(KISDI), 한국전자통신연구원(ETRI), 한국개발연구원(KDI)과 함께 특별진담반을 구성하여 KT의 WTO 정부조달협정 배제를 목적으로 함께 일하게 되었다.

KT가 공기업이었던 시절, 정부기관이 적용을 받았던 WTO 정부조달협정의 적용 대상 기관이었는데 KT가 민영화된 이후에도 여전히 정부조달협정의 적용을 받는 불합리한 상태가 지속되고 있었기 때문이다. WTO 협정은 다자간 협정이었으나, 실질적으로 WTO 협정에서 KT 적용 배제를 반대하고 있는 국가는 미국, 캐나다, EU 등이었다.

미국 등이 주장하고 있는 요지는 KT가 형식적으로 민영화되었으나 실질적인 정부의 영향력 아래 있기 때문에 내용적으로 민영화된 기업이라 볼 수 없다는 것이었다. 물론 KT를 협상카드로 삼아 다른 이득을 얻으려는 속셈도 있었을 것이다. 어쨌든 민영기업이 복잡한 절차가 수반되는 정부조달협정의 적용을 받는다는 것은 WTO 정부조달협정의 근본 취지와도 부합하지 않았고, 경쟁우위 유지에 악영향을 끼칠 수도 있었다. 결국 이 문제 해결을 위해서는 미국 등과의 양자협정을 통해 KT 적용 배제의 타당성에 대해 설득하는 길밖에는 없었다.

당사자가 국가인 국제협정 개정이라는 복잡하고 전문적인 일의 성격 때문에 특별전담반의 구성원은 나를 제외하고 박사, 변호사, 정부 사무관, 서기관 등 소위 전문가들이 대부분이었다. 물론 내가 스스로를 전문가로 여기지 않은 것은 아니었다. 어쨌든 나는 이 일과 관련하여 우리 회사를 대표하여 그들을 만나고 있었고, 결국 우리 회사의 이익을 위한 일이라고 생각했으므로 스스로가 우리 회사의 사장이라는 생각으로 일했다.

물론 일 자체도 흥미 있었다. 법학을 공부하며 한 때 외교관이 되려던 꿈이 있었던 까닭에 WTO 협정 등 국제경제법이 그렇게 낯설지 않았고, 내 작은 노력을 통해 상대 국가들을 설득하여 국제협정을 개정하고 우리 회사의 경쟁력을 높일 수 있으리라는 희망이 있었기 때문이었다.

협상은 어쩌면 지난 모든 과정(History)과의 싸움이었다. 협정이 만들어졌던 순간부터 지금까지 일의 진행 경과와 그 이면의 의미까지 제대로 이해하고 있어야 상대와의 협상에서 밀리지 않을 수 있다.

회사의 과거 자료는 물론이고 WTO 협정 이외에 미국, 캐나다, EU와의 양자협정 내용과 각국의 현지 법령 등 문제해결에 도움이 될 만한 정보는 대부분 취득하여 논리무장을 계속 해나갔다. 동시에, 미국 워싱턴 DC에 있는 로펌(Law-firm)의 변호사와 협업을 진행하여 미국 현지의 정보 수집도 게을리 하지 않았고 외국인주주와 외국 장비업체들과의 공조 전략 마련도 고민하였다.

3박4일의 출장 기간 동안 브뤼셀과 워싱턴 DC를 오가며 EU와

USTR(미무역대표부)을 설득하기 위해 대륙을 횡단했고, 제네바의 WTO 본부에서는 캐나다, 미국, EU의 대표들과의 협상을 진행해야 했다. 물론 국가 간 협정이었으므로 나는 배석자의 자격으로 협상에 참여했다. 그러나 결국 우리 회사의 일이었기 때문에 협상을 최대한 지원했다.

협상을 준비하면서, 그리고 협상을 진행하면서 우리들은 마치 애국지사가 된 듯 때론 상대국과 언성을 높이기도 하고, 때론 자존심까지 구겨야 했다. 워싱턴 DC, 백악관 부속 회의실에서 협상 시간이었던 4시가 훨씬 지나도록 나타나지 않았던 USTR 협상단을 기다릴 때는 서러운 생각마저 들었다. 배석자가 말이 많다는 이유로 EU 협상 대표에게 쫓겨나면서 분을 삼키기도 했다.

뜻하는 대로 일이 진행되지 않아 답답할 때도 있었지만, 열정을 다해 일했기에 행복했다. 학창시절 봤던 국제법 교과서를 들추면서 준비했던 일이었기 때문에 적어도 이 일과 관련해서는 누구와 대화해도 우리 입장을 이해시키고 논리적으로 승리할 수 있다는 자신감도 있었다.

다만 아쉬웠던 점이 하나 있었다면, 박사와 고시출신들 앞에서 나는 평범한 말단회사원에 불과했다는 것. 같은 논리를 전개해도 내가 얘기를 할 때는 '그럴 수도 있겠네요' 라는 반응이었지만, 변호사가 얘기하거나 박사가 의견을 낼 때는 전문가의 권위가 실려 있었다. 억울하고 속상했다. 가방 끈의 길이를 사람의 가치와 동일시하는 듯하여 화도 치밀었고, 내 열정과 노력이 가볍게 취급 당한다는 느낌도 들었다. 자격지심이었는지도 모른다.

2003년.

언론홍보를 하게 되었다. 근본적으로 대외협력 업무의 속성을 지녔으나 담당 고객이 변했다. 이제 나의 주요 고객은 언론사 기자였다. 언론을 통해 우리 회사의 가치와 본질을 세상에 제대로 알리는 것이 근본 임무였다. 기자들이 제대로 이해하지 못하고 있거나, 오해하고 있는 문제들에 대해 사실을 똑바로 알리기 위해 노력해야 했다. 회사가 잘 하고 있던 것들, 못했지만 외부에 정직하게 알려야 했던 내용들 또한 언론홍보팀을 거쳐 세상으로 전달되었다. 즉 내부고객과 외부고객을 연결하는 경계선에서 정보 유통의 허브 역할을 한 것이다.

안과 밖의 경계선에서 정보 흐름의 개폐기가 되다 보니 대부분의 일들이 우리 조직 밖의 외부 요소들에 의해 규정될 때가 많았다. 5분 후, 10분 후를 예측할 수 없는 순간의 연속이었다. 퇴근을 준비하다가도 다시 짐을 풀고 자리에 앉아야 할 때가 있었고, 휴일 날 샤워하고 낮잠을 자려다가 전화 한 통에 광화문으로 달려가야 할 때도 있었다.

그러나 행복했다. 그날 그날의 노력이 대부분 다음 날 신문기사와 방송을 통해 확인되었기 때문에 땀과 열정의 가치를 매일 체감할 수 있었다. 매일 매일이 다르게 채워졌으므로 늘 변화와 역동적인 기운으로 가득했다. 도저히 지루할 수 없었다.

어제 보낸 보도자료의 헤드라인이 오늘자 일간지의 헤드라인으로 채택될 때면 정말 회사에 무슨 큰 기여라도 한 것 같은 착각에 빠지기도 했다. 반면 2장의 보도자료를 내보냈는데 불과 몇 줄의 기사로 마무리

된 것을 발견했을 때는 씁쓸함이 온 몸을 지배한 적도 있었다.

회사 내에서 진행되는 모든 일들이 나의 일이었다. 그 모든 일이 진행되는 내용과 흐름을 제대로 이해할 때 외부에 알릴 만한 가치가 있는지를 판단할 수 있기 때문이었다. 회사 내에서 아무리 가치 있는 활동이 전개되고 있어도 내가 게으름 피우면 세상은 아무 가치 창조 활동도 없는 것으로 이해하는 것 같았다.

반대로 외부에서 우리 회사를 어떻게 바라보고 있는지도 주시해야 했다. 외부의 객관적 시각이 때론 우리 조직이 바른 방향으로 가고 있는지를 판단하게 해주는 지표가 되기도 하기 때문이다.

안과 밖의 갖가지 다양한 이슈들을 매일 보고, 판단하고, 가치를 부여하는 일의 연속. 흥미롭고 의미 있는 일이었다. 그러나 항상 갈증을 느꼈다. 수많은 회사 안팎의 이슈들을 다루고 있었지만, 정작 제대로 깊이 있게 이해하고 함의를 알고 있는 문제들은 드물었다. 그 갖가지 사건과 흐름들 저변에는 과연 무엇이 있는지 궁금했다.

KT가 국내에서 지배구조가 가장 우수한 기업 중 하나라고 기자에게 설명해 주면서도 지배구조 자체가 기업에게 어떤 의미가 있는지 알지 못했다. 회사의 미래 신사업과 비전을 얘기해 주면서도 정작 기업의 영속적 경쟁우위는 어떻게 형성되고 유지될 수 있는지는 몰랐다. 6시그마를 통해 수백억 원의 재무적 성과를 얻었다고 말했지만, 정작 혁신은 어떻게 시작하고 마무리할 수 있는지 몰랐다. CRM(Customer Relationship Management)에 대해 익숙하게 말했지만, CRM은 CRM 컨설팅 회사들의 사기극이라는 생각에서 해방되지 못했다.

회사 전체를 바라보는 일을 했지만 정작 회사의 부분도 제대로 알고 있지 못한 느낌이 갈수록 커졌다. 더불어 그간 알았던 지식이 고갈되고 조만간 머릿속에 쓸 만한 지식이 아무것도 남지 않을 것이라는 불안감도 커졌다. 결단하고 선택해야 할 시점이 시시각각 다가왔던 것이다.

수많은 우수한 지원자들의 틈바구니에서 회사의 '인재 육성 프로그램 대상자'로 선택된 것은 감사할 수밖에 없는 커다란 행운이었다. 하지만 그보다 더 큰 행운은, 그 프로그램으로 인해 카이스트 MBA의 문을 두드릴 수 있었다는 것이었다.

논 쟁 의
시 작

다들 멍하니 하늘만 바라보고 있었다.

"도대체 이놈의 마케팅 케이스는 영어 독해 연습하는 것도 아니고 읽어도 읽어도 무슨 말인지 모르겠어. 형, 한글로 된 케이스 없어?"

"갑자기 웬 투덜이야. 케이스 한두 번 읽은 것도 아니고. 벌써 마케팅 케이스를 몇 번이나 다루었는데."

투덜거리는 승욱에게 영훈이 나무라듯 말했다.

"알아. 하지만 뭐 케이스를 읽어서 딱 머릿속에 떠오르는 대안이 있어야 말이지. 차라리 한글이라면 쉽게 이해되기라도 할 텐데 말이야."

승욱은 마지막 케이스에 대한 전략이 쉽게 머릿속에 떠오르지 않자 영어로 된 케이스를 탓하기 시작했다. 자신의 조가 발표해야 하는 케이스라서 그런지 승욱이가 평소답지 않게 민감한 모습을 보였다.

누구보다 꼼꼼하고 성실하게 수업을 진행하는 한민희 교수 앞에서

빈틈을 보여서는 안 된다는 강박관념이 있는 듯 했다. 1년 차 MBA들에게 마케팅을 가르치는 한민희 교수는 마케팅의 아버지라고도 불리는 필립 코틀러(Philip Kotler)의 제자로서 우리나라를 대표하는 마케팅의 전문가다.

같은 조인 영훈, 승욱, 지수 세 명은 서로 다른 출신 배경과 더불어 각자의 개성 또한 분명했다. 물론 다양한 경험을 가진 사람들로 마케팅 조를 구성한 것은 한민희 교수의 의도이기도 했다. 서로 다른 배경 때문에 다양한 아이디어를 낼 수 있고, 또 의견 조율 과정을 통하여 서로에게 배워가는 과정을 경험할 수 있도록 하기 위함이었다.

마케팅 수업은 MBA 과정을 처음으로 시작하는 학생들에게 다양한 산업의 경영 케이스 분석을 가장 먼저 경험하게 해주는 수업이었다. 하지만 케이스 학습법에 익숙하지 않은 1년 차 MBA들은 수업에 대한 부담이 컸다.

총 16주 동안 매주 하나의 케이스를 분석하고 대안 제시가 포함된 케이스 보고서를 작성해야 했다. 케이스 발표를 담당한 팀의 경우 케이스에 대해 더욱 철저히 분석해야 했는데, 한 학기 동안 각 팀은 기말 프로젝트를 포함하여 3번의 발표를 소화해내야 했다. 이러한 케이스 과제 해결을 위해선 적어도 일주일에 2회 이상의 팀 미팅이 필수다. 2시간 정도 예상하고 만나는 팀 미팅이었지만 아직 케이스가 익숙하지 않은 1년 차 MBA들의 경우 한 번 모임에 3시간 이상이 소요되는 경우도 허다했다.

MBA들의 경우 직장 경력이 필수였으므로 학생들 모두가 회의를 통해 집단적으로 문제를 해결하는 훈련이 낯선 것은 아니었다. 그러나 단지 케이스에 주어진 정보만을 의존하여 전혀 생소한 산업과 기업의 문제를 해결한다는 것이 그렇게 쉬운 일만은 아니었다.

영훈, 승욱, 지수는 첫 만남부터 마음이 통해 모든 일이 쉽게 해결되리라 믿고 있었지만 이번만은 달랐다. 이번 학기 마지막 발표인 'BMW' 케이스 발표를 앞둔 조원들은 마땅한 전략이 생각나지 않아 서로 하늘만 쳐다볼 뿐이었다.

"그럼 영훈 오빠는 인지도 확산 이후부터는 전통적(Traditional) 마케팅 방법으로 BMW의 Z3(지금은 단종된 BMW의 오픈 탑 로드스터(Open top roadster) 모델 - 편집자 주)를 마케팅해야 한다는 거야?"

"그렇지. Z3를 출시하기 전에 영화 〈007시리즈〉를 통해서 PPL (Product Placement) 마케팅을 했잖아. 〈제이레노 쇼〉에서도 홍보하고. 이러한 비전통적(Non-traditional)인 방식은 구전 효과를 이용해 인지도를 높이는 데는 효과가 있어. 하지만 문제는 이제 실질적으로 Z3 신차 구매까지 이어지기 위해서 고객이 평가할 수 있는 기회를 주어야 한다는 거야. 즉 소비자들 사이에서 넓게 인지되어 있는 Z3를 실질적인 구매로까지 이어지게 한다는 것이지."

영훈이 말했다. 영훈은 BMW Z3가 출시되는 그 순간의 마케팅 전략에 대해서 고민하고 있었다. 물론 Z3가 출시된 지 꽤 많은 시간이 경과

하였지만 현재의 상황은 중요한 것이 아니었다. 케이스의 상황이 논의되는 당시 1996년 1월에 초점을 맞춰야 하는 것이었다. 게다가 이번 케이스는 기존 케이스와는 다르게 통합마케팅(IMC) 전략을 짜야 하는 것이라 창의적인 아이디어도 필요했다.

"도대체 지금 Z3는 어떤 위치에 있는 거야? 그때 성공하긴 한 걸까? 그냥 인지도만 알린 후 실질 구매로 이어지지 않은 거 아니야?"

승욱은 그 때의 상황으로 돌아가자니 답답한 마음이었다.

"오빠, 2005년 지금의 상황은 중요하지 않아. 1996년 당시로 돌아가서 의사결정을 해야 우리 케이스 스터디가 의미 있는 거야."

"알아. 지수야. 하지만 답답해서 그래. 그리고 케이스에 나온 내용으로는 정보도 부족하고. BMW 내에서 Z3는 첫 번째 로드스터인데. 과연 그 위상이 어느 정도인지 궁금하다구. 서점가서 책 찾아볼까? BMW가 어떠한 차를 가지고 있는지, 또 Z3가 어떠한 위치에 있는지?"

승욱, 지수 모두 쉽게 떠오르지 않는 마케팅 전략을 구상하기 위해 더 많은 정보를 얻길 원했다.

"자, 문제의 논점에서 어긋나지 말고. 향후 어떻게 하면 Z3에 대한 인지도를 바탕으로 실질 구매로 이어지게 할 수 있는지 마케팅 전략을 짜내야지. 지금 서점가서 뭘 얻는단 말이야. 지수야, 너는 어떠한 전략을 짜면 좋겠니? 브레인스토밍(Brainstorming)을 해보자. 자유롭게 우리들의 의견을 이야기해 보자고."

영훈은 팀장으로서 팀원들의 의견을 모으기 시작했다. 토론이 케이스의 논점을 벗어나 진행되고 있는 것 같아 약간 신경이 곤두서긴 했지만.

"내가 보기엔 우선 사람들이 Z3를 타보면 좋을 것 같아. 시승식을 하는 것이지. 007 영화로 인지도도 높아지고 광고나 입 소문을 통해서 사람들이 많이 알게 되었지만 실질적으로 자신이 타 봐야 이게 좋은 것인지 아닌지 알게 되잖아. 신차가 나오기 전 시승식을 해보면 어떨까?"

"지수 의견 좋네. 근데 시승식을 하려면 어떻게 기회를 주고 어떠한 방식으로 어느 정도 기간으로 할 건지 생각해 봐야 하잖아? 좀 더 구체적인 방안을 마련할 수 없을까?"

사실 지수의 의견은 누구나 생각할 수 있는 것이었다. 영훈은 좀 더 구체적인 방안을 원하고 있었다.

"그럼 Z3의 타깃에 맞는 사람들에게, 가령 스포츠카를 좋아하는 사람, 레이싱을 좋아하는 사람, 유행을 선도하는 젊은 계층들의 모임에 Z3 시승식에 대한 홍보를 한 후 선착순 신청을 받아 진행하는 건 어떨까? 만약 그렇게 한다면 Z3에 대한 이미지를 보다 뚜렷하게 전달할 수 있고 또 성능에 대한 구전 효과를 빠르게 얻을 수 있을 거야. 게다가 거리에서 Z3가 달리는 모습을 본다면 사람들이 더 Z3를 사고 싶어 하지 않을까? 생각해 보니까 1석 2조네?"

지수는 브레인스토밍이 좋았다. 자유롭게 의견을 말할 수 있었고 팀원들에게 다양한 의견을 유도해낼 수 있는 좋은 기회였기 때문이다. 자신의 생각이 맞는지 알 수는 없지만 그래도 마케팅 아이디어 회의는 지수에게는 무엇과도 바꿀 수 없는 신나는 일이었다.

"난 좀 더 창의성이 있어야 한다고 보는데. Z3는 새롭기 때문에, 또 BMW의 첫 번째 양산형 로드스터이기 때문에 뭔가 새롭지 않으면 사람들에게 임팩트(Impact)를 줄 수 없다고 봐. '다른 로드스터와는 다르다', '정말 뜻밖이다', 뭐 이런 이미지를 줘야 한다고 보거든. 근데 시승식은 너무 뻔한 거 아니야?"

승욱은 지수의 아이디어에 수긍이 가긴 했지만 새롭지는 않았다. 승욱은 자신의 조가 발표하게 된 만큼 사람들에게 "뛰어난 전략이다"라는 말을 듣고 싶었다. 옆에서 듣고 있던 영훈이 말했다.

"아까 내가 이야기했던 전통적 마케팅 방법은 어때? 먼저 기존의 비전통적인 방법인지, 아니면 점차 전통적 방법으로 옮겨가야 하는 건지 먼저 정한 후에 아이디어를 전개하는 것이 맞다고 보는데."

"비전통적? 전통적? 이걸 벌써부터 정해버리면 자유롭게 브레인스토밍하자는 의도와는 안 맞는 것 같아. 어찌되었던 의견을 자유롭게 전개해 보고 서로가 합의하는 아이디어가 기존과 같은 비전통적 방법이면 계속 기존처럼 가는 것이고 아니면 점차 전통적인 방법으로 가는 것 아니야?"

지수는 영훈의 의견대로 미리 생각의 길을 정해 놓으면 더 다양한 아이디어를 내는 것도 어렵고, 이럴 경우 브레인스토밍 효과가 없어질지도 모른다고 생각하였다.

영훈, 승욱, 지수의 머릿속에선 점점 문제에 대한 초점조차 흐려지고 있었다. 누가 옳고 누가 그르다고 말하기도 어려웠다. 어찌 되었던 3명의 팀원이 조율하여 하나의 방향을 정해야 하는데 팀장인 영훈조차 이번 모임에서는 팀원들의 의견을 조율하기가 쉽지 않았다.

각자의 입장이 너무 뚜렷했다. 발표는 당장 이틀 후로 다가왔다. 시간의 제약도 무시할 수 없는 일이었다. 마케팅 케이스 발표 준비만 하루종일 할 수 있다면 다행이지만 사실 그럴 만한 시간적 여유도 주어지지 않았다. 머릿속은 점점 더 복잡해졌고 오늘 밤 안으로 팀 미팅이 끝나길 바랄 뿐이었다.

"아 모르겠다. 영훈 형. 내가 서점이라도 갔다 와 볼까? BMW 관련한 마케팅 책자가 있는 것 같던데. 혹시 알아? 그거라도 읽어보면 뭔가 더 좋은 아이디어가 생길지. 물론 1996년 당시 기준으로 생각해야 하지만 현재의 상황에 비춰 참신한 아이디어를 찾을 수 있을지도 모르잖아. 케이스 내용으로도 부족하고. 다녀올까?"

"승욱아. 됐다. 지금 시간도 얼마 없는데. 그 시간에 아이디어 한두 개 더 내는 것이 효율적일 듯싶다."

"아. 머리 아파. 마케팅 케이스에 이렇게 목숨을 걸다니. 회사 다닐 때도 이렇게 안 했는데. 뭘 위해서 이렇게 하는 거야? 그냥 발표 시간 다른 조랑 비슷하게 한다고 생각하고 하면 안 되는 거야?"

승욱은 답답해지기 시작했다. 왜 이렇게 다들 마케팅 케이스에 목숨을 걸다시피 하는 것이며, 도대체 무엇을 얻기 위해서 토의하는 것인지 이해하기 힘들었다. 마케팅 수업을 듣는 다른 학생들에게 마케팅을 잘

하는 학생이라고 인식되고 싶어서 이러는 것인지, 아니면 단순히 자기만족을 위해 이러는 것인지 알 수 없었다. 진짜 마케팅 능력을 키우기 위해 이렇게 하는 것이 최선인가에 대해서도 확신할 수 없었다.

"자. 조금만 더 생각해 보자. 조금만 더 생각하면 좋은 전략이 나올 것 같은데. 그리고 이렇게 고생해야 나중에 기억에도 오래 남지. 우리 처음 마케팅 케이스 했을 때를 생각해 봐. 그 땐 진짜 주먹구구식이었잖아. 이렇게 아이디어 회의를 하는 것 자체도 방향성이 없었고 뭘 썼는지도 모르게 말이야. 지금은 나름대로 분석틀도 있고 배운 것을 응용하기도 하잖아. 힘내자. 우리 조 케이스 발표인데. 알았지?"

영훈은 팀원들의 사기를 북돋워 주기 위하여 다시 한 번 파이팅을 외쳤다.

MBA를
할 까
MBA를
살 까

"MBA는 할 만해?"

카이스트 MBA 과정을 시작한 지 벌써 한 달이 넘어가고 있는 승욱은 오랜만에 대학 친구인 지민이를 만나 호프집에서 맥주를 마시고 있었다. 친구는 대학 시절 이미 작은 벤처기업을 직접 경영했었고, 지금은 국내 SI(시스템통합) 업체에서 일하고 있다. 워낙 컴퓨터 기술 및 소프트웨어에 관심이 많았던 친구라 그쪽 방면에서는 거의 전문가라고 할 정도로 지식수준이 높았다. 방대한 양의 독서와 인터넷 탐색을 통해 최신 정보를 수집하는 등 항상 배움에 대해 적극적인 친구였다.

"지민아, 네 얘기하는 걸 들어보면, 또 한 번의 모험을 감행할 것도 같은데. 대학교 때에는 열정과 기술이 넘쳤음에도 불구하고 경험 부족 때문에 성공하지 못했지만, 이제 경험도 좀 있겠다, 다시 너의 능력을 보충하여 재도전해 본다면 IT방면에서 제2의 빌게이츠도 가능할 것 같은데. 다시 한 번 도전해 보는 건 어때?"

"물론이지. 지난 경험은 나에게 무척 소중했어. 아직 꿈을 버린 건 아니야. 내가 생각하는 IT산업의 흐름과 나의 역량이 맞아 떨어지는 부분에서 꼭 기회가 있을 거라고 생각하거든. 그래서 요즘도 만날 신문이며 책에 파묻혀 살고 있다. 준비된 자만이 기회를 잡을 수 있으니까."

"근데 넌 MBA에 대해서 생각해 본 적 있냐? 네 꿈이 경영자라면 한 번쯤은 생각해 봤을 것 같은데. 나는 한 달 정도 해보니까 뭐 아직은 다 안다고 할 수는 없지만 그래도 배우는 점도 많고 기대 이상이야."

"물론 나도 생각을 안 해본 것은 아니야. 경영에 대해서 내가 정말 놓치고 있었던 부분이 많아서 지난번에 실패했던 것 같기도 하고. MBA를 통해서 더 많이 배우고 난 후 시작하면 성공할 지도 모르지. 하지만 그것보다는 기술부족과 기업을 운영하는데 대한 경험부족이 더 컸던 것 같아. 사실 MBA가 경영의 실무적 능력을 얼마나 보충해 줄지도 의문이고, 내가 회사를 만든 다음 필요하면 MBA 출신자 중 우수한 인력을 직접 채용하면 그게 더 나을 것 같더라. 아직은 내가 직접 경험을 쌓고, 기회를 포착하는 지금의 생활이 더 의미 있다고 생각해."

승욱은 이 말을 듣고 잠시 생각에 빠졌다.

'MBA 출신들을 고용한다….'

승욱은 처음 공대기술자가 아닌 경영으로의 경력 전환을 꿈꾸었을 때 막연하지만 기업을 경영해 보고 싶은 생각이 있었다. 필요한 경영지식과 마인드를 단기간에 전문적으로 함양하기 위해 다니던 직장을 그만두고 카이스트 비즈니스 스쿨을 선택한 그였다. 하지만 필요하면 MBA 출신을 고용하겠다는 지민의 생각도 그럴싸해 보였다.

"그래, 지민아. 네 말대로 MBA 학위를 갖지 않더라도 자신이 훌륭한 MBA를 고용한다면 더 효율적으로 기업을 경영할 수도 있겠지. 실제로 회사 사장 중에 MBA출신 아닌 사람이 훨씬 많은 것도 사실이고. 오히려 대학교 전공과도 무관한 곳에서 능력을 발휘하는 사람도 있고 가방끈이 그리 길지 않지만 현재 사업을 성공적으로 운영해 나가는 사람도 심심치 않게 볼 수 있으니 말이야."

"승욱아. 난 말이다, 내가 기업 경영을 한다면 그 기업은 기술을 바탕으로 하는 기업일거야. 그 때 사업의 중요한 부분은 기술의 개발과 기회의 포착이라고 생각해. 나는 MBA 과정에서 주로 배우고 있는 여러 가지 경영학 이론과 케이스, 토론 및 프로젝트 수행이 내가 생각하는 기업 경영활동에 꼭 필요하다고 생각하지 않아. MBA역량은 필요하다면 아웃소싱할 수 있다고 생각하거든."

지민이 자신의 생각을 승욱이에게 말했다.

"그래? 난 너랑은 생각이 좀 달라. 나는 MBA 과정을 통해 기존의 경영이론과 이를 바탕으로 개별 케이스를 분석해 보는 것이 매우 중요할 것 같아. 공대생인 내가 이러한 부분에 전혀 배경지식이 없으니까 이를 채우는 것이 필요해. 2년을 집중적으로 투자해서 직접 몸으로 부딪히고, 눈으로 보고 귀로 들으면서 부족한 역량을 보완하는 것이 효율적이라고 생각하거든."

승욱이 MBA교육이 주는 가치를 확신하듯 말했다.

"지민아, 너 '핵심역량'이라는 말 들어봤지? 프라할라드(C.K. Prahalad) 교수와 게리 하멜(Gary Hamel) 교수가 정리한 이론인데."

"허허. 학교에서 공부 했다고 지금 나한테 설명하려는 거야? 교수 이름은 모르지만 핵심역량이라는 단어는 많이 사용하잖아, 또 많이 들어보았고. 기업별로 경쟁사보다 더 잘하는 무언가 아냐?"

"그래. 그렇지. '핵심 역량'은 경제적 가치가 커서 지속적인 가치창출이 가능하고, 희귀성을 가져서 남들이 쉽게 보유하지 못하지. 그것을 모방하려고 해도 시간이나 비용이 많이 들기 때문에 쉽지 않아."

승욱은 최근에 전략경영 시간에 배운 내용을 되새기며 설명을 이어갔다.

"요즘처럼 기술과 환경이 급변하는 경우 외부환경의 불확실성도 커져서 성공적인 전략의 요인을 기업 내부에서 찾자는 노력이 많아졌어. 따라서 기업의 '핵심 역량'이 점점 중요해지고 있는 것 같아. '월마트(Wal Mart)'의 상품 조달 및 물류능력, '갭(Gap)'의 제품 디자인 및 질 높은 제품생산 능력, '질레트(Gillette)'의 뛰어난 마케팅 능력은 해당회사의 핵심역량으로 인식되고 있지. 기업이 핵심역량을 보유하느냐 마느냐는 지속적인 기업성장을 위해 매우 중요해."

"어렵다, 어려워. 근데 갑자기 핵심역량은 왜 이야기하는 거야?"

"아, 기업 차원에서뿐 아니라 개인에게도 적용되는 것 같아서. 개인
적으로도 자신이 타인과 비교해서 가질 수 있는 뛰어난 자질이 있을 것
이고, 이러한 자질을 판단하는 기준으로 가치성, 희귀성, 모방의 어려
움, 대체의 어려움을 생각할 수 있다고 보거든. 현재 보유하지 못하였
지만 향후 나의 미래를 위해 필요하다면 필요한 자질이나 능력을 소유
하기 위해 부단히 노력해야 할 필요가 있을 거 같아."

"그래서 너는 MBA과정을 통해 '기술을 아는 경영전문가' 라는 핵심
역량을 키우려고 하는구나? 내 핵심역량은 기술이니까 그에 더 집중하
면 되는 거고."

승욱과 친구 둘 다 핵심역량 확보를 위한 긴 여정의 시작 단계이다.
승욱 역시 MBA라는 선택이 과연 잘한 것인가는 2년 후에나 알 수 있을
것이다. 하지만 한 달이 지난 지금 승욱은 생각보다 많은 것들을 얻어
가고 있었다.

안 다 는
것 이
무 엇 인 가

소위 말하는 '개싸움'이 시작되었다. 어떤 주장을 해도 좋으나 반드시 논리적 근거를 가져야 하며, 서로 인정사정 봐주지 말고 치열하게 토론하라는 의미에서 명명한 이승규 교수만의 독특한 케이스 수업 스타일이다.

때론 학생들에게 지적 자극을 주는 질문들이 계속 퍼부어지고, 막연하게 그럴싸한 얘기를 했다가는 이 교수의 면박에 마음 상하기 십상이다. 수업이 무르익으면 학생들 간의 팽팽한 심리전도 연출되고, 때론 교수와 학생 간에 치열한 논쟁도 벌어지곤 한다.

"마지막으로 저희 팀이 토론할 이슈로 생각한 내용은 아마존이 기존 수익원인 도서·음반을 넘어서 판매 물품을 다각화해야 할 것인지, 한다면 어느 정도로 해야 할 것인지에 관한 것입니다."

1999년 하버드 케이스다. JJ101팀의 연선이는 20분 정도의 발표를 마무리하고 학생들에게 이슈를 제기했다. 잠시 침묵이 흘렀다. 아마존 사례는 비단 MBA 학생들뿐 아니라 일반 대중에게도 익숙한 내용이었으나, 사업 확장에 대한 의사결정의 문제는 그리 간단하지 않았다.

"아니, 여러분, 왜 다들 말이 없어? 연선씨 얘기가 다 맞다는 거야? 여기는 다 연선씨보다 못한 사람들만 모여 있나? 정조준하기 힘들면 그냥 많이라도 쏘란 말이야. 그 중 하나는 명중될 거 아냐!"

이 교수는 케이스 토론 시간의 침묵을 마치 범죄처럼 여기는 듯 했다.

지수가 먼저 입을 열었다.

"아마존이 지속 성장을 하기 위해서는 성장전략 마련이 필요합니다만, 도서와 음반 이외에 오프라인에서 취급되는 모든 상품을 아마존에서 판매할 경우 대규모 인프라 구축비용이 발생할 것입니다. 또한 더욱 큰 문제는 운영의 복잡성이 기하급수적으로 증가할 것이라는 사실입니다. 특히 수요에 대한 예측이 빗나갈 경우 재고비용도 아마존을 크게 압박할 것입니다."

"맞는 말씀입니다만 인프라 구축비용과 운영의 복잡성 문제는 사업 확장 과정에서 당연히 벌어지는 일입니다. 중요한 것은 그것을 어떻게 극복하고 전략과의 정합성을 이뤄가는지가 될 것입니다. 따라서 그러한 운영의 문제는 일단 차치하고 어떻게 해야 선발사업자로서 아마존이 경쟁우위를 지속할 수 있을지, 그 방법에 대해 얘기하는 것이 좋을 것 같습니다.”

승욱이가 토론의 방향성에 대해 문제제기를 했다. 손으로 이마를 긁적이며 영훈은 생각에 잠겼다.

‘쉽지 않은 결정이다. 지속성장을 위해 상품 구색을 다양화하는 것 말고 아마존의 대안이 과연 있을까? 운영상의 문제도 승욱이 생각처럼 그리 간단치 않은데. 더욱 복잡해진 공급 사슬을 어떻게 관리할 것이며 직접 판매와 위탁 판매 상품은 무엇을 기준으로 구분해야 하지….’

“제 생각에 e-비즈니스 기업의 특성상 아마존의 취급 상품 확장은 당연히 선택해야 할 사항입니다. 전통 굴뚝 기업의 경우 80:20의 법칙이 통하지만, e-비즈니스 기업의 경우 롱 테일(Long-tail) 현상을 보이는 경향이 있습니다. 즉, 80%의 매출이 다양한 니치(Niche) 상품에서 발생합니다. 따라서 아마존은 상품 확장을 지속하여 매출원을 다양화하고 인터넷 백화점으로 포지셔닝(Positioning)하는 것이 바람직합니다.”

연선이가 재차 입을 열었다. 토론은 계속 진행되었다. 계단식 강의실 맨 아랫단에 앉아서 답답한 표정으로 토론을 지켜보던 이 교수가 다시 입을 열었다.

“여러분, MBA 맞아?”

‘또 시작이냐. 우리가 또 뭔가 잘못 짚었구나. 우리가 멍청한 거야, 아님 교수님이 과도한 요구를 하는 거야?

영훈은 한숨을 내쉬며 고개를 떨어뜨렸다.

이 교수 수업 시간에는 다들 아무 생각도 없는 바보가 되는 듯한 기분이다.

"대체 지금 무슨 얘기들 하고 있는 거야. 로 스쿨(Law school)을 졸업하면 법적 문제 해결해 주고, 메디컬 스쿨(Medical school) 졸업하면 아픈 사람들 고쳐 주잖아. 그럼 비즈니스 스쿨(Business school) 졸업하면 뭐 해야 되는 거야? 비즈니스에 대한 문제를 확실하게 해결해 줘야 할 거 아냐."

못마땅한 표정으로 토론을 지켜보던 이 교수가 계단식 강의실 위, 아래를 날카로운 시선으로 훑으면서 다시 얘기하기 시작했다.

학생들은 그럴싸한 경영 전문 용어들을 구사해 가며 토론에 열심히 참여했지만 이 교수는 달갑지 않았다. 학생들이 아마존 케이스의 문제 정의부터 제대로 못 내리고 있었기 때문이었다.

케이스가 아마존의 지속 성장을 위한 전략적 의사결정의 문제를 다루고 있음은 분명했으나, 이 교수는 학생들이 그것을 넘어서서 서비스 경영 관점에서 아마존의 문제를 재정의해 주고 그에 대한 대안을 제시하길 원했던 것이다.

"여러분, MBA는 비즈니스 문제 해결의 전문가죠. 그러려면 문제 정의부터 제대로 해야 문제를 풀 수 있는 거 아닌가?"

이 교수의 미간에 세 줄의 깊은 골이 패였다.

"지금 여러분이 수강하는 과목은 경영전략이 아니라 서비스 경영이라고. 아마존의 문제도 서비스 경영 관점에서 재진단하는 것이 필요한 상황이야. 그런데 그런 관점에서 문제를 생각해 본 사람이 하나도 없어. 물론 현실에서 전략과 서비스를 분리할 수는 없지만 서비스 경영 관점에서 문제를 정의하지 못한다면 아마존의 현실 문제도 제대로 풀 수가 없어요!"

'왜 내가 그 생각을 못 했지. 왜 전략 케이스를 서비스 경영시간에 다루는지에 대해 석연치 않았는데.'

영훈은 뒤통수를 한 대 얻어맞은 느낌이었다. 사실 수업 전날 스터디 팀 구성원들과 아마존 케이스에 대해 토론했지만 그 토론의 방향은 케이스가 제시한 아마존의 전략적 선택에만 집중되었던 것이 사실이었다. 이 교수의 한마디에 혼돈이 일정 부분 걷히는 듯 했다. 토론의 궤도가 재정비되고 케이스에 대한 토론이 이어졌다.

"아마존이 취급 상품 확장을 하되, CRM에 투자를 강화하는 방향은 어떨까요? 그간 아마존이 급성장할 수 있던 원동력은 웹상에서 인터페이스를 고객 지향적으로 구성하여 상품 구매 과정에서 고객들의 만족을 극대화하였다는 데 있습니다."

연선이가 조심스럽게 고객의 서비스 체험관점에서 다시 의견을 제시했다. 다시 시작된 토론에서는 서비스 경영 관점으로 문제를 풀어가려는 시도가 계속되었지만 원론 수준을 넘어서는 구체적 진단은 없었다. 벌써 개강 2개월이 지났지만 대다수의 학생들은 서비스 경영에서 무엇을 말하고자 하는지 여전히 모호하게 이해하고 있었던 것이었다. 서비스 경영에서 다루는 다양한 전문 용어들에는 익숙해졌지만 아직 그 요체에 대해서는 제대로 이해하지 못하고 있었던 것이다.

9시 45분. 벌써 수업 끝나기 5분 전이다. 한 기업의 현황과 문제를 진단하고, 대안을 토론하기에 90분 수업은 넉넉한 시간이 아니었다. 또한 이 90분 사이에 오고 간 의견들이 모두 알짜배기인 것도 아니었다.

"벌써 마칠 시간이군. 여러분, 케이스를 다룰 때 누구도 정답을 제시할 수는 없어. 그러나 어떤 의견이든 그 뒤에는 분명한 관점과 논리가 있어야지. 그럴싸한 유행어를 구사한다고 문제가 해결되지는 않아."

남은 시간은 5분, 이 교수의 말이 빨라졌다.

"아마존의 경쟁우위가 뭐죠? 아마존은 단 1명의 고객이 찾는 책도 구비해 놓았기 때문에 어떤 책이든 아마존에 가면 다 구할 수 있다는 믿음을 고객에게 주었어. 그것을 통해 고객기반이 그렇게 커진 거라고. 이러한 경쟁우위가 다양한 상품 확장 시에도 지속될 수 있을 것이라 생각하나? 서브퀄(Service-quality, 구전이나 과거의 경험, 개인적인 욕구, 외부커뮤니케이션 등을 파악해 기대서비스를 분석해내는, 즉 고객의 욕구에 중점을 두는 평가모델 - 편집자 주)의 각 요소에는 어떤 영향을 미칠까 생각해 봤어? 서브퀄에 대한 영향이 전반적인 고객 체험에는 어떤 영향을 주지? 내가 오늘 답을 말해주진 않겠어요. 허나 이런 문제들에 대해 생각해 봐야지."

이 교수는 케이스에 대해 더 많은 얘기를 해 주고 싶었지만 다음 수업을 위해 강의실을 비워주어야 했다.

"시간이 이미 지났지만 한마디만 더 하겠습니다."

이 교수가 다시 준엄한 시선으로 학생들을 쳐다보았다.

"여러분 이번 학기에 서비스 경영을 수강하고 있는데, 남들이 물으면 서비스 경영에 대해 안다고 답하겠죠?"

대체 또 무슨 말을 하려는 것일까라는 표정으로 학생들은 이 교수를 다시 응시하기 시작했다.

"여러분 대체 안다는 것이 뭐죠? 그냥 한 번 들어본 적 있다, 수업 시간에 배운 적 있다, 책 한 번 읽은 적 있다…. 이러면 아는 것입니까? 안다는 것은 문제에 직면했을 때 여러분이 아는 지식으로 그 문제를 제대로 해결할 수 있을 때 안다고 하는 거예요. 그래서 함부로 안다고 말하는 게 아니에요. 하나를 알아도 똑바로 알고, 제대로 알아야지. 바로 그럴 때 여러분이 문제해결의 전문가로서 진정한 MBA로 다시 태어날 수 있다는 사실을 기억해 주기 바랍니다."

이 교수는 시계를 쳐다보며 다시 말을 이었다.

"말 나온 김에 한마디만 더 하자고. 여러분! 아는 과정이 결국 학문인데 그럼 학문은 대체 어떻게 하는 거야? 학문은 상식을 깨는 것으로 시작하는 거야. 여러분이 뭔가를 안다는 허무맹랑한 상식을 깨라고. 우리가 당연하게 알고 있다는 상식에 오류가 얼마나 많은지 알고 있나? 상식과 자기 사고의 틀을 깨면서 비로소 공부가 시작되는데 그러면서 소위 말하는 '내공'이 쌓여가는 거야. 근데 재미있는 것이 뭔지 아나? 그렇게 내공 쌓는 과정을 지나서 도달하는 곳은 다시 상식이라는 사실이야. 그런데 그 때의 상식은 처음 시작할 때 이해했던 상식이 아니지. 이게 내가 이해하는 배움의 사이클(Cycle)이야. 앞으로는 여러분이 가진 상식을 철저히 깨면서 공부하고, 하나를 알아도 제발 똑바로 알란 말이야. 여러분들이 여기에서 공부하는 것이 여러분이 잘나서 그런 것인 줄 아나? 카이스트는 국민의 세금에 의해 여러분 학비가 보조되는 곳이야. 특권의식에 사로잡혀 살지 말고, 빚진 마음으로 살란 말이야. 여러분이 최선을 다해 공부해서 여러분을 위해 세금 낸 국민들이 더욱 행복하게 살 수 있도록 하란 말이야!"

말을 마치자마자 이 교수는 교실을 떠났고, 다음 수업을 듣는 학생들이 101강의실에 밀려들어오기 시작했다.

이 교수가 떠난 후에도 아직 멍하니 자리를 뜨지 못하고 있는 학생들이 많다.

이 교수의 안다는 것에 대한 문제제기, 배움에 대한 지적과 자세는 사실 MBA들의 문제점을 예리하게 지적한 것이었다. 한편으로는 겉멋만 든 카이스트 MBA들에 대한 호된 질책이었고, 다른 측면으로는 입 밖으로 꺼낸 적은 없지만 많은 학생들이 '뭔가 문제가 있다' 고 느낀 부분에 대해 한마디로 정리해 준 셈이었다.

"승욱아, 승규 형님 지적이 정말 맞지 않냐, 우리가 진짜 제대로 알고 있는 것이 몇 가지나 될까? 전문용어 능숙하게 구사하는데 빠져서 진지

  카이스트 MBA, 열정

하게 생각하려는 노력들이 부족한 것도 사실이야. 우리 학교에 저런 말씀 해주시는 교수님이 있어서 정말 좋지 않냐?"

강의실을 빠져나오면서 영훈이 입을 열었다.

"진짜 우리한테 꼭 필요한 한마디였어. 승규 형님 진짜 멋있는 것 같아. 그치?"

"그래. 나도 동감이야. 아무튼 오늘은 여기까지만 하자. 이러다 학교에 무슨 승규 형님 팬클럽 생기겠다."

2장

열정

많은 기업들이 CRM을 위해 IT 시스
템에 수백억 원씩 투자한다. 그러나
CRM의 핵심 성공 요인은 IT에 있지
않다. CRM의 핵심은 고객을 거래의
대상으로 바라보는 것이 아니라 관계
를 위한 파트너로 바라보는 것이다.
고객을 일회성 거래의 대상이 아니라,
장기적 관계의 주체로 바라볼 때 CRM
은 비로소 뿌리내릴 수 있다

- 김영걸 교수, CRM 수업 중

맥 킨 지
수 준 으 로
리 포 트 하 라

카이스트 MBA에서 가장 악명 높은 과목 중 하나, 그러나 또한 졸업한 선배들이 가장 많이 추천하는 과목 중 하나가 김영걸 교수가 가르치는 CRM(고객 관계 관리) 과목일 것이다. 지난 학기 최우수 강의로 뽑힌 바도 있는 CRM 수업의 명성 때문인지 401 강의실을 가득 메운 학생들의 표정엔 기대와 우려가 뒤섞여 있는 듯했다.

첫 수업

"너도 CRM 듣네? 그냥 쇼핑이야, 아님 수강이야?"

지수를 발견한 영훈이 반갑게 툭 친다.

"어, 오빠도? 당근 수강이지. 나도 CRM 수업의 명성을 익히 들었거든. 난 마케팅 트랙이어서 CRM 꼭 들어야 하고. 영어 강의도 필요하구.

어, 교수님이다."

지수가 강의실 오른쪽 문을 통해 들어오는 김영걸 교수를 발견했다.

"Welcome to the CRM class. I'm Young-gul Kim and I'm gonna give you the brief introduction about this course." 학생들 하나하나를 찬찬히 쳐다보면서 나오는 특유의 높은 톤의 목소리에는 상당한 흡입력이 있었다.

"As you've probably heard, (이하 우리말로 표현) 여러분들께서 익히 들어 아시겠지만 CRM 수업은 결코 쉽지 않을 것입니다. 여러분이 이 과목에 투자해야 하는 시간은 일주일에 최소 10시간입니다. 최소 10시간이 무슨 말인지 이해해요? CRM을 수강하면 다른 두세 과목에 피해가 갈 수도 있다는 말입니다. 걱정되시는 분은 굳이 이 과목 수강할 필요 없어요."

김 교수가 명쾌한 수치를 제시하면서 과목에 대한 요구 수준을 밝히기 시작했다.

"여러분들은 16주 동안 총 15편의 논문과 10개의 하버드 비즈니스 케이스를 다룰 것입니다. 논문은 반드시 읽어 와야 하고, 선착순 기준으로 논문 발표자를 지원받을 것입니다. 불시에 시험을 볼 것이므로 논문과 그 전 시간에 배운 내용은 세부 내용까지 숙지하셔야 할 겁니다. 논문을 읽어오라는 의미는 그냥 눈으로 대충 훑으라는 의미가 아니라, 그 논문에 대해 강의할 수준으로 이해하라는 의미입니다."

"하버드 비즈니스 케이스는 매 케이스마다 두 팀이 발표하되 한 팀은 컨설팅 회사 입장에서, 다른 한 팀은 고객 입장에서 논쟁하는 형식으로 진행할 것입니다. 그리고 절반 정도의 케이스는 역시 두 팀이 역할극(Role play) 형식으로 발표하게 될 겁니다. 더불어 모든 팀은 각 케이스에 대한 보고서를 제출하되 분량은 2쪽이며 보고서에는 케이스에 대한 문제 진단, 대안 및 해결책이 포함되어야 합니다."

MBA 1년 차들에게는 CRM 수업이 아무래도 부담스러운 과목이어서 그런지 수강생들은 전부 2년 차들로 구성되어 있었다. 2년 차들은 케이스 스터디를 비롯해 카이스트 MBA 수업 방식에 이미 익숙한 터였다. 그러나 두 팀 간 논쟁과 역할극 형식으로 케이스를 발표하는 형식은 생소했다.

'두 팀 간 논쟁과 역할극 형식이라…. 상당히 특이하네. 논쟁과 역할극을 제대로 소화하려면 발표 팀은 케이스의 세세한 내용까지 완전 숙지해야겠는걸. 아무래도 상당히 힘들 것 같군. 이번 학기에 CRM 한 과목만 수강하라는 것도 아니고. 교수님 너무 하신다.'

침묵하고 있는 얼굴 표정들 사이에 무언의 메시지가 공유되고 있었다.

"케이스 리포트를 할 때는 케이스에서 다루고 있는 산업에 대한 이해를 충분히 하고 해야 합니다. 만약 사례에서 의약 산업을 다루고 있는데 여러분이 의약 산업에 대해 이해하지 못하면 결코 문제를 제대로 진단하지도, 문제에 대한 해결책도 마련하지 못합니다. 여러분은 최소한 그 산업에 5년 정도 근무한 수준의 산업 이해도를 가져야 하며, 그 산업에서 특수하게 사용되는 전문 용어는 자유롭게 구사할 수 있어야 합니다. 이렇게 한 학기를 보내면 여러분은 대략 10개 정도 산업에 대해서 상당 수준의 전문성을 갖게 될 것입니다."

세상에 원인 없는 결과는 없다. CRM 수업의 악명은 결코 오해에서 비롯된 것이 아니었다. 한 학기에 케이스 10개 정도를 다루는 것이 양적으로 부담스러운 수준이 아님에도, 케이스 과제에 대한 품질 요구 수준은 2년 차 MBA들조차 부담을 가질 수준이었다. 더불어, 케이스 참여와 발표 등 모든 과정이 영어로 진행된다는 사실은 또 다른 부담이었다.

"여러분이 케이스를 발표할 때는 맥킨지 컨설턴트가 고객사의 사장 앞에서 최종 결과 보고를 하는 수준으로 발표해야 합니다. 여러분이 발표하는 내용에 대해서는 모든 상세한 부분까지 숙지하고 있어야 하며, 어떤 질문에도 분명한 논리와 근거를 제시하며 답할 수 있어야 합니다. 맥킨지를 대충 골라서 언급한다고 생각하지 마세요. 제가 2001년에서 2002년까지 2년 동안 맥킨지와 함께 많이 일해 본 경험이 있기 때문에 그들의 수준을 잘 알고 있어요."

김 교수가 제시하는 목표 수준 달성이 결코 쉽지 않아 보였다. 한편으로는 명확하게 목표를 제시하여 학생들의 도전 의욕을 자극하려는 의도처럼 보였다. 막연하게 최선을 다하라고 하면 그것은 동기부여가 아니라 공허함으로 채워진 방치에 불과하다. 김 교수는 리더로서 학생들의 수준과 의욕을 정확하게 진단하고 실질적인 동기부여를 한 것이다.

"학기말에는 실제 기업의 CRM 문제를 의뢰 받아 컨설팅해 주는 프로젝트를 각 팀 별로 진행해야 합니다. 여러분들의 프로젝트 결과는 해당 기업의 최고 경영자가 보고 받고, 그 결과를 평가하게 될 것입니다." 기말 프로젝트에 대한 설명을 마치고, 교수는 과정에 대한 마지막 설명을 덧붙였다.

"여러분이 제가 원하는 수준만큼 열심히 수업에 참여하신다면 CRM에 대해서는 세상 그 어떤 사람과도 논쟁할 수 있을 정도의 수준에 도달할 것입니다. 문제를 진단하는 능력이 생길 것이고, 그 문제에 대한 실질적인 해결책을 제시할 수 있을 것입니다. 그리고 또 하나, 이번 학기 최우수 팀은 제 연구실 게시판에 있는 명예의 전당에 이름이 올라갑니다."

이번 한 학기가 지나면 CRM 전문 컨설턴트와 대등한 수준에서 논쟁할 수 있다니 매력적인 유혹이 아닐 수 없었다. 명예의 전당에 새겨질 이름 또한 거부하기 힘든 유혹이었다. 결국 그 유혹은 쇼핑 기간에 CRM 첫 수업에 들어온 대다수의 학생들이 CRM 수강을 결정짓는 데 적지않은 기여를 했다.

찢어진 자존심

"첫 번째 케이스 해결하느라 고생들 많았어요. 각 팀 리포트에 제가 코멘트와 함께 채점을 했어요. 먼저, 파워업 팀."

김 교수가 케이스 팀명을 호명하며 각 팀원들의 얼굴을 확인하고 이번 케이스의 에디터(Editor)를 담당한 학생에게 케이스 리포트를 배포하였다. 김 교수는 에디터를 리포트에 실명으로 기재하도록 하되, 매 케이스마다 에디터를 교체하도록 하여 케이스 과제에 대한 무임승차를 막고 에디터가 분명한 책임감을 갖고 최종 리포트 구성을 마무리하도록 한 것이다.

영훈이는 손가락을 쥐락펴락 하면서 리포트를 기다렸다. 손바닥이 촉촉해진 것이 조금은 긴장하고 있는 듯했다. 10점 만점에 과연 몇 점이 나올 것인지 영훈을 비롯하여 영훈의 팀 멤버인 만수와 재현이 역시 조마조마한 눈빛이었다.

첫 번째 과제였던 노텔 네트웍스(Nortel Networks) 케이스 해결을 위해 영훈이네는 12시간 정도를 투자해야 했다. 영훈과 만수는 케이스를 두 번, 세 번 읽었지만 어떤 식의 대안을 제시해야 하는지에 대해 제대로 감도 잡지 못 했다.

기존 음성전화 시장에서 네트워크 장비를 판매하는 노텔이 인터넷이라는 변화를 맞이하여 전략을 수정해야 하는데, 전략 수정과정에서 고객의 요구를 최대한 반영하기 위한 가장 좋은 방법이 무엇인가를 찾는 문제였다. 다행히 김 교수에게 지난 학기 다른 과목을 수강해 본 경험이 있는 재현이가 이번에 에디터를 자원하면서 영훈이네는 다른 팀에 비해 상대적으로 수월하게 과제를 해결할 수 있었다.

사실 김 교수의 케이스 리포트가 특별히 힘들었던 이유가 있었다.

먼저, 김 교수는 일반적 케이스 과제와는 다르게 연구 문제(Case study question)를 제시하지 않았다. 연구 문제가 제시되면 그것을 중심으로 케이스를 분석하고 답을 마련하면 되기 때문에 작업이 훨씬 수월하다. 하지만 김 교수의 방식은 '학생들이 직접 문제를 내고 해답까지 만드는 시험'이었다. 이런 방식의 문제점은 일단 문제를 잘못 만들면 그 뒤의 모든 노력이 허사가 된다는 것이었다.

두 번째 이유는 케이스의 난이도였다. 김 교수가 선택한 케이스들은 문제점이 명시적으로 드러나지 않아서 문제 진단조차 쉽지 않았다. 학생들이 케이스를 접하게 되면 '이렇게 잘 하고 있는 회사에 대체 무슨 해결책을 제시하라는 거야'라는 생각이 들기 일쑤였다.

"Crazy CRM 팀!"

드디어 김 교수가 영훈이네 팀을 불렀다. 에디터였던 재현이가 리포트를 먼저 보고 영훈에게 전했다. 10점 만점에 7점. 다행히 우려했던 것보다 점수가 나쁘지는 않았다.

"자아, 이번 주 최우수 팀 입니다. 사이버 컨설팅 팀! 10점 만점에 7.5점입니다." 사이버 컨설팅의 팀원들은 으쓱한 표정을 지었다. 일부 학생들은 부러운 눈치였다. 12개 팀 중에서 1등 했다는 것이 그리 자랑스러워할 일이 아님에도 이번 케이스 과제 해결을 위해 각 팀이 12시간, 15시간을 투자한 것을 감안하면 부러워할 법도 했다. 어떤 팀은 케이스

제출 마감일 바로 전날 오후 6시에 팀 미팅을 시작해서 다음 날 아침 10시가 되어서야 리포트를 마감한 경우도 있었다.

"이번에 1등한 사이버 컨설팅 팀을 포함하여 공동 2위한 Crazy CRM 팀과 고객 마니아 팀은 교과목 포럼에 리포트를 게시하세요. 다른 팀들은 게시된 리포트를 벤치마킹하여 다음 케이스에는 좀 더 진전을 보여 주기 바랍니다. 사실 여러분 리포트 수준에 비해 제가 점수를 후하게 줬다는 사실을 명심하세요. 제가 작년에 어느 팀에게 4점을 준 적이 있었는데 그 팀이 너무 상처받은 적도 있어서, 이번에는 제가 일부러 후하게 채점했어요. 두 번째 케이스부터는 그런 일 없을 것입니다."

첫 번째 케이스에 대한 코멘트를 마치고 김 교수는 수업을 진행하기 시작했지만 많은 학생들의 머릿속은 복잡해져만 갔다. 각 팀의 리포트를 나눠준 순서가 알고 보니 1등 팀부터 꼴찌 팀까지의 역순이었다는 사실과 오직 상위 세 개의 팀만 교과목 포럼에 리포트를 게시할 수 있는 권한을 받았다는 사실은 많은 학생들의 자존심을 상하게 했다. 반대로 상위 세 개의 팀원들은 자신들의 노력이 공식적으로 인정받고, 일정 부분 보상을 받았다는 생각이 들어서인지 뿌듯한 표정이 역력했다.

"오빠, 축하해! 공동2위. 우리 팀도 진짜 열심히 했는데 꼴찌가 뭐야 대체. 앞으로 어떻게 해야 될지 진짜 대책 안 선다."

지수가 영훈을 슬쩍 보며 낮은 목소리로 한숨을 내쉬었다.

"우리 팀도 이번에 재현이가 기여를 많이 해서 선방했는데 다음엔 내가 에디터 할 차례야. 다음 케이스 생각하면 진짜 골치 아파."

영훈은 김 교수의 눈치를 보며 대화를 건네다가 다시 수업에 집중하기 시작했다. 비단 지수와 영훈뿐 아니었다. 대다수의 학생들은 첫 번째 케이스 과제를 해결하고 나서야 김 교수가 첫 수업 시간에 한 얘기가 과장이 아님을 깨닫기 시작했다. 그러나 마음 한편에서는 상처 받은 자존심을 되찾고 기말에 명예의 전당까지 이름을 올리겠다는 승부욕이 불타기 시작했다.

Fun Life Resort

케이스 과제를 잘 수행해왔던 Crazy CRM 팀이 기말 프로젝트수행을 앞두고 해체 위기를 맞게 되었다. 경영공학 전공인 재현이가 기업 대상 프로젝트가 아닌 논문 형식의 개인 프로젝트를 선택하게 되었기 때문이다. 결국 만수와 영훈은 뿔뿔이 흩어져서 다른 팀에 합류할 수밖에 없었다.

만수는 지수의 팀에 합류하게 되었고, 영훈은 중국에서 유학 온 션이 있는 팀의 멤버가 되었다. 션의 팀은 삼성전자에서 해외영업을 했던 기범, LG CNS에서 기획 업무 경험이 있는 형석을 포함한 3명으로 구성되어 있었다. 영훈이가 포함되어 션의 팀은 업무 경험과 전공 면에서 다양성이 더욱 강화되었다.

"사장님, 그러면 오늘은 그 동안 저희가 분석한 결과를 사장님께 보고 드리고 Fun Life Resort의 향후 전략에 대한 생각도 아울러 말씀 드리겠습니다." 형석이 준비해 온 파워포인트 자료를 보여주면서 Fun Life Resort 김근일 사장 앞에서 발표를 시작했다. Fun Life Resort는 휴양 전문 여행사로서 형석이가 신혼여행을 다녀오며 인연을 맺게 된 회사이기도 했다. 형석이로부터 카이스트 MBA들이 CRM에 대해 컨설팅을 해주겠다는 얘기를 듣고 사장이 흔쾌히 제안을 받아들인 것이다.

"일단 저희가 판단한 Fun Life Resort의 경쟁우위는 여행에 대한 차별화된 체험입니다. 대부분의 여행사들이 싼 가격으로만 승부를 거는 반면 Fun Life Resort의 경우 해외 여행지에 직원을 상주시켜 사전에 고객에게 현지에 대한 생생한 정보를 제공하고, 여행지에서도 고객만족에 최대한 집중하고 있는 점이 인상적이었습니다."

김 사장은 예의를 차려 듣고 있었지만 그리 새로울 것 없는 얘기라는 생각을 하고 있는 듯 했다.

"저희가 진단한 가장 큰 문제점은 두 가지 측면입니다. 첫째, 고객획득 차원에서 볼 때 많은 수수료 비용이 수반되는 웨딩 컨설팅에 대한 의존도가 40%로 너무 크다는 점입니다. 반면 회사의 이름을 알지 못하는 고객은 인터넷 검색을 해야 되는데, 신혼여행 등의 키워드 검색을 하면 Fun Life Resort가 웹상에 나타나지 않는 문제점도 있습니다. 향후 수익성을 강화하기 위해서는 효과적인 온라인 채널 활용법을 마련해야 할 것입니다. 다만, 구전효과에 의해 새로운 신규 고객들이 유입되고 있는 점은 Fun Life Resort에 대한 긍정적 고객 체험을 반영하는 것이라고 생각합니다." 형석이 첫 번째 문제를 지적했다.

"아, 그거 우리도 요즘 많이 고민하고 있는 문젠데."

좀 전과는 좀 다른 반응이다. 경청하는 사장의 모습을 보며 영훈은 안도의 미소를 지었다. 한국말로 진행되고 있던 까닭에 션은 답답한 표정만 짓다가 영훈의 미소를 보더니 덩달아 안심하는 얼굴이다.

"두 번째 문제점은 고객유지 측면입니다. 현재 Fun Life Resort 고객의 90%가 신혼여행 고객입니다. 그런데 이 고객 중 Fun Life Resort 상품을 재구매하는 비율은 10%도 안 됩니다. 고객만족도가 높은데도 불구하고 재구매 비율이 낮은 이유는 신혼부부가 재구매할 수 있는 상품 구색이 부족해서 그런 것 같습니다. 또한, 세분화된 마케팅 전략의 부재도 원인 중 하나라고 판단됩니다." 형석이 발표를 계속했다.

"맞아요. 그것도 우리가 고민하고 있는 점이죠. 안 그래도 여행 상품을 어떻게 다양화할 수 있을까 생각하고 있었는데…. 근데 우리 회사가 틈새시장 전문화를 그 동안 추구해서 여기까지 왔는데, 상품 다양화와 어떻게 조화시킬 수 있을지 쉽지 않네요."

사장은 구체적인 얘기를 꺼내기 시작했다. 그런데 이 문제는 영훈이네도 아직 고민하고 있던 사항이었고 해답을 찾지 못하고 있었다.

"사장님, 죄송하지만 그 문제는 저희도 고민하고 있는 중입니다. 아직 답을 구하지 못했습니다. 다음에 최종 프로젝트 결과물을 갖고 올 때는 답을 드릴 수 있을 것 같습니다."

기범이 형석을 거들었다.

“결국 중요한 점은 고객평생가치를 생각하여 일단 Fun Life Resort의 고객이 된 사람들과 지속적인 관계를 맺고, 새로운 가치를 제공해 주는 것입니다. 그래서 여행 상품 확장도 신혼부부들의 나이가 들면서 차츰 변해가는 생활상의 요구를 고려하여 설계해야 할 것입니다.”

대안에 대한 전체 방향에 대해 형석이 추가로 언급했다.

“더불어 고객이 느끼는 서비스 품질 향상을 위해 다섯 가지 서브퀄 구성요소들을 어떻게 향상시킬 수 있는지에 대해서도 대책을 마련해 보겠습니다.”

영훈이 서비스경영 이론을 상기하며 서비스 품질 관점의 내용을 언급했다.

“고생하셨네요. 지금까지 문제 진단한 부분과 앞으로의 전략적 방향에 대해 지적한 부분들, 정말 공감이 많이 됩니다. 시간도 다 됐는데 잠간 저녁식사나 같이 하면서 향후 계획에 대해 좀 더 얘기해 보죠.”

김 사장이 만족스러운 듯한 표정을 지으며 저녁 식사를 제안했다. 형석, 기범, 션, 영훈. 4명의 CRM 프로젝트 팀에게 Fun Life Resort 프로젝트는 학교 기말 프로젝트로서의 의미를 넘어서기 시작했다. 왜냐하면 김 사장이 운영하는 Fun Life Resort의 향후 수익이 이들 4명의 프로젝트 결과에 따라 영향을 받을 수도 있기 때문이다. 학교에서 배운 지식과 이론을 통해 현실 비즈니스 문제 해결에 기여할 수 있다는 사실은 통쾌한 희열이었다.

자 장 면 과
라 면

“여보세요, 지금 3층 구름다리에 도착했습니다.”

3층 구름다리에 자장면이 배달되었다. 카이스트 비즈니스 스쿨에서 매일 밤마다 볼 수 있는 흔한 풍경이다. 저녁 식사 시간이 보통 5시 반이기 때문에 늦은 새벽까지 공부하는 학생들에게는 야식이 필수가 되어버렸다. 모든 배달원들은 학생들과 만나기 가장 편한 3층 구름다리로 음식 수령 장소를 정하곤 했는데, 언제부터인가 학교 주변의 음식점들에게 3층 구름다리는 지정 배달 장소가 되어 버렸다.

새벽 1시. 2층 스터디 룸에 승욱, 영훈, 호영, 지수, 종석 이렇게 다섯 명이 남았다. 오늘은 다들 팀 모임이 일찍 끝났지만 저마다 리포트와 자료조사 등으로 이 시간까지 남아서 공부를 하고 있었다.

배달시킨 자장면과 라면, 떡볶이를 정신없이 먹고 있던 도중 갑자기 승욱이 입을 열었다.

"우리, 내기 하나 할까요? 만약 여기 있는 사람들이 내가 낸 문제를 맞히면 내일 아트리움에서 카페라테 살게. 만약 맞히지 못하면 하루에 한 잔씩 돌아가면서 나한테 커피 사는 겁니다, 어때요?"

승욱은 열심히 음식에 집중하고 있는 사람들에게 내기를 제안했다. 갑자기 머릿속에 떠오른 생각들 때문이다.

"한참 먹고 있는데 문제는 무슨. 자장면 소화 안 되겠다."

"뭔데? 문제나 우선 들어보자."

호기심 많은 호영은 꽤 궁금한가 보다.

"오케이. 좋아. 그럼, 지금 먹고 있는 자장면과 라면의 차이를 분석해 주세요. 단 최대한 MBA답게 이론으로 포장해서 말해 줘야 해요. 물론 내가 생각하는 모범 답안은 있죠. 내가 생각하는 모범 답안과 동일해야 하고."

옆에서 떡볶이를 집어 들던 영훈이 문득 의미심장한 웃음을 날렸다.

"맞다, 영훈이 형은 말하면 안 돼. 이미 답을 알고 있거든."

다들 먹는 속도가 갑자기 느려진 듯한 느낌이다. 맛있게 야식을 먹고 있는데, 자장면과 라면의 차이를 최대한 MBA답게 구분해서 말하라니. 다들 의아해 했다.

"아니 다들 아직 마땅한 답이 떠오르지 않았어요? 내가 내일 아트리움에서 카페라테 쏜다니까."

"음, 내가 먼저 말해 볼게. 우선 자장면은 대상 시장이 동네를 위주로 하는 지역이고, 반대로 라면은 전국을 대상으로 하는 매스(Mass) 시장이야. 따라서 자장면은 전국적으로 확실한 브랜드를 가지고 있지 않고, 중국집도 보통 회사 형태로 운영되는 게 아니라 자영업으로 운영되지. 반대로 라면은 전국적으로 강력한 브랜드가 이미 구축되어 있고, 회사 위주로 사업이 전개되지. 그리고 라면에 대한 브랜드 로열티(Loyalty)가 매우 강해서, 새로운 제품이 기존 제품의 시장 점유율을 쉽게 따라잡지 못하는 시장 특성도 있는 거 같더라구. 그리고 마지막으로 라면은 한 끼 식사용으로 매우 저렴한 반면 자장면은 라면에 비해서는 상대적으로 비싼 편이지."

호영이 잠시 생각난 것들을 정리해서 말했다.

"금세 생각해냈네요. 형이 말한 것도 맞긴 하지. 근데 문제는 제 머리 속에 있는 것과 동일해야 하는데 제가 생각한 거랑 다르다는 거예요."

"야. 우리가 무슨 신도 아니고. 너의 머릿속에 있는 것과 동일하게 어떻게 찾아내냐? 힌트라도 줘야지. 어느 쪽으로 생각하라든지."

종석이 말했다. 종석은 방향성 없이 말하고 싶지 않았다.

"우선 형들이 생각하는 것들을 말해 보세요. 혹시 알아요? 누구 한 분이라도 맞출지? 그래도 제가 제 돈 투자해서 커피 사는 건데 쉬우면 안 되죠."

"그래. 좋아. 그럼. 라면과 자장면은 대체재잖아. 라면의 소비량이 증가하면 자장면의 수요가 감소하는 대체재. 아냐?

종석이 다시 말했다.

"잠시만, 그건 너무 짧은 답변인 거 같고. 원가 측면에서 보면 라면은 공장에서 상품화되어 유통되고, 그것이 보통 동네 슈퍼에서 판매되므로 개별 원가는 거의 일정하다고 볼 수 있을 텐데, 반대로 자장면은 면부터 자장 소스까지 대부분을 가게에서 만들기 때문에 자장면 가게의 규모를 키운다면 규모의 경제를 달성할 수도 있을 거 같아요. 그러면 원가를 자장면 가게 주인이 가게를 운영하는 것에 따라 상당히 낮출 수 있을 거 같은데. 라면의 소비자가는 가게 별로 조금씩 할인해 주는 게 보통인데, 자장면은 지역별로 동일한 요금을 받기 때문에 이렇게 자장면의 원가를 낮춘다면 개당 기여이익(Contribution margin)이 라면보다 더 커지지 않을까? 물론 자장면 배달비도 고려해야겠지만."

조용히 자장면을 먹던 지수가 갑자기 떠오른 관리회계에서 배웠던 것을 바탕으로 말했다.

"물론 그럴 수는 있겠지만, 그렇게 규모의 경제를 이루기 위해서 자장면 가게가 매우 커야 할 텐데, 그게 일반적으로 가능할까?"

영훈은 지수의 생각이 재미있었다. 하지만 그럴 수 있을까에 대한 의문이 들었다.

"자장면은 완전완비제품(Whole product)일 수 있고, 반대로 라면은 그렇지 않을걸?"

"야, 거기서 완전완비제품이 왜 나와? 너 수업시간에 잤지? 그건 주로 하이테크 산업에서 이야기하는 거잖아. 완전완비제품은 하나의 제품에 매뉴얼, 케이블, 추가적인 하드웨어와 소프트웨어, 그리고 그것과 연동된 서비스가 통째로 제공되는 거야. 완전완비제품이 될 때 합리적인 소비자는 그 상품을 구매할 유인이 더 커지는 거지. 종석아. 넌 자장면 먹고 공부 더 하고 자라."

종석의 '완전완비제품' 이라는 용어를 들고 나오자 영훈은 바로 대꾸하며, 잘못된 용어를 사용한 종석을 나무랐다. 다른 사람들이 웃으면서 바라보고 있는데, 호영이 다시 자신의 생각을 이야기하기 시작했다.

"좀 더 얘기해 보면, 라면은 상품 그 자체로 시중에 유통되고, 공장에서 포장되어 나오기 때문에 유통기한이 자장면보다 훨씬 길지. 그리고 라면의 품질은 표준화되어서 시중에 출시되므로 맛도 일정하고. 반면 자장면은 그 자체가 상품이고, 거기에 배달이라는 서비스 요소가 결합되어 소비자에게 전달되잖아. 주문을 받아서 만들고 소비자가 먹게 되므로 상품에 대한 유통기한은 한 시간 미만이고. 그리고 자장면을 만들기 위해 필요한 여러 가지 재료의 재고관리도 라면보다는 좀 더 까다롭고 빈번히 처리해야 할거야. 게다가 서비스 관점에서 바라보면, 자장면은 상품과 서비스가 결합되어 있어서 상대적으로 희망 서비스(Desired service) 수준과 적정 서비스(Adequate service) 수준이 라면보다는 높고, 따라서 그 사이에서 결정되는 기대 서비스(Predicted service) 수준도 고객별로 상대적으로 높게 설정될 거야. 실제 자장면을 받았을 때 그것에 실패할 가능성이 많아서, 평소 잘 알던 집에만 주로 주문하게 되는 특성이 있잖아. 이건 어때?"

“많이 근접했어요. 이거 화려한 전문용어들이 너무 등장하는걸. 역시 MBA 학생들이야. 많이 배웠어. 호영 형, 좀 더 고민해 봐요.”

승욱은 자장면과 라면을 소재로 다양한 경영 이론들이 쏟아져 나오는 것이 흥미로웠다. 하지만 아직 원하는 답이 등장하지 않았다. 승욱은 얼마 전 강의시간에 배운 공급 사슬 관리(SCM) 관점을 통해 ‘자장면과 라면’을 설명하고 싶었던 것이었다.

“야, 이거 야심한 밤에 자장면하고 라면 앞에 놓고서 공부 얘기하는 것 같아서 영 소화가 안 된다. 답이 뭐야?”

호영도 이제 생각하기 지쳤나 보다. 하긴 몸도 마음도 피곤한데, 잠시나마 야식을 먹으며 좀 쉬려고 했는데 먹으면서까지도 생각이라니.

“영훈이 형, 형은 알지? SCM 관점에서 말이야.”

“물론이지. 일단 마케팅 용어는 익숙하겠지? 푸시마케팅(Push marketing)과 풀 마케팅(Pull marketing) 개념은 잘 알 텐데 이것과 동일한 맥락에서 보면 될 거야.”

“예, 그것과 유사해요. SCM 시간에 이승규 교수님이 비유를 들어 설명하신 건데 푸시프로세스(Push process)는 라면과 같이 공급사슬 상에서 고객의 수요를 미리 예측하여 소매상까지 제품을 배포하는 것을 의미하고, 반대로 풀 프로세스(Pull process)는 자장면과 같이 고객의 주문이 접수되는 시점부터 제품이 만들어져 소비자에게 전달되는 형태를 말하는 거예요. 물론 자장면의 전체 공급사슬이 고객의 주문으로부터 작동하여 밀을 심고 밀가루를 만들지는 않죠. 다만 자장면을 만들 수 있는 준비만 한 상태로 고객의 주문을 기다리니까, 결국 자장면은 푸시와 풀 프로세스가 고객 주문을 기점으로 적절히 결합된 거예요. 라면과 비교해 보면, 라면의 푸시와 풀 경계는 최종 소비자 쪽에 완전히 치우친 반면, 자장면의 푸시와 풀 경계는 공급사슬 상류 쪽으로 치우친 감이 있죠. 이 점은 공급 사슬을 전략적으로 설계하는데 무척 중요하다고 해요."

승욱은 자신이 알고 있는 지식을 함께 있는 사람들에게 자신 있게 설명하였다. 새롭게 배운 이론에 대해 동료들과 토론하고 나눌 수 있는 순간이 승욱에게는 정말 소중했다. 지식을 자신의 머릿속에만 가둬둔다면 무슨 가치가 있을까.

"호영이나 지수가 여러 가지 얘기를 많이 해 줬는데, SCM으로 바라본 자장면과 라면의 차이점을 정확히 얘기하진 못했네. 물론 SCM 관점에서 바라보라고 힌트를 주었어야 했지만. 그래도 카페라떼가 걸린 내기인데 쉽게 맞추면 안 되지. 맞지? 승욱아. 승욱인 좋겠다. 내일부터 아트리움에서 커피 계속 마시겠구나. 나도 한 잔 줄 거지?"

"물론이죠. 거봐, 형들. 이번 학기에 SCM 배우자고 했더니. 만약 같이 들었으면 제 머리 속에 있는 생각을 맞출 수도 있었을 텐데 말야. 그래도 제 이야기 들으니까 자장면과 라면의 차이가 전혀 새롭죠?"

자장면과 라면을 먹는 순간에도 비즈니스 관점에서 생각한다는 것이

쉬운 일은 아니었지만, 배운 것을 응용해 본다는 의미에서 5명의 학생들은 뿌듯함을 느꼈다. 아는 만큼 세상은 더욱 새롭게 재해석되고, 그것을 통해 새로운 가치들이 창조될 수 있는 것이다.

'이론의 힘이란 이런 것이구나.'

승욱은 흐뭇한 미소를 지으며 다시 젓가락을 들었다.

기 업 의
성 공
방 정 식

"아니, 사우스웨스트 항공(Southwest airline)은 고급 전문역량이 상대적으로 필요 없는 서비스 기업이니까 이해할 수 있는데, SAS에서도 이런 모델이 통할 수 있다니 믿을 수 없는데….”

영훈은 SAS라는 기업에 대해 이해할 수 없었다.

SAS는 SAS 통계 프로그램 등 기업용 소프트웨어와 솔루션 전문 기업으로 업계에서 확고한 입지를 구축하고 있음은 물론 1976년 설립 이래 한 해도 거르지 않고 해마다 매출과 이익 면에서 성장을 지속하고 있는 기업이다.

SAS의 특이한 점은 만족된 내부 직원이 고객을 만족시킬 수 있다는 단순한 철학으로 내부 직원 만족을 그 어떤 다른 가치보다 앞세우고 있다는 점이다. 비용절감을 위해 직원을 해고하거나 직원에 대한 복지를 줄이는 것은 상상도 할 수 없는 일이다.

가령, SAS 본사에는 아동 보육시설, 운동시설, 종합병원 등 직원들이 생활하면서 필요한 모든 시설들을 갖추고 있으며, 직원들과 가족들은 그 모든 시설을 무료로 이용할 수 있다. 2005년에는 〈포천〉에 의해 가장 일하기 좋은 기업으로 선정되었고, 지난 8년 동안 미국에서 가장 일하기 좋은 기업(GWP, Great Work Place) 상위 20위에 계속 포함되고 있다.

"우리의 상식이 완전 깨졌어. 성과가 나쁜 하위 10% 직원을 매년 해고하는 GE 방식하고는 완전 딴 판이야. SAS는 성과급도 별로 강조하지 않고, 해마다 재무적 목표도 따로 설정하지 않는데 어떻게 30년 동안 성장을 계속할 수 있었을까? 근무 여건 좋게 해주면 다들 SAS 직원처럼 최고의 성과를 낼 수 있는 걸까? 사람에 대한 동기부여가 중요하다는데 SAS 케이스를 보면 정말 그 말이 맞는 것 같아."

지수도 SAS 케이스를 접하고 흥분을 가라앉힐 수 없었다. '최고의 자산은 사람이다' 라는 추상적 명제를 실제 경영 현장에서 실천하고, 그것을 회사의 경쟁우위로 확보하여 탁월한 경영성과를 창출하고 있는 기업이 있다는 사실이 믿기지 않았다.

김영배 교수의 리더십과 조직관리(Leadership & Organizational Behavior) 수업이 끝나자 영훈, 승욱, 지수, 철호, 길헌은 마치 약속이나 한 듯이 아트리움 뒤뜰에 모이기 시작했다. 언제부터인가 리더십과 조직관리 수업이 끝나면 매번 되풀이되는 일이었다. 녹차 티백이 담긴 종이컵에

물이 채워지고 나면, 매번 당일 수업에 대한 복습 아닌 복습이 이뤄지는 것이다.

어느 누구도 강제하지 않았지만 각자가 스스로 동기부여하여 수업 시간에 다룬 주제에 대해 토론을 지속하는 식이다. 그만큼 리더십과 조직관리 시간에 각자가 느낀 감흥들은 컸다. 새로운 과목을 배운다는 느낌보다 오히려 세상을 보는 새로운 관점과 시각을 얻고 있다는 생각이 들었기 때문이다.

리더십과 조직관리는 조직을 구성하는 개인과 집단에 대한 개별 특성, 행태, 각각의 상호작용을 이해하여 조직성과를 최대화할 수 있는 방안이 무엇인가를 학습하는 과목이다. 단순히 지적으로 리더십은 이러이러해서 중요하다는 접근이 아니라, 자신이 리더의 위치에 오를 때 어떻게 생각하고 행동해야 할 것인가를 고민하게 하는 시간인 것이다.

길헌 역시 SAS의 독특한 기업문화와 경영 모델을 이해할 수 없었다.

"그래도 여전히 이해 가지 않는 부분은 SAS에 근무하는 엔지니어들은 다들 아주 뛰어난 인재들인데 성과급도 받지 않고 어떻게 그렇게 회사에 대해 만족할 수 있느냐는 거야. 근무 여건만 좋다고 만족도가 지속될 수 있다는 건 믿기지 않아. 가령 같은 능력으로 마이크로소프트같이 철저하게 능력위주로 평가 받는 회사로 가면 돈도 훨씬 많이 받을 수 있잖아."

대화를 듣고 있던 승욱도 말을 거들었다.

"SAS도 성과급은 아닌데 이익배분(Profit sharing)을 통해 회사의 경제적 성과를 나눌 수 있기는 해. 근데, SAS는 근본적으로 사람들이 경제적 유인에만 전적으로 반응하지는 않는다고 믿는 것 같아. 사람은 감시하거나 통제하지 않아도 스스로 차원 높은 가치를 위해 열심히 노력할 수 있다고 생각하는 것 같은데? 성과급을 주면 그 순간은 만족도가 높아지는데 일정 시간이 경과하면 더 많은 돈을 주지 않고는 만족도가 유지될 수 없다는 분석도 있잖아. SAS도 IT 기업인데 IT 기업에서는 창의성이 핵심 경쟁원천이야. SAS 같이 일하기 좋은 여건에서는 누구나 저절로 창의적이 될 수밖에 없지 않을까? 아, 갑자기 나도 SAS 같은 회사에서 일하고 싶어진다."

"승욱이가 아주 그럴싸한 분석을 했는데? 결국 개인마다 동기부여 되는 방식도 차이가 있는 것 같아. 돈이 제일이라고 믿는 사람은 돈을 줘야 반응하고, 칭찬을 좋아하는 사람은 칭찬을 해줘야 기분이 좋아지잖아. 결국 마이크로소프트식의 철저한 경쟁과 성과급 시스템이 좋은 사람은 마이크로소프트를 선택하고, SAS처럼 다분히 평등주의적이고 가족 같은 분위기에서 안정적으로 일하고 싶은 사람은 SAS를 선택할 것 같은데. 모든 기업에게 마이크로소프트의 방식이 통하지 않듯, SAS 방식이 모든 기업들에게 적용될 수도 없을 거야."

길헌의 말에 다들 고개를 끄덕거렸다.

"승욱이 말 들으니까 생각나는데 교수님이 수업 시간에 내적 정합성(Internal fit)과 외적 정합성(External fit)에 대해 강조하셨잖아. 결국 각 기업이 처한 환경과 전략 간에 정합성이 있어야 하고, 전략이 제대로 실행되기 위해서는 기업의 고유문화와 가치, 시스템이 전체적으로 일관되게 정렬되는 것이 중요해. SAS는 기업 공개를 하지 않았으니까 단기성과에 집착하기 쉬운 투자자들의 요구로부터 자유로울 수 있고, 그래서 30년이라는 긴 시간 동안 SAS 고유의 가치와 철학을 유지하고 성장할 수 있었던 것 같아. 그런 문화와 가치가 SAS 성과시스템과 GWP(Great Work Place) 제도로 이어질 수 있었던 거고. 그러고보면 무조건 다른 기업들 벤치마킹한다는 것이 사실 아주 위험한 일이야. SAS가 GE 시스템 모방한다고 상상해봐. 진짜 재미있을 것 같지 않아?"

영훈은 함께 대화하면서 SAS 사례가 주는 시사점에 대해 깊이 이해할 수 있었다.

"자자, 만날 수업 끝나고 대체 이게 뭐 하는 짓들이여? 공부는 그만하고 이제 대충 밥들 먹지. 배고파 죽겠어. 자 이제 밥 먹으면서 얘기하자고…."

철호가 시계를 보이며 일행을 식당으로 몰았다.

단순히 지식을 습득하는 것이 아니라 세상과 사물을 보는 새로운 관점과 시각을 체득하는 것이 MBA 과정의 핵심일지도 모른다. 모르는 지식은 책이나 다른 정보 채널을 통해 습득할 수 있지만, 관점은 쉽게 얻을 수 없을 뿐 아니라 얻는다 해도 단 시간 내에 바뀔 수 없기 때문이다. 관점이 바뀌지 않으면 새로운 지식의 유용성도 제한될 수밖에 없으므로 관점을 다양하게 확장하고 유연하게 만드는 일이 중요하다.

사람은 누구나 다르다. 각자 일하는 방식과 가치, 강약점이 다르므로 그 차이를 인정하고 존중할 때 개인의 집합인 조직이 최대의 성과를 구현할 수 있다. 이러한 깨달음은 리더십과 조직관리 수업이 제공한 새로운 관점이다. 각자의 기준으로 다른 사람들을 평가하고 때로는 매도하며 단점만으로 사람을 보는 일이 얼마나 많은가? 장점을 기준으로 사람을 보고, 장점을 기준으로 사람을 쓴다면 어느 조직이든 보다 높은 성과를 창출할 수 있을 것이다.

그래서 리더의 역할이 더할 나위 없이 중요하다. 비전과 전략을 세우고, 목표를 설정하고, 전략을 실행하는 리더의 전통적 역할의 중요성도 간과할 수 없다. 그러나 리더의 가장 중요한 역할은 조직 구성원들에게 동기를 부여하여 구성원 스스로가 자신이 지닌 잠재 역량을 최대한 발휘할 수 있도록 하는 것일지도 모른다. 지식의 가치가 그 어느 때보다 중요한 시대이다. 그런 의미에서 지식을 생산하는 사람의 가치를 높이기 위한 활동은 더더욱 중요해지고 있다.

출 사 표 를
던 지 다

　"그럼⋯.현대 홈쇼핑을 주제로 하는 건 어때? 내가 생각하기엔, 홈쇼핑이라는 산업이 현재 유통 시장에서 성장하고 있는 산업이고, 특히 현대 홈쇼핑이 생긴 지 3년 만에 서비스 품질지수(NCSI) 1등을 2년 연속 수상했거든. 뭔가 비결이 있지 않을까? 내가 현대 홈쇼핑에서 근무했으니까 인터뷰하기도 쉬울 것 같은데⋯. 어때? 오빠들 생각은?"

　"글쎄다. 내가 생각한 기업은⋯. 지수 너 혹시 STX 팬오션(PanOcean) 알아? 이번에 싱가포르에서 기업공개를 했고 지금도 주식이 계속 오르고 있는 기업이거든. 원래 외환위기 시절 부도난 쌍용 중공업에서 시작된 회사야. 사장이 아주 대단한 사람인 거 같고 지속적인 M&A로 성과도 좋아. 한번 연구해 볼 만한 기업인 거 같아. 다른 팀에서도 쉽게 생각하지 못할 거고. 주제를 어떤 기업으로 선택하느냐가 공모전 승패의 70%를 좌우한다잖아. 뭔가 다른 팀이 생각하지 못한 기업으로 메시지를 전달할 수 있는 게 더 좋지 않을까? 홈쇼핑은 다른 팀에서도 쉽게 생각할 수 있을 것 같아."

지수와 남훈은 서울대학교에서 개최하는 경영 사례 공모전 주제에 대해 설전을 벌이고 있었다. 서울대학교 경영 사례 공모전은 논의해 볼 만한 경영 이슈가 있는 기업을 선택, 이것을 케이스로 작성하여 향후 국내뿐 아니라 해외 MBA와 경영대학원에 출판하기 위함이었다. 때문에 어느 공모전보다도 주제 선택 부분이 승패의 70%를 좌지우지한다고 해도 과언이 아니었다.

'과연 어떠한 주제로 선택해야 승산이 있을까.'

지수는 생각했다.

카이스트에서는 학생들의 공모전 도전이 끊이질 않는다. 공모전을 준비하는 이유는 다양하다. MBA에서 배운 이론을 실제 비즈니스 문제에 적용해 해결해 볼 수 있고, 자신들의 능력을 객관적으로 검증할 수 있는 기회이기 때문이다. 또한 경력 전환을 원하는 학생들은 공모전 출전을 통해 자기가 원하는 분야에서 간접 경험까지 쌓을 수 있다.

그래서 정평이 나있는 공모전에는 카이스트 MBA들 간 내부 경쟁도 심했다. 정보 유출을 방지하겠다는 심정으로 공모전 출전 팀들은 비밀리에 회합을 가졌고, 특히 우수한 팀원 확보를 위한 경쟁도 치열했다. 치열한 내부 경쟁이 있다 보니, 많은 공모전의 결승 단계에서는 카이스트 MBA들 간의 경합도 많은 편이었다.

“그래? STX 팬오션이라. 들어본 적은 없는데. 그럼 남훈 오빠가 그걸 통해서 이야기하고 싶은 건 뭔데?”

“음…. 우선 요즘 경영계에서 이슈로 떠오르고 있는 M&A에 대해서 이야기할 수 있겠지. 성공의 핵심요인이 무엇인가 분석할 수도 있고, 무엇보다도 이 케이스에서 당선된 작품은 해외에도 출판되는 거잖아. 그럼 우리나라의 상황, 즉 외환위기 시절 어려움을 겪은 기업이 어떻게 살아남았는지, 이 회생이 남기는 의미가 무엇인지 전달하는 것도 차별적이고 매력 있지 않을까 싶어. 그리고 STX 강덕수 회장님이 뛰어난 리더십 경영으로 경제 주간지에 나온 것을 본 적이 있거든. 여러 가지 면에서 전달할 수 있는 경영 메시지가 있다고 본다. 제목은…. ‘바다로! 세계로! 미래로!’ 어때? 뭔가 있어 보이지 않아?”

남훈은 이번 주제 선정에 자신이 있었다. 예전부터 예의 주시하며 지켜 본 STX 그룹을 경영케이스로 완성시킨다면 다른 팀이 생각해 보지 못 한 이슈로 접근할 수 있을 것 같았다. 자. 그렇다면 팀원들을 설득시키자!

“영준이 형, 형 생각은 어때? 각자 한 개씩 주제를 생각해 오기로 했잖아. 형은 다른 의견 있어?”

“음….난 여러 가지 생각한 게 있긴 한데. 남훈이 이야기를 들으니까 뭐 내가 생각한 주제를 꺼내는 게 좀 부끄럽네. 남훈이가 생각한 주제가 좋은 거 같아. 현재 STX 기업이 가지고 있는 경영 이슈가 두각 되고 있다는 점과 우리나라 기업이기 때문에 겪었던 어려움 등 홈쇼핑 산업

보다 차별적인 점이 더 많은 거 같은데."

지수는 고민했다. 남훈이 선택한 주제가 더 매력적이긴 했지만 과연 케이스에 표현해야 하는 내부 상황에 대한 자료를 어떻게 구할 수 있을지가 문제였다. 주제는 좋았지만 실현가능성에 대한 확신이 서지 않았다.

"그럼 남훈 오빠, 그런 M&A 과정에서 경영자가 어떻게 의사 결정했는지, 내부적으로 어떠한 갈등이 있었는지 알아야 할 텐데, 그런 자료를 구할 수 있어? 홈쇼핑이야 내가 다녀봤으니까 알지만 STX 팬오션은 경험해 본 사람이 아무도 없을 테고 인터뷰를 요청했을 때 어느 정도 응해 줄지도 미지수고. 주제는 나도 오빠 것이 더 나은 거 같지만 이 점이 좀 걱정이거든."

"그래? 내부 자료. 아! 우선 내 친구 중에 STX에 다니는 놈이 있거든? 그 친구에게 좀 물어 보자. 공개할 수 있는 자료는 도와 줄 거야. 그리고 또 STX 사보나 기타 경영자 인터뷰 자료를 보면 의미 있는 것들을 찾아 낼 수 있을 거야. 그럼, 이제 STX 그룹으로 진행하는 거지? 다들 찬성하는 거야?"

남훈은 자신의 주제가 채택되어 가는 것 같아 기분이 들뜨기 시작했다. 자신감이 더 생기는 것 같았다.

'그래 이번엔 웬지 될 거 같은 기분인걸. MBA의 시각이 무엇인지 보여 줄 거야!'

"그래 좋아, STX 그룹으로 하자. 내가 STX 팬오션 홍보실과 연락을 한번 취해 볼게. 우리의 의도를 밝히고 사보와 공개할 수 있는 내부 자료를 부탁해 보지 뭐. 지수, 남훈은 다음 미팅 때까지 STX 관련 기사를 찾아봐. 얘들아, 이번 공모전은 우리가 처음 함께 뭉쳤고 또 어렵게 시간을 투자하는 만큼 제대로 한번 해보자. 정말 뭔가 될 거 같다! 팀 구성도 환상이야. 우린 기본 경력이 다르고 또 관심 분야도 다르니까 좀 더 다양한 관점에서 문제를 볼 수도 있어. 지수는 마케팅, 남훈은 전략, 나는 재무 측면. 이야, 팀 구성 누가 한 거냐? 절묘하군, 정말. 나중에 상 받으면 팀 구성한 지수한테 그 공을 돌리마! 이번에 잘해서 우리의 이름을 알리자구. 알았지?"

셋은 욕심이 나기 시작했다. MBA를 시작한 후 처음 도전해 보는 공모전이었지만 서로의 능력을 믿었고 또 팀원들 사이에 시너지가 충분히 날 것이라고 확신했다. 차별화된 주제까지 선정하여 우승을 더욱 확신하기 시작했다.

"영준 오빠, 잠깐 얘기 좀 해."

"무슨 일인데?"

"오빠가 팀장이니까 팀원의 고충을 말하면 들어주는 거지?"

"고충? 뭐 어려운 점 있어? 있으면 말해 봐."

"아니. 고충이라고 할 거 까지는 없지만 우리 학교에서 출전하는 팀이 내가 아는 팀만 세 팀인데 과연 우리가 우승할 수 있을까? 인턴도 하면서 그 어느 때보다 진짜 노력했는데 우승 못 하면 좀 속상할 거 같아. 물론 우리 학교 학생들이 뛰어나서 함께 경쟁할 거라고 생각했지만 막상 마무리 시점이 다가오니까 걱정된다."

"난 또 무슨 일이라고. 걱정하지 마. 우리에겐 막강한 주제가 있잖아. 그리고 너, 남훈이 다 뛰어난 친구들이야. 그 누구보다도 우리 세 명의 팀원 구성은 완벽하다고 본다. 준비도 많이 했고. 당연히 될 거야. 된다고 생각해야지. 다음에 어떤 공모전에 출전할 것인지나 생각하라고. 테크노크라트(TechnoCrats), 이 팀명으로 또 다른 것도 진행해야지! 1학년 2학기, 할 수 있을 때 열심히 준비하자. 내년엔 취업하느라고 바쁠 테니까 그 전에 미리 상도 받아놓고 준비해야 하지 않겠어? 걱정하지 마. 잘 될 거다."

MBA는 곧 시간관리라고 했던가. 계획된 일정표를 바탕으로 세 명의 팀원은 차근차근 공모전을 준비했다. 세 명 모두 인턴 과정이었지만 철두철미하게 준비해 나갔다.

최선을 다하여 공모전을 준비했기 때문에 결과를 기대하지 않을 수 없는 상황이 되었다. 이미 준비한 과정을 통해 배움이 한 단계 성숙했지만, 수상에 대한 미련을 결코 버릴 수 없었던 것이다. 결과 발표가 시시각각 다가오면서 지수는 수시로 홈페이지를 드나들었다. 발표 시간이 안 되었음에도 혹시 결과를 미리 발표하지 않을까 조바심이 났기 때문이다. 잠시후, 우려가 완전히 사라졌다. 우승의 꿈이 현실이 된 것이다. 테크노크라트가 1등이었다.

MBA 마케팅실에서 전체 메일로 공지한 후 여기저기서 축하의 목소리가 이어졌다. 지수는 지난 3개월간의 노력을 한꺼번에 보상받는 듯한 기분이 들었다.

"근데 지수야, 2등 역시 우리학교다. 수철이랑, 경진이, 일민이도 공모전에 참가했더라고. 전혀 내색하지 않더니만. 우리가 1등한 소식 듣고 아주 이를 갈고 있던걸. 하하."

영준 또한 기쁨을 감추지 않았다.

"역시 카이스트 애들은 무섭다니까. 결국엔 우리학교 학생들끼리 경쟁일 줄 알았어. 우리가 주제 선택을 잘한 것 같아. 전체 메일 봤지?"

"그럼, 당연하지! 지금 공모전 열풍이다. 다들 상 받으려고 준비하는 거 같다. 근데 승산 있는 걸 잘 찾아서 해야지 아무거나 준비하면 시간 투자 대비 효과를 얻기는 힘들 거야. 우린 MBA 학생이잖아. 투자 대비 효과가 가장 높은 걸 선택하는 건 당연해. 우리 이참에 이번 학기에 공모전 한 개 더 준비하는 건 어때? 다음 학기부터는 취업 준비로 바빠질 텐데 이번엔 해외에서 주최하는 공모전에 나가볼까?"

"그래, 좋아. 하자! 한 번 우승해 보니까 막 자신감이 붙는걸. 이번에 무역협회에서 해외 마케팅 공모전 하던데. 내가 아이디어랑 대회 개요 정리해서 메일로 보낼 테니 승산이 있을지 남훈 오빠랑 검토해 보세요."

지수는 1등 했다는 소식보다 다른 카이스트 MBA팀을 제쳤다는 것이 더 기뻤다. 상대하기 부담스러운 맞수들을 보기 좋게 이겼다는 쾌감이 컸던 것이다. 선의의 경쟁을 통한 카이스트 학생들의 도전에 대한 열정은 점점 커져가고 있었다.

푸른 초장에서

찬 바람을

피하다

개강 이후 벌써 두 달째 이뷰즈(eViews, 통계프로그램의 일종)와의 씨름이 계속되고 있다. 저녁 7시. 전덕빈 교수의 텔레콤 시장분석을 수강하는 학생들 대부분이 노트북을 지참하고 103호 강의실에 모였다. 20시간 정도가 소요되는 시장분석 과제 해결을 위해서다.

시장 기회를 발견하고 새로운 상품을 개발할 때 기업이 가장 관심을 갖는 사항은 고객의 반응이다. 상품에 대한 고객의 호감도와 구매 의사에 따라 향후 시장 규모가 결정되며, 시장 규모에 따라 기업의 투자 규모가 결정되기 때문이다. 즉, 수요예측에 따라 기업의 자원배분에 대한 의사결정이 달라진다.

텔레콤 시장분석 수업에서는 통계 이론을 바탕으로 실제 경영에서 고려해야 할 변수를 적절히 모형화하여 시장 수요를 예측하는 훈련을 한다. 이 과정에서 당연하게 요구되는 것은 수치화된 데이터를 가공하고 분석하는 능력과 통계 프로그램에 대한 능숙한 활용 역량이다. 다양한 수리예측 모델에 대한 이론적 이해와 활용 능력 또한 필요하다.

단순 미적분 이상의 수학을 배워 본 적이 없는 영훈과 호영, 진건, 재호는 수업에 대한 열의가 높았음에도 복잡한 수리 모형을 이해하기에는 역부족이었다. 수업 시간에 아무리 집중해도 수업 내용을 이해하기 힘들었고, 특히 매 수업마다 부여되는 과제 해결을 위해 무엇부터 시작해야 할지 감조차 잡지 못할 때가 많았다.

반면 공대에서 전자공학을 전공한 승욱은 대학시절에도 지속적으로 고등수학과 통계를 공부했던 까닭에 그리 큰 어려움은 없었다. 승욱의 이러한 능력은 다른 사람들에게도 도움이 되었다.

이들이 103호 강의실에 모인 이유 역시 과제에 대한 승욱의 브리핑을 듣기 위해서였다. 사실 승욱은 매번 과제가 부여될 때마다 수강생들을 모아 놓고 관련 이론과 수리 모형에 대한 설명을 비롯하여 문제 해결 방안에 대한 실마리를 제시해 주고 있었다.

"이번 과제는 이리듐 서비스에 대한 수요예측에 관한 것인데."

"맞아. 근데 이리듐 서비스가 뭐야?"

재호는 아직 숙제에 대한 준비를 하지 못했다. 이리듐 서비스에 대한 정보도 찾지 못한 상황이다.

"이리듐 서비스는 모토롤라가 인공위성을 이용하여 전 세계 어디에

서든 하나의 단말기로 통화가 가능하도록 디자인한 이동전화 서비스잖아. 우리나라에서는 SK텔레콤이 파트너로 참여했었고."

진건은 평소 관심 있게 지켜보았던 이 서비스에 대해 자세히 설명해 주었다. 듣고 있던 승욱이 이번 숙제에 대한 어려움을 말하기 시작했다.

"근데 이리듐 서비스에 대한 수요예측을 위해 주어진 자료는 당시 실시했던 설문조사 데이터밖에 없어요."

호영, 영훈, 진건, 재호는 주어진 40여 개의 설문 문항 데이터를 보며 한없는 무력감을 느낄 수밖에 없었다.

'대체 무엇부터 시작해야 하나? 수업시간에 교수님께서 '로짓 모델(Logit Model, 소비자 개개인의 상품 또는 서비스 구매에 영향을 미치는 요인을 찾아내어, 고객의 상품 또는 서비스에 대한 수용 여부를 수치화하도록 하는 통계적 모형)'을 설명해 주시긴 했는데, 이것을 어떻게 적용하지? 그리고 이것과 수요예측이 어떻게 연결된 거야? 이러다가 이번 주말은 꼼짝없이 학교에 붙어 있어야 하는 거 아냐?

사실 이번 과제는 승욱에게도 부담스러울 만큼 쉽지 않았다.

'자. 생각해 보자. 이리듐 서비스는 결국 이동전화잖아. 그럼 이 서비스가 시장에 출시된다면 기존의 셀룰러 및 PCS 전화와의 경쟁관계는 어떻게 되지? 서로 대체재인가? 보완재? 이리듐 서비스는 어떠한 사람들이 쓰게 될까? 고려해야 할 게 너무 많잖아!'

40여 개의 변수, 로짓 모델, 신규서비스, 대체재, 보완재, 대상 고객.

과제해결 방법을 놓고 승욱은 주말 내내 다양한 방법들을 생각했던 것이다.

"제 생각에 이번 문제는 이러한 방향으로 접근하면 좋겠어요. 우선 이리듐 서비스는 가입비, 단말기 가격, 이용요금이 이동전화에 비해 상당히 비싸기 때문에 현재 사용 중인 이동전화의 대체제는 될 수 없을 것 같아요. 따라서 이 서비스는 이동전화 가입자를 보완하는 서비스로 가정하고, 이동전화 시장의 포화수준을 이리듐 서비스의 전체 시장으로 가정하는 겁니다. 그리고 로짓 모델을 통해 개인별 가입 확률을 구하고, 이 확률을 이리듐 서비스 전체시장에 곱하면, 이리듐 서비스가 가능한 전체시장으로 볼 수 있어요."

103호에서 승욱의 세미나가 시작되었다. 다른 학생들은 심각한 표정으로 칠판을 응시하면서 여러 가지 질문들을 던지며 세미나를 쫓아가고 있었다.

"이렇게 전체시장을 구하되, 이동전화 시장의 포화수준이 시간이 지남에 따라 커지므로, 이를 고려하기 위해서 회귀분석(Regression)을 하는 거야. 그리고 이를 과제에 반영하는 것이 좋을 것 같은데. 어때?"

승욱의 말을 듣고 있던 호영이 말했다.

"이야, 호영. 드디어 회귀분석을 응용하기 시작했구나!"

영훈이 놀랍다는 듯한 표정을 지으며 말을 이었다.

"만날 통계 어렵다고 투덜거리더만, 이젠 아주 자연스럽게 회귀분석이라는 단어도 잘 사용하네.”

“내가 뭘? 배웠으면 응용을 해야지, 나처럼 말이야.”

호영이 으쓱해 하며 너털웃음을 짓자 모두들 크게 웃었다. 강의실의 긴장감이 점점 사라지는 듯했다.

“이렇게 이리듐 서비스에 대한 전체시장을 구했으면, 이제 이를 이용하여 실제 수요예측 과정이 필요하겠죠?”

승욱이 다시 진지함을 되찾았다.

“지난 번 시간에 배웠던 수요확산 모델 중 바스 모델(Bass Model, 제품 또는 서비스의 누적 구매자 수가 시간이 지남에 따라 S자 곡선을 그리며 늘어나는 현상을 나타낸 모델)을 쓰는 거야?”

진건이 확인하는 질문을 던졌다. 여기저기서 ‘아아, 바스 모델을 사용할 수도 있겠구나’ 라며 웅성거렸다.

“형, 대단한데? 바스 모델이 이 시점에서 사용되면 매우 좋겠죠? 근데 바스 모델 말고 또 배웠던 모델이 있잖아요. 로지스틱 모델(Logistic Model)은 어때요? 여러 가지 모델 중 가장 적합한 것을 찾아서 그것에 따라 수요예측을 하는 것이 바람직할 것 같은데.”

승욱은 강의실에 모인 학생들을 조금씩 자극하면서 그들이 점점 더 과제에 몰입하도록 유도하였다.

“자, 그럼 이제 지금껏 논의된 내용을 바탕으로 각자가 더 보완해 실제 과제를 수행해 보자.”

재호는 빨리 수요예측을 하고 싶어서 안달이 났다.

이제 과제에 대한 기본적인 흐름을 이해했으니, 남은 건 각자가 얼마나 자세하게 각각의 모델에 맞는 변수를 찾아내고, 이를 바탕으로 수요를 예측하는가였다. 103호 강의실에 모이기 전까지만 해도, 이번 과제에 대해 갈피조차 잡을 수 없었지만 지금은 달랐다. 이제는 누가 더 정확한 수요예측 모델을 만드느냐에 관심이 쏠리기 시작하였다.

각자 랩에 돌아가 선택한 수요예측 모델을 바탕으로 수요예측 작업을 시작하였다. 수리예측 모형을 사용하여 통계 프로그램을 작동시키는 일은 강도 높은 인내심을 요구하는 일이었다. 변수 하나 하나를 추가하고 제거하는 작업을 반복하며 컴퓨터의 모니터를 뚫어져라 바라봐야 했다.

새벽 5시. 승욱이 세미나를 끝낸 8시 30분부터 쉬지 않고 작업을 한 것이다. 다들 9시간이 넘도록 수요예측 작업에 매달리고 있었다.

"형, 오늘은 몇 명이지?"

승욱이 영훈에게 물었다.

"너 포함해서 4명. 참, 오늘은 미리 불 좀 지펴놓는 게 좋겠다. 요즘 날이 쌀쌀해지기 시작해서 따뜻해지는데 시간이 좀 걸리더라. 내가 온돌 스위치 올리고 올게."

영훈은 1층에 있는 '푸른초장'으로 달려갔다.

기독교 동아리 방이었던 '푸른초장'은 불과 3분 정도 거리에 있었다. 게다가 바닥이 온돌로 시공되어 있다는 점이 큰 매력이었다. 차디찬 새벽 공기를 뚫고 기숙사까지 가는 수고도 피할 수 있었고, 따뜻하게 깊은 잠을 잘 수도 있었다. 수면 시간이 부족한 그들에게는 더할 나위 없이 완벽한 숙소였다.

5시 30분이 조금 넘어서야 다들 겨우 숙제를 마감하기 시작하였다.

"자자, 빨리 내려가자. 이러다가 쓰러지겠다, 쓰러져. 아, 진짜 이 생활 언제 끝나냐?"

호영이 지친 일행을 데리고 1층 푸른초장으로 내려갔다. 오늘따라 푸른초장이 너무나 따뜻했다.

"야, 이거 진짜 우리집 안방 같은 걸. 어때? 오늘도 여기 오기 잘했지?"

영훈이 따뜻한 바닥을 손바닥으로 두드리며 만족스러워 했다.

"그나저나 이런 과제를 앞으로 몇 번이나 더해야 하냐? 정말 힘들다."

숙제에 지친 철호가 투덜거렸다.

"글쎄, 꽤 남았겠지. 그래도 신기하지 않냐? 우리가 신규서비스에 대해서 수요예측을 하고, 이를 바탕으로 신규서비스 전략이나 마케팅 계획을 도출해 내는 과정이?"

영훈은 매번 과제에 어려움을 느꼈지만 과목이 주는 매력에는 십분 동감한 상태이다.

"형, 나도 통계를 이용해서 의사결정자가 사용할 수 있는 객관적 자료를 만들 수 있다는 것이 정말 재미있어. 힘들어도 나름대로 매력이 있더라고."

"승욱인 그래도 수학을 잘하니 좋겠다. 나중에 내가 일하다가 필요하면 너에게 부탁하면 되겠네."

호영은 쏟아지는 잠을 참지 못하고 가장 따뜻한 창가 옆 바닥에 몸을 눕혔다. 영훈과 승욱도 방석을 바닥에 깔고선 누웠고, 철호는 벌써 코를 골기 시작했다. 수펙스 경영관에 그들만의 쉼터, 푸른초장이 있다는 사실이 더없이 행복한 밤이었다.

Exodus

'오늘은 너무 피곤하다. 이제 겨우 화요일인데 벌써 피곤하면 어쩌냐. 그만 하고 들어가서 잘까?'

오후 11시 30분. 재무회계 숙제를 마친 시간이었다. 승욱은 오랜만에 일찍 과제를 끝냈지만 몸이 너무 피곤했다. 당장 드러눕고 싶은 생각이 간절했다. 그러나 한편 매일 밤마다 반복되는 지겨운 숙제와의 싸움을 벗어나 무엇인가 활력소를 얻고 싶었다.

승욱은 준현에게 전화를 했다.

"형, 시간 있어? 그냥 오늘은 형이랑 취하고 싶다. 구름다리 앞에서 형 올 때까지 기다리고 있을 테니까 그냥 나와. 나 진짜 형 올 때까지 기다릴 거야."

갑작스러운 승욱의 전화에 준현은 당황했지만 배수진을 치고 전화를 끊은 승욱의 요구를 무시할 수도 없었다. 간단히 맥주 한잔 할 요량으로 준현은 하던 숙제를 멈추고 구름다리로 달려갔다. 가면서 정환과 혁수, 기연에게도 전화해서 모임을 소집했다. 제법 나이 든 축에 속한 준현을 평소 잘 따르던 무리들은 기다렸다는 듯 구름다리로 집결했다.

"오빠들, 열심히 공부하는 동생보고 술 먹자고 그러기에요?"

제일 어린 기연이 투정하듯이 웃으며 말했다. 그래도 갑자기 생긴 여유가 싫지는 않은가 보다.

"간만에 술 한잔 하며 스트레스도 날리고, 이 좋은 5월을 그냥 보낼 수도 없잖아, 안 그래?"

정환이 기연을 달랬다.

"하기야 이렇게라도 스트레스를 풀지 않으면 아마 미쳐 버렸을 거야. 매일 이어지는 과제며 케이스, 팀 활동. 숙제는 왜 이렇게 많은 거야. 뭐 이건 잠시 음악들을 시간도 없으니."

기연이 그동안 쌓아왔던 평소의 불만을 이야기하기 시작했다.

"그치. 우리도 퇴근시간이 있으면 얼마나 좋아? 그 시간 이후면 맘 편하게 개인 생활을 할 수 있고 말이야. 여기는 새벽 1시고 2시고 할 게 있으면 해야 하잖아. 안 그래?"

승욱의 넋두리에 준현이 말했다.

"이놈, 요즘 엄청 스트레스 받는 모양이구나. 정환이 형 말대로 이렇게 날씨가 좋은데 우린 만날 랩에서 케이스와 씨름만 하고 있었잖아. 오늘은 좀 느긋해 보자구. 어쨌건 이렇게 모이자 하니까 바쁜데도 다들 모이네? 역시 '꽃지애' 답다. OT 후에 가졌던 봉사활동에서 같이 고생했던 게 큰 거 같아."

"내일 다들 수업 많지? 거 재무회계 과제는 다 했어? 오늘 이렇게 놀다가는 하기 힘들 거 같은데? 나도 다 못했는데. 어떡하냐?"

혁수가 갑자기 내일 과제얘기를 꺼냈다.

"혁수 형, 너무 걱정하지 마. 수업이 오후 1시니까 아침 일찍 일어나서 해도 되잖아. 형, 너무 엄살이 심한 거 아냐?"

"자자, 과제는 다들 알아서 하구. 이제부터 분위기 파악 못하고 과제 이야기 꺼내는 사람은 벌주야. 알았지?"

이렇게 시작된 술자리는 2차까지 이어졌다. 기숙사 뒤쪽 언덕이었다.

"언덕 위에서 자리 깔고 맥주 마시기는 대학교 이후 처음인 걸? 이거 술맛 나는데?"

"정환이 형, 그죠? 그래도 오늘밤은 쌀쌀한 기운도 없고 무척 시원하네요."

혁수의 말에 시원한 공기를 마시려 다들 가슴을 쫙 폈다. 지금 이렇게 술을 마시지 않았더라면 케이스 하나 정도는 분석할 수 있는 시간이었다. 하지만 케이스에 대한 생각은 다 잊은 듯 모두들 늦은 밤 시원한 바람에 몸을 맡기고 있었다.

"우리 다음에 돈 벌면 하와이 가서 한잔 하자. 혁수 네가 헬리콥터 사고, 난 거기 골프장 사고 준비되면 초대장 보낼게. 이거 생각만 해도 가

숨 뛰는데. 안 그래?"

"정환이 형 또 시작이다. 형, 그 약속 꼭 지켜야 돼. 승욱아, 꼭 기억해 두자구."

준현도 신이 났다.

"오빠들, 나 이제 들어갈래. 너무 많이 놀지 말고 들어가요. 내일 수업 들어야 되잖아."

기연은 여유를 즐기는 것도 좋았지만 내일 제출해야 할 숙제가 계속 마음에 걸렸다.

"벌써 가려고? 역시 기연이는 모범생이야. 우린 간다는 사람은 안 잡는다. 늦었으니까 기연이 너 먼저 들어가고. 승욱이 네가 좀 바래다 주고 와."

승욱이 기연을 기숙사까지 데려다 주고 오자, 뭔가에 심취하여 대화를 나누고 있던 나머지 셋이 들뜬 얼굴로 말한다.

"우리 동해보러 가기로 했다. 준현이가 바다 보고 싶어 미치겠다는데? 이거 뭐 바다 못 본 지도 오래고, 남자로서 그 넓디넓은 수평선 바라보면서 스트레스도 해소해야 하는 거 아니야? 가서 꿈을 재정비하고 와야 학교생활 더 열심히 할 수 있을 거 같아!"

갑작스런 정환의 말에 승욱은 무척 놀란 모습이다.

"아니, 이렇게 술을 마시고 어디를 간다구? 동해? 어떻게 갈 건데? 내일 수업은 어떻게 하려고?"

"혁수가 술을 안마시잖아. 혁수가 운전하면 되지! 내일 하루 수업 빠진다고 우리가 졸업 못하겠냐? 아무리 봐도 오늘이 그날인 거 같다. 너 〈노킹 온 헤븐스 도어(Knockin' On Heaven's Door)〉라는 영화 기억나? 두 주인공이 비록 시한부 인생이지만 바다를 보기 위해 떠난다는 거. 우리가 시한부 인생은 아니지만 우리도 걔네들처럼 바다로 가는 거야! 난 바다 못 본 지 2년이 넘었어. 난 오늘 반드시 갈거야. 오늘 안 가면 너무 후회할 것 같다."

준현이 승욱을 설득하기 시작했다.

"승욱이 너, 같이 가는 거다. 우리는 패밀리야. 정환이 형 말처럼 바다 보고 그간의 스트레스 확 날리고 오자! 갔다가 오면 물론 수업 빠진 거랑 과제물로 할 일이 더 많을 테지만, 그런 걱정은 잠시 접어두자고. 내가 운전한다니까. 뭐 걱정이야!"

혁수도 같이 거들었다.

"지금 출발하는 거야? 에이, 모르겠다. 부산 갈매기 출신인 내가 바다를 싫어한다는 것은 말이 안 되지. 최근에 본 적도 꽤 되었는데 게다가 형들하고 같이 가다니…. 뭐 좀 걱정은 되지만 이왕 결정한 거, 가자구. 우리 가는 거야!"

승욱도 갑자기 바다를 볼 수 있다는 생각에 들뜨기 시작했다. 숙제나 다음날의 수업에 대한 생각을 하루라도 벗어나고 싶었던 것이다.

"하루야. 하루간의 일탈! 엑서더스. 너 엑서더스 아냐? 이건 아무나 할 수 있는 게 아니라고. 승욱, 네가 책임져야 돼. 학교생활 잘하

던 우리를 꼬셔서 오늘 술 마시도록 처음에 부추긴 건 너니까. 알았
지?"

정환이의 우스갯소리에 모두들 웃으며 동의했다.

"자, 그럼 출발해 볼까!"

새벽 4시. 모두들 준현의 차에 올라탔다. 준현은 자신의 랩 문 앞에
메모를 남겼다.

'동해 보러 간다. 못난 형들을 용서해라.'

승욱을 포함한 넷은 드디어 동해로 출발했다. 하지만 동해를 향한 출
발은 시작부터 쉽지 않았다. 그간 쌓였던 피로와 함께 함께 마신 술기
운으로 피로가 몰려오기 시작하였다. 술을 마시지 않은 혁수도 피곤하
긴 마찬가지였다.

"야. 이거 너무 피곤한데? 술을 너무 많이 마신 거 아니야?"

"그러게. 피곤도 몰려오고. 우리 좀 쉬었다가 갈까?"

하는 수 없이 그들은 잠시 눈을 붙인다는 생각으로 성남 도로변에 차
를 세웠다. 그러나 한꺼번에 몰려든 피로감에 모두는 깊은 잠의 나락으
로 빠져들고 말았다.

오전 10시 5분. 정구열 교수의 재무회계 수업이 시작되었다. 평소와
다르게 정 교수는 출석을 부르기 시작했다. 정환 일당이 동해로 간 사

실을 알고 있던 연선과 다른 학생들은 당황하기 시작했다.

"이거 교수님이 출석 부르시는데 오빠들 진짜 동해 간 거야?"

"에이. 설마 갔겠어? 동해가 어딘데. 가는 게 쉽지 않을 거야."

다들 판단이 서질 않았다. 진짜로 동해로 간 것인지 아니면 말만 그렇게 하고 기숙사에서 늦게까지 잠을 자고 있는 것인지 말이다. 수업을 함께 듣는 친구들은 급한 마음에 모두들 휴대폰의 문자메시지로 빨리 학교로 돌아오라는 다급한 내용을 정환 일당에게 보내기 시작했다.

「수업시간에 출석 불러요. 빨리 학교로 돌아오세요.」

「형들, 동해 간 거야, 아니면 동해장에서 잔 거야? 학교로 와요.」

「오늘 우리 팀 미팅해야 되는데 어딜 간 거야? 전화도 안 받고? 언제 와?」

「기숙사지? 빨리 와요. 수업 시작했어요. 출석 부르고 있어요!」

「오늘 오후에 비 온대요. 그러니 동해는 담에 가시고 학교로 오세요.」

「지금 어디야? 동해 안 간 거 다 알고 있다. 빨리 와라!」

「오빠들 너무 멋있어요. 칫! 나도 같이 데려가지. 자기들끼리만 가구.」

갑자기 쏟아지는 문자메시지 세례에 정환 일당은 잠에서 깼다. 휴대폰이 연속으로 정신없이 울려 대고 있었다.

"다들 빨리 돌아오라는 메시지인데? 재무 회계시간엔 출석까지 불렀대!"

"어, 이거 뭐야? 우리 잠들어 버린 거야? 이런, 동해도 못 보고! 피로가 풀리지도 않았어. 우리 동해 본 걸루 하고 다시 돌아갈까? 오후에 비 온다는데?"

"지금이라도 돌아가면 다른 수업들은 들을 수 있어."

"무슨 소리야?! 동해를 가기로 했으면 가야지. 이거 이렇게 된 이상, 동해를 꼭 보고 와야 해! 가다 말면 그게 뭐야? 우리들 멋있다는 문자 못 봤어? 이왕 이렇게 된 거 돌아가면 우리 망신만 당하니까 그냥 동해로 뜨자. 오늘 아니면 졸업 때까지 진짜 이런 날 없다. 칼을 뽑았으면 무라도 잘라야지, 안 그래?"

"그래, 에라 모르겠다. 형들 그냥 달립시다. 가서 회포도 풀고, 푸른 바다도 보자고요!"

망설이던 승욱도 갑자기 동해행을 적극 주장하기 시작했다.

"그러자. 기연이 말처럼 우리 멋진 형과 오빠들로 다시 태어나자구. 그리고 가서 사진으로 증거도 남기자!"

"그래, 좋아. 다시 출발이다!"

억수 같은 비를 뚫고 차는 동해로 향했다.

숫 자 의
위 력

도요타 케이스 발표 준비를 하던 영훈, 지수, 호영, 승욱 넷이 잠시 아트리움에 들렀다. 2시간가량 열띤 토론을 펼친 후라 모두들 휴식이 필요한 때였다. 따뜻한 커피를 받아 든 네 명은 편하게 아트리움 좌석에 앉아 케이스 외의 다른 이야기로 휴식을 취하게 되었다.

"형들, 혹시 금연의 순현재가치(NPV, Net Present Value)가 얼마나 되는지 알아?"

갑작스런 승욱의 질문에 나머지 세 명은 어리둥절한 표정을 지었다.

"야, 갑자기 금연의 순현재가치라니? 그걸 왜 물어보냐?"

"그냥 생각이 나서 형들에게 물어 봤어. 지난 학기에 기업재무정책 시간에 배운 순현재가치 공식이 떠올랐거든. 근데 그거 가만히 계산해 보면 금방 나와. 3일에 두 갑을 피우는 사람이 있으면, 담뱃값이 2,500원으로 일정하다고 할 때, 그 사람은 1년에 약 64만 원 정도의 담배를 사게 돼. 할인을 연간단위로 하고, 할인이자율을 6%로 한다면 이 사람이 평생 담배에 사용하는 금액의 순현재가치는 64만 원을 0.06으로 나누면 되니까 약 1,000만 원이 돼."

"너두 참. 뭐 그런 걸 생각해 내냐? 하여튼 승욱이답다."

영훈은 흥미롭다는 듯 승욱이 얘기한 금연의 순현재가치를 음미해 보았다.

"그러면 그것을 가지고 금연회사들은 마케팅에 사용해도 되겠네. 여러분, 오늘 담배를 끊는다면 당신은 건강한 몸과 함께 현금 1,000만 원을 선물로 받는다, 뭐 이런 거."

지수가 웃으면서 말했다.

"그러고 보면 경영에 있어서 간단하지만 의미 있는 숫자 계산에 대한 훈련도 무척 중요할 것 같아. 방금 승욱이가 얘기한 것도 하나의 예가 될 수 있지. 컨설팅 회사에서 인터뷰를 할 때, 지원자들의 이러한 능력을 테스트하기 위해 게스티메이션(Guestimation, 어림짐작) 형태의 인터뷰를 진행하는 것도 아마 그런 이유가 아닐까? 사업성이나 현상에 대한 의미를 부여하기 위한 개략적인 범위를 머릿속으로 빨리 계산해 내는 것, 이런 건 학교에서 가르쳐 주기보다는 자연스레 몸으로 익히는 것일 텐데."

영훈은 숫자의 중요성에 별 의미를 두지 않았지만 학교생활을 하면서 숫자의 가치에 대해 다시 생각해 보게 되었다.

"내가 저번에 CRM 과목을 들었는데, 그 과목에서도 고객 데이터베이스를 효율적으로 다루어서 의미 있는 데이터를 뽑아내고, 그것을 활용한 마케팅에 대해서 배웠거든. 이건 통계하고도 관련된 얘기지만, 얼마 전에 통계청에서 발표한 내용이 신문에 떴던데, 우리가 익히 알고 있는 '햇반'이나 '처음처럼'도 통계를 잘 활용하여 신제품을 출시한 경우라고 하더라고. 외환위기 이후 여성의 음주가 급격히 늘고, 여성들의 경제활동도 활발해지는 등 통계데이터를 확인하고, 이를 바탕으로 여성을 타깃으로 하여 도수를 낮춘 '처음처럼'을 기획한 거야. 그리고 제품 개발 과정에 여성소비자들의 의견을 적극적으로 반영하여 출시하자마자 서울, 경기도를 중심으로 크게 히트를 쳤잖아. 그리고 '햇반'도 해가 갈수록 늘어나는 1인 가구 수의 트렌드를 반영하여 2~3분만 데우면 바로 먹을 수 있는 밥을 출시한 거지. 이것도 히트상품이잖아."

지수도 한마디 거들었다.

"하긴 마케팅 시간에 배웠지만, 새로운 상품이 출시될 때, 가장 먼저 하는 것이 STP(Segmentation, Targeting, Positioning)잖아. 고객을 분류할 때 기본이 되는 것이 고객들과 관련된 통계자료를 바탕으로, 거기서 의미를 찾아내는 것이 중요하더라구. 그것을 통해 고객을 분류하고 그 중에서 목표고객도 결정하고. 비단 마케팅뿐만 아니라 전략을 짤 때에도, 수요를 예측할 때에도, 설문지를 분석할 때에도 기본적인 통계처리는 물론이고, 거기서 남들이 찾지 못하는 의미 혹은 트렌드를 찾아내는 것이 무척 중요하더라고."

영필은 그간 배웠던 수업 중에서 통계가 중요하게 생각되었던 과목들이 생각났다.

"그러고 보면 학교에서 첫 학기에 경영통계과목을 기초필수로 하여 학생들로 하여금 모두 수강하도록 교과목을 짠 이유가 있었어. 그렇게 힘들게 공부하면서 이걸 꼭 배워야 하나며 푸념했던 우리였는데, 지금은 자연스레 여기저기서 기초 통계를 활용하여 과제를 해결하고 있느니 말이야."

"그러게. 숫자에 영 흥미가 없어 경영통계를 힘겹게 쫓아가던 영훈이 네가 리더십과 조직관리에서 기말 프로젝트를 할 때, 설문지를 직접 돌려가며 KT 기업문화 진단과 개선방안에 대한 기초 자료를 수집하고, 그것을 통계적으로 분석하여 의미를 찾아냈으니 그땐 정말 놀랐지."

호영은 지난 리더십과 조직관리를 떠올렸다.

"P&G에서의 신입사원 인터뷰에서는 이런 것도 나왔대. 만약 당신이 금요일 저녁 퇴근시간에 상사로부터 당신이 맡고 있는 지역의 시장점 유율이 0.2% 하락했다는 보고서를 받았을 때, 당신은 다음날 문제해결을 위해 모든 일정과 약속을 취소하고 회사에 나올 수 있는가? 이건 IBM의 전 CEO인 루 거스너(Louis V. Gerstner)가 쓴 《코끼리를 춤추게 하라》에 나오는 저자 자신의 경험이야. 이걸 보면 경영에 있어서 우리가 생각하는 것 이상으로 많은 경영자들이 소수점 한 자리 혹은 두 자리의 변화에 대해 의미 파악을 위해 애쓴다는 것을 알 수 있어. 계산하기에 따라 소수점은 변할 수도 있을 텐데."

영훈이 다시 얘기했다.

"맞아요. 근데 형들이 말한 통계자료의 수집과 분석, 그리고 이의 활용도 중요하지만, 경영활동에서 숫자가 중요한 부분이 또 있잖아. 재무나 회계에서의 중요성은 무시 못 하지. 생각나는 게 있는데, 지난 특강 수업 때 맥킨지 컨설턴트가 와서 유럽의 통신회사인 보다폰(Vodafone)의 만네스만(Mannesmann) 인수와 관련한 기업 가치 평가를 다루었잖아. 그때 인수를 통한 시너지 창출이 결국은 기대되는 시너지 효과를 반영한 만네스만의 기업가치로 귀결이 되더라구. 물론 정량적인 부분들도 고려해야 되지만, 보통 기업의 인수·합병 시에 중요하게 고려하는 것이 해당 기업의 가치이고, 이는 결국 하나의 숫자로 표시되어 의사결정에 사용되는 거 같아. 기업 가치는 또한 주식의 적절한 가격을 추정하는 데에도 사용되니, 경영에 있어서 숫자가 주는 또 다른 중요성이랄까?"

승욱은 재무제표 분석 수업을 들으며 기업가치에 관심이 많은 상태였다.

"요새 내가 골프에 열심이잖아. 모든 운동이 그렇겠지만 골프도 어떻게 보면 통계로 설명이 가능한 거 같아. 자신의 평소 스윙 폼을 가장 이상적이도록 익히는 것이 남들보다 높은 평균을 유지하는 것이라고 볼 수 있더라고. 그리고 이를 부단히 연습하여 자신의 스윙 폼에 대한 분산을 최대한 줄이는 것이 결국은 골프 실력의 향상으로까지 이어지지 않을까? 어때, 일리가 있지?"

"지수 말 들으니 리스크 관리 수업이 생각난다. 결국 기업의 리스크

관리는 미래 불확실성에 대한 분산을 최대한 줄여서 예측이 가능하도록 하는 것이잖아?"

호영도 자신의 짧은 생각을 거들었다.

"그렇지만 모든 통계자료를 믿고 의지할 수 있을까? 통계자료는 어떻게 자료를 수집하였는지에 따라서, 그리고 자료 처리하는 방법에 따라서 왜곡될 수도 있는데. 최근 신문에 난 통계청 자료에 의하면 기업 및 대학 등을 대상으로 조사한 결과 통계를 적극적으로 활용한다고 응답한 사람이 약 33% 정도이고, 이보다 더 많은 약 35%는 거의 활용하지 않는다고 하더군. 생각보다 많은 사람들이 통계에 대해서, 그리고 숫자가 주는 의미에 대해서 그리 적극적으로 이용하지 않나 봐. 그러기 위해선 우선적으로 자료에 대한 절대적인 신뢰는 필요할 거야."

영훈이 최근 신문기사를 언급하였다.

"맞아. 경영활동에서 통계자료와 이를 분석한 내용은 의사결정을 위한 중요한 근거가 되기는 해. 하지만 절대적으로 숫자 자체에만 의지할 수 있을지는 의문이야. 자료의 수집에서부터 처리에 이르기까지 의도적인 왜곡이 있다면 무용지물이거든. 아니, 더 치명적인 의사결정으로 이어질 수도 있지. 해당 통계자료를 이용하는 사람이 자료 수집과 처리 과정에 대한 이해를 바탕으로 신뢰성을 가질 때, 더 의미가 있을 것 같아. 이것만 보장된다면 중요한 의사결정을 할 때 적극적으로 참고하는 것은 매우 유용하리라 생각해."

호영이 자신의 의견을 말하였다.

"자, 이제 그만 들어가요. 케이스 마무리해야지요. 숫자를 이용한 정
량적인 분석이 중요하지만, 그와 함께 정성적인 분석도 중요하잖아요.
우리는 지금 들어가서 도요타 케이스에 대한 정성적인 분석을 해야지
요. 안 그래?"

지수의 말에 모두들 마시던 커피를 들고 스터디 룸으로 향했다.

싱글을'
꿈꾸다

"이번 봄 학기 골프대회 여자부 우승이 이민아라며?"

"응. 꽤 잘한다고 하더라고. 근데 생각보다 여성 출전자들이 많이 없더라. 우리 학교에는 골프 치는 여성이 이렇게 없나? 사회 나가면 골프 치는 여성들 많이 볼 수 있는데 왜 이 곳 카이스트에는 잘 안 보이는 거야? MBA에서 공부도 중요하지만 골프도 중요하다고 보는데. MBA의 혜택 중 하나가 결국 네트워크 아냐? 골프를 치면서 네트워크도 넓힐 수 있고 다양한 기회를 얻을 수도 있잖아. 향후 직장 생활로 돌아가면 골프 잘 치는 게 얼마나 중요한 건지 다들 알고 있을 텐데. 게다가 이렇게 골프 칠 여건이 잘 갖춰진 학교가 어디 있어? 학교 지하 연습장에 송 프로님도 상주하고 있잖아. 우리학교 여성들도 골프 시작해야 하는데 말이지."

"그러게 말이야. 다들 공부하느라 시간 없다고 힘들어하는 거 같더라고. 배워두는 것이 좋다는 건 누구나 다 아는 사실이지만 그게 그리 쉬운가? 그래도 이번 기회에 배워 두면 좋을 텐데…."

중간고사가 끝나고 무언가 생동감 있는 사건이 생길 만한 5월 말, 아침에 열린 'KAIST MBA배 춘계 골프대회' 이야기로 수펙스 경영관 5층이 술렁거렸다. 우승자에 대한 부러움과 최초 출전자에 대한 격려가 어우러지면서 골프가 또 하나의 화제가 되었다.

카이스트 MBA에서는 다양한 스포츠를 즐길 수 있는 환경이 조성되어 있다. 무료로 사용할 수 있는 헬스장과 함께 테니스, 검도, 요가, 재즈 댄스 등 다양하게 운동을 즐길 수 있는 동아리가 있다.

이 중 단연 가장 인기 있는 종목 중 하나가 바로 골프이다. 누군가 골프를 잘 친다는 소문이 나면 많은 학생들은 비법전수와 골프 학습 전략에 대한 조언을 구하기 위해 그를 찾았다. 골프를 통해 학생들 간의 새로운 교감이 싹트고 새로운 관계의 연결 고리가 생기기도 했다. 골프도 중요한 투자의 하나라는 생각이 카이스트에도 널리 퍼져 있었던 것이다.

'골프라…. 대학 때 교양으로 수강하여 똑딱이만 겨우 할 정도였는데 이번 기회에 다시 시작해 볼까? 나중을 위한 투자라고 생각하지 뭐. 이렇게 학교에 여건이 다 마련되어 있는데 그냥 지나치기엔 아까운걸. 그리고 골프를 통해서 모르는 사람들하고도 더욱 가까워질 수 있고 말이야. 회사 가서는 배울 시간이 없을지도 모르니 졸업하기 전까지는 어느 정도 칠 수 있는 수준은 만들어야겠어. 카이스트 미셸 킴, 김지수! 해보자!'

지수 역시 최근 학교에서 불고 있는 골프 열풍의 흐름을 느끼고 있었다. 졸업 후 회사에 들어갔을 때 골프를 잘 치면 손해 될 것은 전혀 없었기 때문에 지금부터 투자하는 것이 좋을 것이라 판단했다.

"영훈 오빠. 우리 골프 시작하지 않을래요? 지금 배우면 나이가 들어서까지도 꾸준히 즐길 수 있는 운동이니까 배워두는 것이 좋을 것 같은데. 뭐 학교 동기들보다 늦게 시작한 감이 없진 않지만 요즘 들어 유독 많은 사람들이 골프에 대해서 이야기하고 있더라고. 그래서 더 배우고 싶어."

"갑자기 웬 골프? 나도 예전부터 배우고 싶기는 했지만 너도 알다시피 요즘 통 여유가 없어. 일주일에 3번 정기적으로 1시간 내는 것이 생각보다 쉽지 않더라고. 그래도 배우면 학교 사람들도 많이 만나고 공통 관심사가 생겨서 좋긴 하겠다."

영훈은 팀 미팅 중 골프를 배우자는 지수의 제안에 솔깃했다. 하지만 쉽게 실천하기 힘든 상황에 머뭇거릴 수밖에 없었다.

"그래도 MBA는 시간관리야. 스케줄 잘 짜고 시간관리 잘하면 월, 수, 금 1시간 마련하는 것도 가능할 것 같은데? 난 시작할 건데. 오빠도 같이 시작해요!'"

지수는 머뭇거리는 영훈을 설득했다. 영훈 역시 카이스트 골프 열풍을 느끼고 있었다는 것을 알고 있기 때문이었다.

영훈과 지수는 골프 연습장이 있는 수펙스 경영관 옆의 1호관 지하로 향했다. 지하 골프장에는 타석이 5개밖에 없었지만 항상 사람들로 붐볐다. 골프 레슨은 아침 7시부터 저녁 9시까지 하루에 13회에 길쳐 진행된다. 수업으로 하루가 빡빡한 일정에서 골프 레슨을 위한 시간을 비워 둔다는 것이 쉽지는 않지만 등록자 수가 다 마감되기 일쑤고 대기자 명단까지 생기곤 한다.

"저, 텔레콤 2년 차 서영훈과 테크노 2년 차 김지수입니다. 저희들도 오늘부터 골프를 배워 보려고 하는데요."

"저기 게시판에 시간대 별로 이름 씌어 있는 거 보이시죠? 희망하는 시간 빈자리에 이름 넣으세요. 선착순으로 마감하니까 빨리 쓰세요. 이제 거의 자리가 없을 겁니다. 그런데 두 분 다 어느 정도이신가요?"

"실력이요? 그냥 완전 초보라고 생각하시면 됩니다. 기본부터 다시 배워야 할 것 같은데요."

골프 연습장에 상주하고 있는 이 프로는 머쓱해 하며 들어온 두 명의 학생을 보며 '애들은 얼마나 가려나? 바쁘다는 핑계로 한두 달 나오다 말겠지' 라는 생각을 했다.

지수는 골프 레슨을 받을 시간을 쉽게 찾을 수가 없었다. 특히 월, 수, 금에는 수업이 빡빡이 차 있어서 더더욱 그랬다. 어쩔 수 없이 점심시간을 택했다. 11시 반 수업이 끝나고 12시에 골프 연습, 그리고 1시에 수업. 점심을 먹을 수 있는 시간은 단 30분 정도뿐. 시간이 부족했지만 골프 레슨을 소홀히 할 수는 없었다.

영훈 역시 마찬가지였다. 자신의 정규 레슨 시간을 맞추기가 어려워 잠시라도 틈이 나면 연습장을 찾았다. 요즘 들어서 기본기이지만 골프를 점점 배워간다는 기쁨에 집에 가는 길에도 골프 스윙이 머릿속에 그려지곤 했다.

"지수야. 요즘 골프가 왜 이리 재미있냐? 처음 시작할 때는 잘 모르겠던데 풀 스윙 시작하니까 이젠 꿈에서 이미지 트레이닝도 하는 것 같아."

"그치? 나도 그런데. 난 골프 치는 시간만큼은 모든 것을 잊고 집중할 수 있어서 아주 좋아. 하루의 스트레스가 완전히 풀리는 기분이야. 그리고 공을 치기 위해서 스탠딩(Standing)을 했을 때 '이 한 번의 기회를 가장 잘 활용 해야지' 라는 생각에 집중도도 더 높아지고."

지수에게 새로 시작한 골프는 새로운 세계였다. 머릿속에 아무리 복잡한 고민거리, 숙제에 대한 압박이 있더라도 공 앞에 서면 모든 근심이 사라졌다. 단지 교정해야 할 골프 동작의 이미지만 머릿속에 가득할 뿐이었다. 자신 앞에 놓여 있는 하얀 색의 공을 어떻게 잘 맞출까에 집중하게 되고 그 집중 속에서 골프채를 휘둘렀다.

공이 얼마나 정확히 맞춰지냐에 따라서 그 소리도 달랐다. 지수는 원하는 소리가 날 때면 다시 한 번 그 소리를 만들고 싶어서 계속 채를 휘둘렀다. 그러나 매번 공이 잘 맞지는 않는다. 만약 그랬다면 잘 친다는 생각에 자만했을지도 모른다. 한 번의 성공과 열 번의 실패가 있었기 때문에 더 열심히 골프를 치게 되는 것이었다. 어느 순간 늘어가는 실력에 뿌듯함도 느꼈다.

"안녕하십니까? 카이스트 골프 동호회 총무 이범준입니다. 이번 추계 골프대회가 2주 앞으로 다가왔습니다. 이번 대회는 다른 때와는 달리 많은 분들의 관심과 사랑이 집중되는바 선착순으로 36명 9팀으로 진행할 계획입니다. 내일 9시부터 도착 메일 순으로 선착순 신청을 받겠습니다. 빠른 시간 안에 마감될 것 같으니 늦지 않게 신청하시기 바랍니다. 많은 분들의 관심 부탁드립니다."

추계 골프 대회라…. 어느덧 10월. 지수는 추계 골프대회 소식을 접하게 되었다.

'대회? 나갈 수 있을까? 그냥 배우고, 즐기는 기분으로 나가 봐? 그런데 시작한 지 얼마 되지도 않았는데 괜히 망신만 당하는 건 아닌지. 저번에 라운딩 나갔을 때 형편없었는데. 그 모습을 카이스트 동기 오빠들에게 보여주기 싫은데 말이야.'

학교가 추계 대회로 술렁거리기 시작했다. 지수 역시 이번 골프 대회에 관심이 생겼다. 참가자들은 바쁘게 메일을 보낼 준비를 하고 있었고 몇몇은 서로가 화끈한 실력대결을 해보자며 승부욕을 불태우고 있었다.

"영훈 오빠, 이번에 추계 대회 있다고 하던데. 같이 신청 안 할래?"

"추계 대회? 야. 내가 무슨 대회냐. 아직 기본 스윙도 엉망인데. 게다가 선착순이라며. 괜히 나갔다가 민폐만 끼치면 어떡해. 난 아직 준비가 덜 되었다. 좀 더 배우고 해야지."

"좀 더 배우면 이제 우리 졸업인데. 졸업 전 마지막 대회인데. 그냥 바람 쐬는 셈 치고 나가자. 어때? 오빠."

지수는 함께 골프를 시작한 영훈을 졸라댔다. 실력을 평가하는 것도 좋은 일이지만 경험을 쌓는 다는 생각으로 출전해 보고 싶었다.

"아니야. 난 아직 무리야. 지수는 골프 레슨 간다고 생각하고 출전해봐. 실력도 많이 늘었던데. 여학생도 많이 없잖아. 이번에 출전해서 여성 파워를 보여줘. 파이팅이다!"

사실 영훈은 추계 대회까지 출전할 여유는 없었다. 대회에 출전한다면 그 대회를 제대로 해보고 싶었는데 현재 밀려있는 과제들과 팀 미팅이 주체할 수 없을 정도였다. 아쉽지만 참아야 했다.

"알았어. 그럼. 난 이번에 출전할래. 그래도 이왕 시작한 거 내가 어느 정도인지는 봐야지. 뭐 가능할지는 모르겠지만 이번에 내가 여자부 우승컵을 잡고 말겠어."

지수는 이메일로 골프대회 참가 신청을 하고 다시 연습장으로 향했다. 대회는 30분 만에 선착순 신청이 마감될 정도의 인기를 보였다. 신청이 끝나고 결전의 날만 기다리면 되는 순간. 36명으로 9팀이 만들어졌고 그 어느 때보다도 1호관 지하 연습장에는 결의를 다진 사람들로 북적거렸다.

10월 16일 오후.

"이번 추계 대회 여자부 우승은 누구야?"

역시나 추계 골프 대회 후 수펙스 경영관 5층 로비는 대회 이야기로 술렁거렸다. 지수는 골프 대회 내내 한 타 한 타 집중하면서 한 번의 기회가 모든 것을 좌우한다는 것을 알게 되었다. 기회는 단 한 번이었다. 주어진 기회를 잘 살리느냐에 따라서 좋은 결과를 얻을 수도 최악의 결과를 얻을 수도 있었다. 좋은 결과를 얻기 위해서는 자신감과 함께 많은 연습으로 단련된 한결 같음을 가지고 승부하여야 했다.

물론 욕심은 버려야 했다. 지수는 골프 대회에서 얻은 결과보다도 골프를 연습하는 과정에서 얻은 뿌듯함과 또 골프라는 운동이 주는 교훈이 더 소중하게 느껴졌다. 단기간에 많은 사람들이 바라는 골프 싱글이 되기는 힘들다. 그러나 달성하기 힘들지만 도전할 가치가 있는 목표였다. 오늘도 골프 연습장에는 10시가 넘는 시간까지 골프채를 휘두르는 학생들로 붐볐다.

고 속 버 스
안 에 서

한가위를 맞아 고향에서 편안한 휴일을 보내던 승욱은 연휴 마지막 날 가족을 뒤로하고 다시 서울행 고속버스에 올라탔다. 추석 마지막 휴일이라 전국의 교통대란은 불 보듯 뻔했다. 승욱이는 최대한 부산에서 오래 머무르기 위해서 추석 연휴 마지막 날까지 부산에 남았었지만, 기차표를 예매하지 못하여 고속버스를 타게 되었다. 연휴 마지막 지옥 같은 귀경길 정체를 온몸으로 확인할 기회를 맞이한 것이었다.

오후 1시에 버스를 탔지만, 어둠이 짙게 경부고속도로로 밀려올 때까지 승욱이 탄 버스는 아직 대전 언저리였다. 승욱은 창밖으로 정체된 수많은 차들을 바라보다가 운전사가 위성 TV를 켜자마자 그쪽으로 시선을 돌렸다. 벌써 해가 저물어 날은 어둑어둑해졌고, 버스 내의 많은 승객들은 오랜 탑승으로 인해 심신이 지친 표정이 역력했다.

버스의 TV에서 갑자기 긴급뉴스 자막이 흘러가기 시작했다. 중국 베

이징에서 추석연휴에도 불구하고 진행된 제4차 6자회담이 타결되었다는 소식과 함께 북한의 모든 핵 포기와 그에 따른 북-미 관계 정상화 추진, 한반도의 비핵화 등을 주요 내용으로 하는 공동성명을 채택했다는 뉴스였다. 버스 안은 이러한 뉴스에도 별 동요 없이 침묵만이 흘렀지만, 승욱의 머릿속은 갑자기 CPU처럼 분주해지기 시작했다.

'평소 우리나라의 리스크(위험) 요소 중 북한과의 대치상황 및 북한의 핵무기 보유로 인한 안보리스크가 크게 부각되었는데, 이번 6자회담 타결 내용은 상당히 긍정적인 뉴스인걸. 비록 원칙에 대한 합의이고, 이를 실행하기 위해서는 추가적인 외교적 노력이 필요할 테지만, 향후 우리나라의 대외적인 국가신용등급이 상향 조정될 요인이 크고, 이에 따라 외국인의 직접투자 및 국내 증시의 투자 활성화 가능성이 매우 높아질 것 같군.'

승욱은 평소 학교에서 수업을 하면서 듣고 느꼈던 한국의 안보 리스크에 대해서 생각해 보다가, 안보 리스크의 감소는 한국에 직접적으로 긍정적인 요인이 될 것이라는 생각에 흐뭇해졌다. 잠시 TV를 응시하던 승욱은 다시 곰곰이 생각에 잠겼다.

'이러한 호재는 추석연휴 기간 동안 휴장이었다가 내일 다시 열릴 국내 증시시장에 긍정적으로 반영될 것이 분명해. 시장이 효율적이라는 가설(Efficient Market Hypothesis, 효율적 시장 가설)을 받아들이더라도, 그 간의 추석연휴 동안 거래가 되지 않았기 때문에 이러한 호재는 내일 장

 카이스트 MBA, 열정

이 열림과 동시에 크게 반영될 것 같은데. 내가 보유한 주식계좌에 약간의 돈이 있으니 이를 한번 잘 운용해 봐야겠다. 어차피 차는 경부고속도로에서 꿈쩍도 안 할 것 같은데, 내일 운용할 주식 포트폴리오나 짜 봐야지.'

　무료했던 버스 안에서의 시간은 갑자기 즐거워지기 시작했다.
　'우선 뭐부터 생각해야 하나? 국가 안보 리스크의 감소는 어디에 반영될까? 우리나라의 주요산업인 반도체, 자동차, 중공업, 조선, 철강 등에 영향을 미칠까? 아니면 이참에 위험은 크지만 잘만 고르면 시장의 평균 수익률보다 훨씬 큰 수익을 가져다 주는 코스닥의 벤처기업을 한번 알아볼까? 이거 MBA공부를 하고 있지만, 이러한 실질적인 문제를 단시간에 해결해 보려고 하니까 어디서부터 시작해야 될지 가닥이 잡히지 않는군. 이러한 호재는 수출업체에 유리한가, 아니면 내수업체에 유리한가? 국내기업에 대한 투자가 늘어날 것은 확실한데, 그것이 수출 위주의 회사인지 아니면 내수 위주의 회사인지는 아직 잘 모르겠는데. 거의 비슷할 것 같기도 하고. 그리고 시장이 효율적이라면 단기간에 6자 회담 호재가 주가에 반영될 거야. 투자… 자금… 혹시 투자 활성화를 위해서는 자금이 원만하게 흘러야 될 것이고, 그렇다면 은행이나 증권회사 등의 금융기관이 바로 직접적인 영향을 받게 되지는 않을까? 특히 국내경기가 이것으로 인해 호전된다면 중소기업은 물론이고 대기업도 어느 정도는 자금에 대한 수요가 늘어나게 될 것이고, 또한 국내외의

투자자가 국내시장에 직간접 투자를 시도한다면 증권업 등의 금융기관
이 직접적인 수혜대상이 될 것 같은데. 아무래도 건전한 외자유치 및
국내자금의 원활한 공급을 위해서는 은행의 역할이 점점 더 커질 것 같
아. 은행…. 그래, 은행주야!'

승욱은 버스 안에서 혼자서 신이 나서 여러 가지 경제 상황에 대한 생
각으로 시간 가는 줄을 몰랐다. 다만 아쉬웠던 점은 버스 안에서 인터
넷을 할 수 없어 은행에 대한 추가적인 정보를 얻을 수 없었던 것이다.
어느덧 버스는 서울의 고속버스터미널에 도착했고, 승욱은 바로 학교
로 돌아가는 지하철에 몸을 맡겼다. 학교에 도착하자마자 승욱은 우리
나라 상위 3개 은행에 대한 정보를 수집하기 시작했다.
'어느 은행에 투자하면 좋을까? 물론 은행주들이 향후 2~3일 동안 주
가가 오를 것임은 틀림없을 듯한데. 대형 시중은행들을 적절히 섞어 포
트폴리오를 짠다면 가장 바람직하겠지만, 운용하는 자금도 별로 크지
않고, 이참에 될 만한 종목 하나를 선택해 보는 것도 나쁘지 않은 것 같
군. 투자수익률이 더 좋을 것으로 기대되는 곳에 투자해야지. 국민, 우
리, 신한은행을 살펴 보고 그 중 한 곳에 투자해야겠다.'
승욱은 그때까지만 해도 은행에 대해서 관심 있게 알아본 적이 없어
서 기본지식이 턱없이 부족하였다. 그래서 가장 기본적인 데이터들을
인터넷을 통해서 살펴보았다.
'PBR(Price Book Ratio), PER(Price Earning Ratio), ROE(Return On Equity),

지배구조 등등을 살펴 보자. 신한은행과 우리은행은 금융지주회사 형태로 경영되어서 신한은행은 신한지주로, 우리은행은 우리금융으로 검색하여야 재무정보를 확인할 수 있군. 우선 국민은행과 신한은행과는 달리 우리은행은 PBR나 PER가 상대적으로 낮아서 시장에서 타 경쟁사 대비해서 가치를 약간 낮게 평가 받고 있는 듯한데…. 시중은행의 순위가 국민, 우리, 신한 순이고, 은행권의 ROE가 20%대로 그리 큰 차이를 보이지 않는 상황 하에서, 국민은행은 타행대비 외국자본의 비율이 무척 높으며, 우리은행은 예금보험공사의 지도아래 경영되는 워크아웃(Workout)형태로군. 9월 16일 종가기준 주가가 국민은행이 5만 9,800원, 우리금융이 1만 3,100원, 신한지주가 3만 4,650원인 것까지 감안하면….'

잠시 생각하던 승욱은 결정을 내렸다.

'현재 경영의 효율성이나 미래 성장가능성에 단기적으로는 그리 큰 차이가 없어 보이기 때문에 아직 주가가 낮고 시장에서 상대적으로 저평가된 우리금융(우리은행)을 매수해야겠다.' 얼마 되지 않는 자금으로 투자를 하지만, 자신이 신중하게 결정하여 매수종목을 선택한 승욱에게는 지금의 결정에 매우 확신하는 모습이다.

다음날 장이 개시되었다. 국민은행, 우리금융, 신한지주 모두 연휴 시작 전날인 종가 대비 상당히 높은 시작가를 형성하며 장을 개시하고 있었다.

전쟁 같은
학 기 말

　전쟁이 참혹할 수밖에 없는 이유가 있다. 적진에서 날아오는 총알이라는 외부환경 변수에 대해 개인은 아무런 선택의 여지도 없이 반응해야 되기 때문이다. 반응하지 않을 때 돌아오는 대가는 단기적으로 자신의 목숨 또는 전우의 목숨이며, 장기적으로는 국가 주권의 상실이나 국토의 파멸이다. 전쟁 중에 시간의 흐름은 무의미하며, 오직 관건은 그 순간 자신에게 부여된 무엇인가를 해야 한다는 것이다. 그러면서 꿈꾸는 오직 하나는 그리운 고향이며 무엇과도 바꿀 수 없는 평화의 시기이다.

화요일 밤

　카이스트 비즈니스 스쿨의 학기말이다. 결코 넘어지고 싶지 않아서 학기 내내 끊임없이 숙제와 케이스 분석과 팀 미팅이라는 페달을 밟아야만 했던 카이스트 MBA들. 힘이 대부분 소진될 무렵에 다다른 곳이 학기말이라는 가파른 오르막이다. 계속되는 시험과 텀 페이퍼(Term-paper) 준비와 발표, 스터디 모임과 자료분석, 막대한 분량의 할 일들이 포탄처럼 수펙스 경영관에 퍼부어지는 시기이다.

앞으로 방학 전까지 남은 기간은 4일. 4일만 지나면 잠시 평화가 찾아올 것이라는 기대 속에 영훈에게 또 다른 밤이 찾아왔다. 지난밤을 제대로 자지 못한 까닭에 눈을 깜박일 때마다 안구 쪽에 무슨 모래 알갱이들이 있는 듯 통증이 느껴졌다. 오늘 아침 10시에 있었던 기업재무정책 기말 시험 공부를 한다고 지난밤을 거의 꼬박 세운 까닭이다. 1,000페이지 분량의 교과서 전체를 하루 밤에 제대로 공부한다는 것이 애초부터 불가능한 일이었는지도 모른다.

체질적으로 숫자와 관계된 과목들에 별 취미를 붙이지 못하던 영훈은 이번 학기 기업재무에 대해서도 그렇게 열의를 다해 공부하지 못했다. 다른 학생들이 꺼리는 악명 높은 교과목들로 시간표를 구성한 영훈의 경우 모든 과목에 대해 같은 노력을 기울이기 힘들었고 상대적으로 흥미 있는 과목에 치중하게 되었기 때문이다.

늦게 배우기 시작한 골프 레슨도 소홀히 할 수 없었고, 학점과목은 아니지만 한참 재미를 느끼고 있는 중국어 수업도 빠질 수 없었다. 반면 재무에 흥미가 컸던 승욱의 경우는 달랐다. 틈틈이 교과서도 열심히 읽었고, 수업 시간에 케이스나 과제에 대해서도 남달리 깊게 공부한 터였다.

하지만 이런 승욱 역시 재무시험을 앞두고 2시간 밖에 자지 못했다. 곤궁에 처한 영훈을 도와 기업재무에 대해 8시간 정도 개인 교습을 해 주다시피 했기 때문이었다. CAPM(자본자산가격결정모델), MM이론(모디글리아니와 밀러의 이론), 옵션, WACC(가중평균자본비용), 대리인이론 등 현대재무의 핵심 이론을 중심으로 계산 연습에 치중했는데 시간이 턱없이 부족했다.

핵심 이론을 중심으로 시험 공부한 전략은 유효했으나, 실제 시험에서는 영훈이 연습한 문제의 수준을 훨씬 능가하는 문제들이 등장하여 시험 결과에 대해 그리 낙관할 수는 없는 처지였다. 저녁을 급하게 먹은 후 달려간 서비스경영 준비 모임은 밤 11시가 되어서야 끝났다.

이승규 교수가 요구한 서비스 경영 기말 프로젝트는 특정 기업의 서비스 운영 전략에 대해 케이스를 직접 쓰는 과제였다. 케이스를 쓰는 과제는 티칭 노트(Teaching note, 케이스 저자의 교육 의도와 관련된 이론 및 케이스 해법을 정리하여 수업교재로 활용하게 하기 위한 지침서)까지 작성해야 했고, 당일 파워포인트를 이용해 발표까지 해야 했던 까닭에 일반 프로젝트의 4~5배에 달하는 시간이 소요되는 거대한 작업이었다. 케이스를 써 본 경험도 없었고, 분석한 자료를 일관된 흐름으로 재정리한 후 대안까지 마련해야 했기 때문에 팀원들 모두가 힘겨워했다.

잠깐 화장실에서 얼굴을 씻고 최고위경영자 과정이 사용하는 수펙스경영관 2층 동편의 스터디 룸에 도착한 시간은 11시 30분이었다.

같은 프로젝트팀인 형석과 은철은 미리 자신들의 담당 부분에 대한 결과물을 전달하고 다음 날 있을 시험 스터디 모임으로 각자 출발한 후 였다.

"승욱아, 벌써 자정 다됐다. 진짜 피곤하다. 넌 어때? 이거 진짜 미친다. 앞으로도 며칠 더 이런 짓 해야 되는데 힘들다. 형석이랑 은철이가 현황 분석한 자료 봤지. 뭐가 그렇게 분량이 많냐. 분석하느라 시간 진짜 많이 걸렸다. 근데 지난 번 우리 스터디 모임 때 잡은 흐름과도 일치하고 정리는 잘 된 것 같더라. 이제 소니 미래 전략 부분 만들어야지."

머리를 긁적이며 영훈이 승욱을 처다봤다.

"형, 이거 진짜 감 안 잡히네. 소니의 이렇게 많은 사업포트폴리오를 앞으로 어떻게 가져가야 할지 모르겠다."

승욱이가 한 숨을 깊게 내쉬었다. 한때 혁신의 대명사로 불리던 소니는 최근 지난 10년 동안 지속적으로 구조조정과 내부 혁신을 진행했으나, 니케이 주가 지수 상승률의 반에도 못 미치는 성과를 낼 만큼 시장에서 인색한 평가를 받고 있었다. 영훈과 승욱이 네가 해결해야 할 과제는 2005년에 새로 부임한 CEO인 하워드 스트린거(Howard Stringer)가 향후 5년 이내에 매출을 2배 신장시킬 수 있는 전략을 마련하는 것이었다.

"그치. 이번 학기 전략경영 재미있게 들었는데 기업전략(Corporate strategy) 레벨에서 생각하려니까 진짜 복잡하다. 그나저나 우리 괜히 전략 제안 쪽 맡았어. 은철이랑 형석이 있었으면 도움 많이 되었을 텐데…." 휴대폰의 시계를 바라보며 영훈이가 투덜거렸다.

"형, 내 생각에는 매출 신장을 위해 가장 효과적인 방법은 일단 M&A 가 아닐까? 우리 전략적 대안 방향을 M&A쪽으로 하면 어때?"

승욱이 5년 이내 2배 매출 신장을 염두에 두고 얘기를 꺼냈다.

"음, M&A라…."

영훈이 안경을 벗은 채 오른손으로 미간을 누르며 생각에 잠겼다.

"형, 진짜 소니 사업 포트폴리오를 보면 포트폴리오 상호 간에 연결 고리 형성이 되지 않은 부분이 많아서 시너지가 잘 안 난다."

승욱이 말을 이어갔다.

"아, 그래 맞다. 시너지. 개별 비즈니스 포토폴리오가 충분히 경쟁력 이 있으면서도 전체적으로는 시너지가 발생하지 않는 이유는 소니의 개별 사업부가 사일로(Silo) 조직으로 운영되고 있어서야. 기업 전략 수 준에서는 이러한 조직 구조 문제를 먼저 해결하는 것이 급선무일 거고, 그 다음에 각 사업부 간 시너지를 높이기 위해 사업 영역을 발굴해야 될 거 같은데."

학기 내내 시간에 쫓기다 보니 정작 기말 프로젝트인 소니에 대해서 는 깊이 생각해 보지 못한 영훈이 뭔가 중요한 사실이라도 발견한 듯이 말했다.

"그래, 형. 내 말이 그 말이라니깐. 그럼 일단 은철이 형하고 형석이 형이 만든 현황 분석과 외부 환경 분석 자료를 토대로 소니의 비전을 만 들면 어때? 그리고 기업 전략과 사업 전략 그림을 같이 그리는 거야."

승욱이 화이트보드 쪽으로 다가서면서 말했다.

"승욱아, 내 생각엔 소니가 콘텐츠, 단말, 고객까지 이어지는 가치사슬의 흐름이 원활하지 못해서 소니에 대한 고객의 충성도가 떨어지는 거니까…. 이러한 가치의 흐름을 완벽하게 재구성하여 고객에게 최고의 디지털 익스피리언스(experience)를 주는 방향으로 정하면 어떨까? 가령, Guarantee the best digital Sony experience."

영훈이 화이트보드에 소니의 전략적 방향에 대한 구상을 그림으로 그리기 시작하자 승욱의 표정이 밝아졌다.

"맘에 드는 걸. 형, 그럴싸해. 지금 시장환경의 변화도 잘 반영됐고, 거기에 대한 소니의 대응도 잘 압축되어 있는걸. 그나저나 이러다 또 날 새겠다. 비전과 전략적 방향을 그렇게 정하고 소니의 사업부별 시너지를 높일 수 있는 전략을 그려 나가자구."

막연하기만 했던 소니의 미래 전략에 대한 큰 그림이 일단 이렇게 그려지기 시작했다. 승욱과 영훈이 생각한 것은 소니가 삼성이나 MS, 애플 등과 전략적 측면에서 차별화 할 수 있는 방안은 다양한 비즈니스 포트폴리오 간에 시너지를 최대화하여 최종 고객까지 연결되는 가치의 흐름을 완벽하게 디자인하자는 것이었다.

둘은 소니의 핵심사업부인 전자, 게임, 엔터테인먼트 사업부의 가치 흐름과 시너지의 정도를 분석했고, 향후 시너지 제고를 위한 방안을 만들었다. 전자와 엔터테인먼트 사업의 경우 엔터테인먼트 사업부의 우수한 콘텐츠가 소니의 단말로 원활하게 흐르게 하기 위해 온라인을 통한 유통채널을 강화하기로 방향을 잡았다.

"승욱아, 결국 소니 주도의 가치사슬을 만들려면 소니의 경쟁우위와 경쟁열위 요인을 고려하여 외부 협력의 정도도 함께 고려해야 될 것 같은데. 전략적 제휴를 할 건지, 아님 내부 사업화를 하거나 계열사를 만들 것인가도 뭔가 기준을 세워서 정해야 될 것 같다. 이거 무슨 전략 고민하다가 조직 과목으로 넘어온 것 같은데. 네트워크 조직이 갑자기 또 오른다."

영훈이 생각을 더욱 구체화해 나가기 시작했다.

새벽 5시 30분.

"승욱아, 지금 몇 시냐? 진짜 너무 피곤하다. 어깨도 결리고 눈까지 아픈데. 그만 자면 안 될까? 어차피 한 번 더 모여야 되는데."

영훈에게 갑자기 피로가 밀려왔다. 그러나 아직 전략 이행을 위한 소니 내부의 지배구조 변경에 대한 부분에 대해서는 정리하지 못한 상태였다.

"형, 안 그래도 나도 너무 피곤했는데, 잠깐 눈 좀 붙이자. 내일 있을 서비스 경영 프로젝트 마무리하려면 지금 좀 자야 될 것 같은데. 난 오늘 오전에 수업도 있어."

승욱이 입을 쩍 벌리고 하품을 하며 말했다.

"그래, 오늘은 여기까지. 그냥 오늘도 푸른초장으로 가자. 난 거기

온돌이 제일 좋더라. 집중해서 잠자고 나면 피곤이 좀 풀리겠지? 이
따 오후에 최종 모임 하고 나면 어느 정도 확실하게 정리 되겠다. 얼
른 가자."

두 사람은 학교 건물 안에 있는 동아리 방 푸른초장으로 향했다.

수요일 밤 9시

다시 수펙스 경영관 동편 최고위경영자 과정의 스터디 룸 2호. 내일
오전 서비스 경영 팀 프로젝트 발표를 앞두고 최종 프로젝트 완성을 위
한 팀 미팅에 제일 먼저 도착한 사람은 길헌이었다. 전략경영 프로젝트
모임이 있는 영훈과 승욱은 아직 도착하지 못했고, 정보시스템
ROI(Return On Investment) 과목 스터디 모임을 조금 전에 끝낸 철호가 지
금 오고 있다는 전화 통화를 막 끝낸 상태였다. 길헌은 잠시 혼자 커피
를 마시며 스터디 룸 오른쪽에 난 창문을 통해 수펙스 경영관의 입구와
서쪽 건물을 응시하고 있다.

같은 랩 친구들인 철호와 승욱, 영훈은 한 팀으로 서비스 경영을 공부
했던 순간들이 떠올랐다. '이번에 운 좋게 같은 랩 사람들과 팀이 돼서
진짜 호흡도 잘 맞았고, 재미있게 공부할 수 있었지….' 스타벅스 케이
스 발표를 앞두고 직접 스타벅스를 방문하여 그 매장에서 케이스 분석
을 준비했던 일, 힐튼 호텔 케이스 분석을 앞두고 직접 힐튼 호텔을 방
문하려다 실패했던 일 등 갖가지 재미있었던 추억들이 떠올랐다. 이제

오늘 프로젝트만 마감하면 서비스 경영 과목을 마칠 수 있다는 생각에 보람과 왠지 모를 아쉬운 미련들이 뒤섞였다.

"아, 미안, 미안. 스터디 모임이 많이 길어졌어요." 철호가 넉살 좋게 큰 소리로 웃으며 문을 열고 들어왔다. 일분쯤 후에 좀 늦을 것이라던 영훈과 승욱도 노트북과 과자 봉지를 들고 등장했다.

"아, 우리 어떡하냐? 이제 내일 아침 발표야. 빨리 준비하자고. 진짜 이번 학기도 정신없네. 다들 얼굴이 완전 반쪽이야."

항상 인상 좋다는 얘기를 듣는 길헌. 역시나 웃는 얼굴로 일행을 반겼다. 인사말이 몇 차례 교환되고, 늦게 도착한 세 사람은 익숙한 손놀림으로 노트북을 전원에 연결하고 무선 랜 작동을 시험한 후 각자 자리에 앉았다.

서비스 지니어스(Service Genius). 이들 넷의 팀명이다. 서비스 지니어스들이 기말 케이스로 준비하고 있는 회사는 현대 홈쇼핑이다. 후발주자임에도 단기간에 업계 3위의 자리를 차지했는데, 이들의 관심은 현대 홈쇼핑의 서비스 품질을 개선하여 업계 2위의 자리를 차지하기 위한 전략을 마련하는 것이었다.

이렇게 마련한 전략적 대안을 바탕으로 케이스와 티칭노트(Teaching note), 이 모든 것을 요약 정리한 파워포인트 발표 자료를 준비하는 것이 오늘 밤 이들이 완성해야 할 일이다.

현재까지 케이스 쓰기를 대부분 완료 했으나, 가장 중요한 케이스의 논점에 대해서는 이견이 있어 합의를 보지 못한 상태였다. 케이스의 논점이 제대로 되어 있어야 케이스로서의 가치가 있으며, 케이스를 활용해 학습하는 의의가 있는 것이었다.

"기본적으로 서비스 플라워(Service flower) 모델을 통해 홈쇼핑 사업을 서비스 관점에서 이해시키는 것이 중요할 것 같고…. 이것을 서비스의 7P(마케팅의 4P에 People, Process, Physical elements가 추가된 서비스 경영의 요소)와 관련시키는 게 좋을 것 같은데. 또 어떤 논점들이 있을까?"

길헌이 말을 시작했다.

"역시 좋아, 좋아. 좋은 생각인데 거기다 더 추가할 좀 쌈박한 거 없을까요?"

철호가 맞장구치며 좀 더 좋은 아이디어가 필요하다는 듯 말했다.

"고객이 체험하는 서비스를 서브퀄 모델을 통해 분석하고 대안을 마련하는 방향으로 하면 좋을 것 같은데 분석을 위한 기준을 찾기가 어렵네. 어떤 기준으로 서브퀄 모델을 활용하면 좋을까?"

영훈이 추가적인 제안을 했다. 이미 몇 차례 프로젝트 모임이 진행되어 케이스에 대해서는 팀원들 모두 높은 이해도를 지니고 있었다. 열띤 논의가 진행되면서 환기를 위해 열어놓은 창문으로 깊어가는 차가운 밤공기가 들어오기 시작했다. 철호와 길헌이 유리로 되어 있는 스터디룸 입구의 벽면에 보드 마커로 케이스의 논리와 핵심 쟁점을 구조화하여 쓰기 시작했다. 승욱과 영훈은 각 이슈들에 대한 해결 방안을 놓고 토론했다.

시간이 다시 새벽으로 치닫는다. 오전 8시 30분이 발표시간이므로 그리 여유가 없었다. 시간은 부족했지만 형식적으로 프로젝트를 마무리하고 싶지 않았다. 어쨌든 주어진 자원을 최대한 활용해서 가능한 최고의 품질로 프로젝트를 마감하고 싶었다.

새벽 4시. 이제 이슈는 물론 문제의 대안까지도 명쾌하게 정리했는데 케이스 쓰기 작업과 티칭노트, 발표 자료 세 가지를 동시에 완성해야 되는 까닭에 시간에 대한 압박이 더욱 심해졌다. 영훈이 케이스의 가장 첫 부분과 끝 부분의 이슈 부분에 대한 마무리 작업을 했고, 승욱과 길헌, 철호는 티칭노트의 내용을 세 부분으로 나누어 작업했다. 꼬박 2시간이나 걸렸다. 승욱과 영훈에게 피로감이 물밀 듯 밀려왔다. 오늘 한 과목씩 시험을 치른 길헌과 철호도 예외는 아니었다.

이제 8시 30분까지 남은 시간은 2시간 30분. 마지막 발표 자료를 만들어야 했다. 2시간 30분 동안에 발표 자료를 완성한다는 것이 결코 쉬운 작업은 아니었으나, 이미 케이스와 티칭노트 정리를 끝낸 상태여서 집중한다면 충분히 가능한 일이었다.

"형들, 다들 기지개 한 번씩 켜고 합시다. 이 까짓 거 뭐, 집중해서 하면 우리 금방 잘하잖아."

승욱이 파이팅 구호를 외치듯 기운을 북돋아 주는 얘기를 했다. 영훈이 다시 유리벽에 최종 발표 자료에 대한 목차와 구조를 그린 후 각자 역할을 분담하여 작업에 돌입했다. 다들 허기진 배를 물과 커피와 남은

과자 부스러기들로 채워가며 피곤함을 느낄 겨를도 없이 매몰차게 박
차를 가했다.

8시 25분. 최종 결과물들의 출력 버튼을 눌렀다. 각자 노트북과 자
료들을 챙겼고, 승욱은 출력물을 가져 오기 위해 랩으로 달렸다. 양치
를 하는 둥 마는 둥 하고 철호, 길헌, 영훈은 다시 101호 강의실로 달
렸다.

8시 30분. 영훈이 최종 발표를 위해 교단으로 나갔다.

공 명 7 인

평소 잘 알고 지내던 남훈에게서 메일이 온 것은 일주일 전이다. 한참 1학년 2학기 기말고사와 기말 프로젝트에 바쁠 때라 정신없이 하루하루를 보내던 시기였다. 틈나는 대로 메일을 확인하던 승욱은 남훈의 제안에 흔쾌히 뜻을 같이 하기로 하였다. 이미 전략 동아리인 Club S&H에서 다음 학기 부회장으로 활동하기로 되어 있어 시간이 그리 넉넉지는 않았지만, 남훈의 메일은 승욱에게 학교생활에 대한 또 다른 기대를 주기에 충분했다.

더욱이 MBA 과정을 공부하면서 승욱은 점점 컨설팅에 대해서 관심이 높아지고 있었고, 방학이야말로 자기 자신을 성장시킬 좋은 기회라 여겼다. 잠시 쉴 수 있는 재충전의 시간으로 방학을 보내기보다는, 학기 중에 하지 못했던 다양한 일들을 경험하는, 힘들지만 보다 뜻 깊은 시간으로 만들고 싶었던 것이다. 사실 새해를 맞이하는 승욱의 심경은

From : 서남훈

To : 김영준, 김연선, 조영준, 김지환, 임하원, 강승욱

Subject : 새로운 컨설턴트 모임 발족에 관하여

안녕하세요, 서남훈입니다.

제 메일에 선뜻 회답을 주신 여러분들에게 다시 한 번 메일을 보냅니다. 이 모임은 컨설턴트를 지망하는 학생들이 컨설턴트가 되기 위해서 어떻게 준비해야 하는지에 대해서 준비하는 비공식 모임입니다. 기존의 모임과 차별되는 점은 컨설팅을 위한 이론적인 공부에 치중하기보다는 실제 컨설팅 업체에 입사하기 위한 인터뷰 준비에서 다양한 경영학 이슈에 대한 토론까지 매주 정기적인 모임을 가지고 착실히 준비해 보고자 한다는 것입니다.

연말이고, 학기의 마지막이라 모두들 약간은 들떠 있고, 어수선한 감이 없지 않지만 새롭게 모임을 시작하면서 서로가 공유할 수 있는 목적을 가지고 열심히 활동하길 바랍니다.

마음 같아선 모임을 당장이라도 가지고 싶지만, 모두 잠시 고향에 가서 쉴 계획을 가지실 것으로 생각되므로, 새해가 밝은 첫째 토요일 오전 10시에 학교 스터디 룸 221호에서 첫 모임을 가지겠습니다.

그럼 Merry Christmas & Happy New Year!!!

PS : 개인적으로 모두 친한 분들이라 이 모임이 더더욱 기대가 되는군요.

서남훈 드림

남달랐다. 직장을 그만두고 홍릉캠퍼스에서 MBA 과정을 공부하면서 할 수 있다는 자신감으로 1년을 보냈지만 무엇인가 부족하다는 생각이 들었고 시간이 지날수록 점점 더 느슨해지는 자신의 모습을 발견했기 때문이다. 남훈이 제안한 모임은 승욱에게 새로운 활력소가 될 수밖에 없었다.

새해 첫 토요일 오전 10시. 승욱은 방학 이후 처음으로 친구들을 만난다는 들뜬 마음으로 스터디 룸 221호를 찾았다.

"남훈아."

"왔어? 이거 10시가 다 됐는데 형이랑 나랑 둘밖에 안 왔네."

"그래? 다른 애들은 뭐래? 안 온대?"

"영준이 형은 한 10분쯤 후에 학교에 도착한대. 그런데 다른 애들은 새해라 그런지 이런 저런 약속이 있다고 오늘 학교 오기 힘들다는데?"

"이거 첫 모임인데 사람이 반도 안 오게 생겼네. 다들 새해부터 열심히 한다고 해놓고선."

"그럼 오늘 온 사람들만이라도 우선 시작하자. 꼭 사람이 많이 있어야 모임이 잘 운영되는 것도 아니고, 다음 주부터는 다들 참석할 테니까."

잠시 후 영준이가 스터디 룸으로 들어왔다.

"어, 너희 둘뿐이야?"

"우리 둘뿐이야. 다른 사람들은 오늘 바쁘대."

남훈이가 말했다.

"우선 시작하자. 뭐부터 시작하지? 사실 오늘 이야깃거리를 내가 조사해 봤어. 다들 컨설팅 회사에 관심이 많으니까 관련된 준비 과정에 대해서 이야기해 보려고. 어때?"

남훈은 책을 통해 준비한 컨설팅 회사의 인터뷰 방법에 대해서 사람들과 이야기하고 싶었다.

"컨설팅 회사에 들어가려면 보통 3종류의 인터뷰를 한다고 그러더라구. 브레인티져(Brain teaser), 게스티메이션(Guesstimation), 그리고 케이스 인터뷰(Case interview). 다들 낯선 표정이네. 예를 들어 볼까?"

사실 컨설팅 인터뷰가 어렵다는 것은 알고 있었지만 남훈의 구체적인 설명에 영준과 승욱은 점점 남훈의 말에 집중하기 시작했다.

"두 개의 방이 있는데, 한쪽에는 3개의 스위치가 있고, 이와 연결된 전등이 다른 쪽 방에 설치되어 있어. 두 방은 서로 완전히 차단되어 있어서 한쪽 방에서 다른 쪽 방을 볼 수 없지. 한쪽 방에 있는 스위치를 딱 두 번 작동할 수 있고, 전등이 있는 방은 단지 한 번 방문하여 확인할 수 있다고 할 때, 어떻게 하면 각각의 스위치와 전등이 서로 연결되어 있는지를 알 수 있을까?"

남훈은 영준과 승욱에게 퀴즈를 냈다. 둘은 그럴싸한 답을 내기 위해 고심하고 있었다.

"답을 물어보려고 하는 게 아니고 단지 이런 스타일의 인터뷰 문제가 있다는 것이야. 이와 같은 퀴즈 비슷한 형태가 '브레인티져' 인 거지. 간단한 수학이나 논리적 사고를 바탕으로 문제를 해결하는 것이야. 그럼 '게스티메이션'이 뭔지 알아? 이것은 논리력 테스트로 가령 '하루에 전송되는 문자메시지는 몇 통일까?' 와 같이 논리적 사고를 통해서 주어진 문제에 대해 대략적으로 추정된 답을 제시하는 형태야."

"아, 그래? 뭐, 다 그게 그거 같은데?"

"그래? 마지막으로 '케이스 인터뷰'는 주어진 경영 혹은 기타 분야의 문제 및 상황을 제시하고, 이에 대한 해결책을 찾아보는 것인데, 학교에서 배우는 모든 것들이 사실은 케이스 인터뷰와 밀접하게 연관되어 있다고 할 수 있지. 가령 어떤 회사의 지역별 판매량 데이터를 제시하고, 회사의 일반적인 경영상황에 대해서도 언급하고서 특정지역에서 적자가 누적되는데, 이의 원인은 무엇이고, 어떻게 하면 이를 해결할 수 있을까? 뭐 이런 식이야."

남훈은 3가지의 인터뷰 방식에 대해서 영준, 승욱에게 설명해 주었다. 남훈은 설명을 마치고 실질적인 연습을 해보고 싶었다.

"오늘은 첫 모임이니까 브레인티져부터 시작해 보자. 어때?"

"좋아. 남훈아. 나도 지난 학기에 '컨설팅 방법론' 수업을 들었거든. 거기서 배웠던 내용에서도 남훈이 말처럼 인터뷰를 저런 식으로 한다고 했어. 기본적인 자료는 수업시간에 배운 걸 참고하면 많은 도움이 될 거야."

영준이 말했다.

"다른 회사들과 인터뷰 진행 방식이 되게 다르네. 아무런 준비 없이 인터뷰를 보게 되면 엄청 당황하겠는 걸?"

승욱이 남훈이가 말했던 문제 유형을 떠올리며 한마디 거들었다.

첫 모임에 모인 회원이 불과 셋에 불과했지만 진지함과 열정은 100명의 회원이 있는 동아리에 결코 뒤지지 않았다. 셋은 첫 모임 이후 브레인티져, 게스티메이션 부분에 대해서 기존의 관련된 책과 영준이가 직전 학기에 수강한 컨설팅 방법론 수업도 참고하면서 모임을 알차게 진행해 나갔다.

진지한 모임이었지만 그렇다고 부담이 있는 모임도 아니었다. 토요일 아침에 두뇌운동을 시키는 알찬 시간이었다. 브레인티져나 게스티메이션은 논리적으로 생각하고, 틀을 벗어나서 창의적으로 사고하는 과정이었기 때문에 해답을 찾았을 때는 색다른 희열을 느낄 수 있었다.

셋으로 시작한 모임에 대한 소문이 확산되면서 회원들이 하나 둘 늘어가기 시작했다. 연초라 바빴던 연선이와 지환이가 가세했고, 영준과 하원이도 참여하면서 7명으로 회원이 확장되었다.

"우리도 모임의 이름을 정하자. 멋진 걸로."

연선이가 모임이 끝나고 말을 꺼냈다.

"그래, 모임을 가진 지 한 달 반이 다 되어 가는데 아직 이름도 없잖아. 이제 곧 있으면 방학도 끝나는데. 이름도 짓고, 향후 계획에 대해서도 논의를 하자구."

승욱이가 말했다.

"우리를 가장 잘 나타내면서도 세련된, 뭐 없을까? 보통 외국의 컨설팅 업체는 창업자 이름을 주로 쓰던데. 예를 들면 맥킨지(McKinsey & Company)나 베인(Bain)처럼 말이야. 그런 식으로 하면, 남훈 컨설팅 모임이 되나?"

연선이가 말하자 모두들 웃기 시작했다.

"그건 좀 이상하잖아. 컨설팅이라는 게 결국은 컨설턴트의 자질이 가장 중요하고, 또한 컨설턴트 사이의 팀워크나 시너지가 중요한 건데 말이야. 이런 것들을 다 내포한 게 있을 듯한데."

항상 모임에 지각하던 영준이었지만 모임에 대한 애착이 대단했다. 모두들 마땅한 이름을 떠올리지 못한 채 이런 저런 이름들을 마구 쏟아내기 시작했다. 이때 지환이가 좋은 생각이 떠올랐는지 환한 얼굴로 말하기 시작했다.

"혹시 공명이라는 말 알아? 이공계 계통에서 사용하는 단어인데, 사물은 보통 자신의 고유진동수가 있거든. 그런데 외부에서 그것과 비슷한 진동의 힘이 주기적으로 작용하게 되면 진폭이 매우 커지는 현상을 가리키는 것이야. 영어로는 레조넌스(Resonance)라고 하지. 레조넌스 어때? 영어 이름도 그리 어색하지 않고, 서로 간의 팀워크, 시너지를 의미하는 것으로 해석할 수 있으니 좋지 않을까?"

"하하, 공대 출신 아니랄까봐. 근데 그거 좋다. 의미가 되게 멋진걸."

영준이 웃으며 말했다.

"공명이라…. 제갈공명의 공명하고도 같네. 괜히 우리가 삼국시대

최고의 전략가 제갈공명과 같은 레벨이 된 듯한데, 하하. 우리 7명이니까 '공명7인' 어때?"

이 모임의 최초 제안자였던 남훈이 말했다.

"꿈보다 해몽이 더 좋네, 이거 마음에 든다!"

연선이도 마음에 드는 듯했다.

드디어 공명7인이 탄생하게 되었다. 이후에는 공명7인보다는 레조넌스로 더 많이 불려졌다. 겨울 방학 동안에 만들어진 비밀 결사조직인 레조넌스는 방학 동안 브레인티져와 게스티메이션에 대해서 집중적으로 학습이 진행되었다. 효과적인 케이스 인터뷰 준비를 위해 경영이론에 대한 보강도 추가되었다. 시사와 최근 경영이슈까지 다루기 시작하면서 레조넌스가 다루는 영역이 갈수록 커졌다. 모의 인터뷰까지 추가되면서 이제 어떤 기업이라도 합격할 수 있다는 자신감이 쌓여갔다.

"지환아, 인터뷰할 때, 면접관이 물어보는 질문에 대해서, 잠시 생각을 정리하는 시간을 가지고, '저는 ㅇㅇㅇ하기 때문에 이렇게 생각합니다. 그 이유는 첫째….' 이런 식으로 너의 생각을 우선 얘기하고, 그에 대한 근거를 하나씩 얘기하는 것이 어떨까? 질문에 대해 너무 즉흥적으로 답하다 보면, 중요한 흐름을 놓칠 수도 있거든. 그리고 면접관이 물어보는 질문이 명확하지 않다면, 그것만 가지고 답하기에 앞서 면접관에게 질문에 대해 불명확한 부분에 대해서 다시 한 번 물어봐. 그 다음

너의 생각을 말하는 것이 괜히 엉뚱한 답변으로 마이너스되는 것보다
훨씬 더 좋은 방법 같아."

"승욱이 오빠 지적에 찬성!"

연선도 동감하는 눈치다.

"자, 그럼 이것으로 대충 모의 인터뷰를 마치고 오늘 모임을 끝낼게
요. 다음 주 발표 지원자 있나요?"

"내가 지난주에 네이버와 구글에 대해서 발표자료 만든 것이 있어.
올해 초에 구글이 한국에 R&D센터를 만든다고 선언을 했는데, 그것이
향후 네이버의 전략에 어떻게 영향을 줄지에 대해서 준비한 거야. 물론
아직 구글이 어떠한 형태로 국내 R&D센터를 운영할지에 대해서 자료
는 그리 많지 않지만, 나름대로 준비한 건데 다음 주에 내가 발표할게."

"정말? 아주 재미있겠는걸. 평소에 네이버와 구글에 대해 이래저래
관심이 되게 많았는데. 오빠, 기대할게요."

연선은 통신과 인터넷 비즈니스에 관심이 많아 승욱이 제시한 발표
주제가 무척 마음에 들었다.

"오케이, 그럼 형이 하나 발표하구요, 또 다른 분은?"

"내가 M&A쪽에 관심이 많잖냐. 그래서 공부한 게 좀 있는데, 기업
가치평가(Valuation)에 대해서 간단하게 발표할게."

영준도 다음 주 발표를 지원했다.

"우리 모임이 좋은 건 이거야. 서로 발표하려고 미리 준비한다는 거.
사실 여기서 많이 발표할수록 개인적으로는 발표주제에 대해서 더 많

이 준비하게 되면서 도움도 많이 되거든."

하원이가 웃으며 신기한 듯 말했다.

"그럼, 다음 주는 승욱이 형과 영준이 형 두 분이서 발표한다고 합니다. 모두들 수고 많으셨어요."

실제로 학교생활을 하다 보면, 학업 및 여러 가지 학교생활 때문에 따로 모임을 가질 시간적 여유를 가지기가 쉽지 않다. 특히 이러한 모임에 관심을 갖고 실제로 참여하는 학생들은 열정이 많고 욕심도 많은지라 일주일 내내 바쁘게 지내기 일쑤다. 하지만 모두들 발표에 자원할 만큼 열정적으로 모임에 참여했다. 개인적 친분과 가치의 공유, 강요되지 않은 자발적 모임이라는 모임의 특성이 상승작용을 강하게 일으킨 것이었다.

'정의가 강물처럼 흐르게 하리라.'

그들이 세웠던 세상을 향한 슬로건이었다. 공명7인이라 불리며 카이스트 MBA에 열정과 도전의 새로운 바람을 일으켰던 그들은 세상을 풍요롭게 할 수 있는 진정한 가치를 제공하겠다며 열정의 행진에 마침표를 찍지 않았다.

짧은 외도,
인 턴

1년 차 겨울 방학. 승욱은 바쁜 학기를 마치고 KT 우면동 연구소에서 인턴을 시작하게 되었다. 학교 MBA 디렉터(Director)인 조연주 교수의 추천을 통해 어렵게 구한 기회였다. 통신 서비스 기획에 관심이 많았던 승욱에게 KT 인턴은 무척 소중한 기회였다.

카이스트 MBA들에게 여름과 겨울 방학 4개월은 새로운 기회의 땅이다. 부족한 이론적 학습을 위해 계절학기를 수강하거나 평소 관심 있는 분야의 프로젝트 수행, 공모전 준비, 배낭여행 등 각자의 관심과 우선순위에 따라 다양한 시도들이 이어진다. 특히 겨울방학에는 대다수의 학생들이 관심 기업에서 인턴을 하며 실무 경험을 쌓기 위해 노력한다.

"강승욱 씨, 같이 일하게 되어서 기쁩니다. 현재 우리가 기획하고 있는 신규서비스 중 하나인 ○○○에 대한 서비스 기획 및 비즈니스 모델 제안을 같이 할 인력이 필요했는데, 대학교에서 전자공학도 전공하셨고, 현재 비즈니스 스쿨에서 공부하시니 딱 맞는 것 같군요. 한번 잘해 봅시다."

KT 우면동 연구소는 신규서비스를 기획하고 그에 대한 구체적인 사업계획과 비즈니스 모델을 개발하는 조직이었다. 승욱이 참여하게 된 신규 서비스는 문자서비스와 인터넷을 결합한 컨버전스 형태로, 최근의 IT트렌드를 반영하면서 동시에 소비자들의 효용을 높일 수 있는 서비스였다.

승욱의 역할은 고객의 실질적 니즈를 분석하여 서비스를 구체적으로 디자인하는 것이었다. 이공계 석·박사 출신인 대부분의 연구원들은 승욱의 젊고 신선한 생각을 반겼다. 승욱 역시 학교에서 배웠던 다양한 이론들을 연구원들과 공유하면서 서비스를 구현하는 과정에 도움을 줄 수 있었다.

새로운 서비스였기에 승욱은 주위 친구들과 지인들에게 서비스와 관련된 많은 것들을 물어보며 고객의 니즈에 부합하는 서비스를 구상하기 위해 노력했다. 기술적 측면에서 서비스 구현을 성공한 후, 이번에는 이 서비스를 이용한 비즈니스 모델 완성 및 사업계획서 작업이 필요했다.

"서비스 구현을 위한 기술적인 작업도 어느 정도 진행되고, 서비스의 전체적인 틀도 잡았으니, 이제 할 일은 어떻게 하면 이것으로 돈을 벌 수 있는지에 대한 비즈니스 모델 구축입니다. 그리고 이를 사업화할 사업계획서도 필요하구요. 우리가 이미 생각한 수익모델이 있긴 합니다만, 승욱씨가 좀 더 고민해서 저희의 의견에 더해 좋은 아이디어를 만들어 주세요."

"아, 예. 알겠습니다."

'아, 드디어 아직까지 존재하지 않던 무엇인가를 내가 만드는구나. 엄청 흥분되는 걸. 근데 어디서부터 시작한다…. 분명 내 일의 결과를 통해 카이스트 MBA를 평가할 텐데 내 책임이 막중하다. 제대로 해서 카이스트 MBA의 진가를 발휘해야지'

다행인지 불행인지 승욱에게 사업 모델 개발과 사업계획서 작성에 대한 최대한의 자율성이 보장되었다. 승욱은 시간만 나면 인터넷을 통해 제공되는 각종 문자메시지 서비스를 직접 이용하고 분석했다. 지하철과 거리를 지나면서 사람들이 휴대폰으로 무엇을 하는지에 대해 관찰했고, 그 의미를 파악했다. 친구들을 만나도 문자메시지에 대한 것을 집중적으로 물어보고, 그냥 지나칠 수 있는 모든 사건, 사물, 현상에 대해서도 지금 현재의 업무와 연관시켜 새로운 무언가를 찾기 위해 골몰했다.

지난 1년 동안 학교에서 배웠던 수많은 과목에 대한 재검토와 복습도 동시에 진행했다. 회사에 출근할 때 교과서와 관련 서적을 지참하고 업무 시간에 무작정 다시 읽었다. 지난 배움에 대한 복습과 함께 기초를 다시 다지고, 이를 업무에 적합하게 적용하고자 책을 읽고 또 읽었던 것이다.

"승욱씨는 무슨 책을 업무시간에 그리 읽어요?"

"아, 이거 마케팅 책입니다. 학교에서 배웠던 교재인데요, 마케팅에 대한 기초도 다지고, 이를 한번 응용해 보고 싶어서 책을 읽고 있어요."

"열심히 하는 모습이 보기 좋군요. 프로젝트 진행은 잘 되고 있죠? 혼자만 고민하지 말고 힘든 점 있으면 같이 얘기해요."

사업계획서를 완벽하게 만드는 작업은 생각했던 것보다 힘든 일이었다. 하루 채 한 장도 만들지 못할 때도 있었고, 어떤 날은 한 장의 발표 자료를 완성하기 위해 하루 종일 인터넷을 뒤지면서 관련 정보를 찾았다. 새로운 아이디어가 떠오르면 연구원들에게 자신의 생각이 실제 적용 가능한지에 대해 확인했다. 때로는 전체 서비스 시스템에 대한 이해가 미흡하여 시스템에 대한 추가 학습이 필요했다. 현재 동시에 진행되는 다른 서비스에 대한 설명을 듣고 자신이 맡은 서비스와의 시너지도 고려하면서 협업을 진행했다.

승욱의 인턴생활은 매서운 추위도 잊은 채 숨 가쁘게 지나가고 있었다. 스스로 동기부여를 한다는 것이 구성원들을 일에 얼마나 몰입시키고 창의성을 발휘하게 하는지를 깨달았다.

겨울방학 내내 준비한 수익모델과 사업계획안에 대한 최종 발표를 하는 날이었다.

"우선 이렇게 귀한 자리를 마련해 주시고, 저에게 발표할 기회를 주신 점에 무척 감사드립니다. 지난 두 달 동안 정말 재미있고 알차게 보냈습니다. 지금부터 발표를 시작하겠습니다.”

발표는 무려 2시간 동안 진행되었다. 발표의 양이 많았던 것도 이유였지만, 발표를 하는 내내 경청하던 많은 연구원들의 질문세례와 그에 대한 설명, 그리고 보완할 사항에 대한 끊임없는 토론의 연속이었다.

승욱을 인턴으로 보지 않고 같은 직원으로 대하면서 그간의 결과물에 대해서 서로가 거리낌 없이 논의하는 과정에서 승욱의 결과물은 점차 보완·개선되고 있었다. 또한 연구원들도 승욱이 제시한 새로운 접근 방법, 아이디어, 구체적인 실현계획, 그간 묵묵히 자리를 지키며 일한 승욱의 모습을 인상적으로 여기는 듯했다. 발표를 하는 동안 20여 명의 참석자들은 잠시도 자리를 뜨지 않았다.

“아니, 승욱씨. 원래 전공이 전자공학이라면서요. 근데 오늘 결과물 보니까 전혀 우리의 예상과 다르던데요? 고객에 대한 재정의부터 경쟁서비스 분석, 포커스해야 할 핵심서비스 정의, 수요예측 및 손익분기점 계산, 전체 회사의 전략과 신규서비스의 전략적 방향에 대한 적합성 도출, 수익모델 및 마케팅 안까지 너무나 구체적이었어요. 그걸 다 카이스트 MBA에서 배웠어요?”

“예. 여기서 1년 동안 배우면서 저에게도 참 많은 변화가 있었습니다. 우선 대상을 보는 관점이 예전에 제가 엔지니어일 때와는 많이 달라졌어요. 또한 학교에서 배웠던 내용들을 직접 적용해 보려고 부단히 노력하는 과정에서 보람도 느꼈고, 제가 스스로 몰입하게 되니까 자연히 좀 더 깊은 고민의 흔적이 오늘 발표에 묻어났었나 봅니다.”

“그래요? 이거 나도 MBA 시작해야겠네.”

　2개월간의 인턴생활로 승욱은 자신의 겨울방학을 고스란히 반납해야 했다. 그러나 충분히 가치가 있었다. 지난 1년간의 고된 MBA 훈련이 헛된 것이 아니었다. 문제해결 능력이 향상된 자신을 발견할 수 있었다. 새로운 서비스가 세상에 나오기 위해 얼마나 많은 변수들이 고려되며, 복잡한 과정을 거치는지도 깨달았다. 승욱을 동등하게 대우해 주며 가진 역량을 마음껏 발휘하도록 배려한 KT 연구원들에게서도 다양한 실전 노하우와 통찰력을 배울 수 있었다.
　2개월간의 치열한 인턴 경험은 곧 다가올 2년 차 MBA 생활을 설레는 마음으로 기다리고, 더욱 열심히 노력해야 할 분명한 이유를 제공했다.

3장

KAIST Business School

경영학과 경제학이 어떻게 다른 것인가? 경제학은 사람을 고정변수로 여긴다. 경제학이 가정하는 사람은 언제나 합리적 의사결정을 하는 존재이다. 반면, 경영학은 사람을 현실에 존재하는 사람으로 생각한다. 언제나 합리적 의사결정을 하는 존재가 아닌 감정이 있는 사람이 불확실한 상황에서 어떻게 의사결정을 할 것인가를 다루는 것이 경영이다. 그런 의미에서 경영은 사람에 대한 학문이다.

- 김보원 교수, 계량분석 수업 중

Allen

Kim

Murphy

"야, 저게 뭐지? 그동안의 전시물들하고는 느낌이 전혀 다른데?"

영훈은 수업을 마치고 2층 랩으로 가는 도중 아트리움 로비 앞에 전시되어 있는 조형물들을 보고 걸음을 멈추었다.

"형, 저거 오토바이 아냐? 근데 재질이 참 특이하다."

승욱도 가던 걸음을 멈추고 전시물들에 가까이 다가섰다.

카이스트 비즈니스 스쿨의 작은 아트 갤러리, 아트리움 로비를 오늘도 어김없이 새로운 예술품이 채우고 있었다. 학교 측에서 한두 달 간격으로 조각, 소조, 그림 등 다양한 미술 작품들을 아트리움 로비에 전시하는 것은 MBA들의 지친 심신을 위로한다는 1차적 목적이 있다. 더욱 근본적 목적은 학생들이 예술과 문화에 보다 친숙하게 하여 경영자의 자질이 향상되게 하기 위함이다. 문화와 예술을 모르고서 경영을 제대로 알 수 없다는 철학이 그 밑바탕에 있다.

사람을 제대로 이해하는 것이 근본이라는 점에서 경영과 예술은 많은 공통점을 지니는 것이 사실이다. 글로벌 기업들의 CEO들이 만날 때면 대화의 소재가 경영뿐 아니라 오히려 예술과 철학, 역사 등 인간사의 근본적인 부분들이 주가 된다고 하니 아트리움의 작은 아트 갤러리는 실용적 측면에서도 많은 가치를 제공해 주는 것이 틀림없다.

"승욱아, 저쪽으로 가보자. 작가 선생님이 오셨다. 갤러리의 앨랜(Allen) 선생님도 오신 거 같은데…."

아트리움 로비 중앙 쪽을 바라보던 영훈이 승욱을 팔을 잡고 김광우 작가 쪽으로 끌었다.

"형, 그냥 대충 보고 돌아가자. 좀 있다가 팀 미팅 가야 되는데."

시계를 쳐다보며 승욱이 말했다.

"야, 요즘같이 변화가 급변하는 시대에는 확산적 사고(Divergent thinking)가 중요해. 그러려면 이렇게 예술 작품도 감상하는 여유도 있어야 된다니까. 너 꼭 알면서 그러더라."

영훈이 너스레를 쳤다. 새로운 작품이 전시되는 첫날 갤러리 측과 작가가 직접 와서 기념행사와 함께 학생들에게 작품에 대해 직접 설명해 주는데 오늘이 바로 그 날인 것이다. 김광우 작가는 베레모를 써서 그런지 첫 눈에 보기에도 일반인과는 뭔가 다른 모습이었다. 김 작가가 특유의 저음으로 천천히 작품에 대해 설명하기 시작했다.

"자, 여러분 작품을 보니까 무슨 얘기를 하는 것 같나요? 그냥 오토바이와 자전거로 보입니까? 재료를 잘 보세요. 전 나무와 금속, 두 재료만을 사용했는데요, 나무는 자연을 상징하고 금속은 문명을 이끈 인간을 상징합니다. 결국 두 개의 이질적 재료의 조합을 통해 자연과 인간의 대립과 통합을 얘기하려는 것입니다."

'음, 그럴싸한 설명이네. 이질적 재료의 통합을 통해 인간과 자연의 갈등과 조화를 표현하고 있다…'

작품과 작가를 번갈아 쳐다보며 영훈은 마치 자신이 예술가라도 된 듯한 표정을 지었다.

"형, 작가 설명 직접 들어보니까 작품들도 좀 다르게 보이는데? 근데 저 분은 저런 상상력이 대체 어디서 나오지?"

바쁘다던 승욱도 김광우 작가의 설명에 귀가 솔깃해졌다.

"거봐. 아는 만큼 보인다잖아. 나도 예전엔 '야, 저거 참 잘 그렸네', '대체 저거 뭐야' 이런 얘기 밖에 못 했는데 여기서 이런 저런 작품도 보고 작가 설명도 들으면서 심미안이 좀 생기더라니까."

일상과는 유리된 듯한 예술의 세계를 학교에서 항상 접할 수 있다는 사실에 영훈은 뿌듯함을 느꼈다.

"사실 나도 가끔 여기 들러서 여유 있게 둘러보고 생각도 해보고 싶었는데 매번 발등에 떨어진 불 끄느라 잘 안되더라고. 봐, 오늘도 여기 온 MBA들은 몇 안 되잖아." 승욱이 아쉬운 표정을 지었다.

MBA들을 위해 매번 학교에서 예술 작품들을 전시해 주는 것이 고마운 일임에는 틀림없지만, 대다수의 MBA들은 작품을 감상할 시간이나 마음의 여유를 갖지 못했다.

한편으로는 우리나라 예술 교육의 피상성에도 문제가 있는 듯하다. 〈만종〉을 밀레가 그렸다는 사실은 외워야 하지만 만종을 보며 감상하고 해석하는 법은 배울 수 없는 학교 교육. 작가의 이름을 외우는 것보다 작품을 편견 없이 바라보고 해석하고, 심미적 체험을 할 수 있는 능력이 중요한데 알맹이는 없고 허울만 남아버린 격이다. 배영과 자유형이 무엇인지 알지만 정작 물 속에서 1미터도 전진하지 못하는 것과 다를 바 없다. 루브르의 비너스를 보며 다양하게 토론을 전개하는 프랑스 초등학교 어린이들과 우리의 모습은 정녕 다른 것이다. 문화재 약탈국이라는 오명에도 불구하고 예술을 감상하고 즐길 수 있는 프랑스인들은 우리가 맛보지 못하는 삶의 다양한 재미와 가치를 체험하고 있을지도 모른다.

"승욱아, 어찌 보면 우리 MBA 생활이 너무 각박하지 않냐? 이렇게 매번 쫓겨 살면서 케이스 분석하고, 이론 공부하면 정말 우리가 문제 해결의 전문가가 될 수 있는 걸까? 가끔 이렇게 그림도 보고, 사진도 보고, 생각도 다양하게 해봐야 하지 않을까?"

"맞아. 아까 형이 농담처럼 얘기했지만 요즘 같이 불확실성이 커지고 있는 시대에는 뭔가 색다르게 생각하고 창의적인 대안을 마련할 수 있어야 변화를 이끌고 생산성도 높일 수 있어. MBA 훈련만으로 그게 채워질 수 있을까 싶어. 코틀러의 마케팅 교과서 100번 본다고 TTL 같은 브랜드를 만들 순 없지."

승욱도 영훈의 생각에 맞장구를 쳤다.

"그러고보면 우리나라 국민들 생각하면 서글퍼질 때가 있어. 돈 되는 것들에 대해서는 엄청난 관심을 두면서도, 정작 눈으로 볼 수 없는 것들의 가치는 소홀히 하는 경우가 많아. 통장에 돈은 쌓이는데, 그것과 비례해서 행복해지지 않는 거야. 그게 다 마음을 채우지 못해서 그런 거 아닐까? 승욱이 너도 졸업하면 돈만 잘 버는 MBA로 살거냐?"

진지한 목소리로 영훈이 물었다.

"눈으로 볼 수 없는 것들의 가치라…. 그러게. 뭐 우리나라 고도성장의 병폐가 아닐까? 하긴 기업들도 유형자산의 가치보다 무형자산의 가치에 따라 경쟁우위가 많이 달라지는데 예술작품들이 주는 가치도 같은 맥락에서 볼 수 있을 것 같아. 그런 작품들이 주는 가치를 체험할 수 있다면 삶이 훨씬 풍요롭고 여유로울 수 있을 거야. 그래서 프랑스 친구들은 느리게 사는 미학이네 어쩌네 이런 말도 하나?"

승욱도 영훈의 생각에 공감하며 볼 수 없는 것들의 가치에 대해 다시 생각했다.

'하긴 암스테르담 빈센트 반 고흐 미술관에서도 그랬지. 초등학생으로 보이는 친구들이 삼삼오오 모여서 작품들에 대해 서로 얘기하고 진지하게 바라보는 모습들이 인상적이었어. 우리도 문화 · 예술에 대한 토양이 그네들처럼 잘 가꿔지면 참 좋을 텐데….'

승욱은 잠시 예전에 유럽 배낭여행 갔을 때를 떠올렸다.

'어! 오늘은 새로운 조형물이 자리를 잡았네? 왜 매번 카메라를 들고 오는 걸 깜박하는 걸까? 아트리움을 매일같이 드나들면서, 그때마다 카메라에 이 멋진 작품들을 담아가야지 하면서 오늘도 역시 그냥 지나치고만 있네.'

매일같이 지나치는 아트리움 앞에서 지수는 새로 걸린 작품들을 보며 아쉬운 생각이 들었다.

'만약 지금껏 아트리움 앞 전시장에 전시해 온 작품들을 사진과 함께 나의 해석으로 담았다면 지금쯤 나의 1호 보물이 되어 있지 않았을까?

아쉬웠다. 매일같이 팀 미팅에, 수업에, 보고서에 하루하루 어떻게 지나는지 모를 정도로 정신없는 MBA 생활이지만 그래도 자신이 예전부터 관심 있게 바라보던 예술 부문에 대해서, 그 많은 기회를 생각만으로 지나쳤다는 사실이 지수는 속상했다. 지금 후회하기엔 지나친 작품들이 너무나 소중했다.

"어, 오빠들. 거기서 뭐해? 웬일들이셔? 오빠들도 이런 데 관심이 있을 줄은 몰랐는데? 다들 공부하느라 바쁜 줄 알았지."

아트리움으로 향하던 지수가 영훈과 승욱을 발견하고 반갑게 아는 체 했다.

"어디 가는 길이야? 이번 작품은 조형물이라서 그런지 눈에 더 잘 들어오는 것 같아. 그래서 궁금한 것도 많아지네. 마침 작가 선생님 오시는 날이라서 함 들려봤어. 역시 겉으로만 보이는 게 전부가 아니더라구."

"그러게. 영훈이 형이랑 나랑 우리 지금 예술에 대해 진지하게 얘기하고 있던 중이야. 저기 저 분이 여기 작품 만든 작가 분인데 조금 전까지 작품을 직접 설명해 주셨어. 왜 그동안 이 좋은 시간을 놓쳤을까 하는 아쉬움이 드네.”

승욱이가 대꾸했다.

“아, 그랬구나. 나도 한번 들어보고 싶은데 오늘도 여진히 마음만 바쁘네. 매번 이렇게 지나쳐야만 하다니. 감상할 시간도 만들지 못할 정도로 그렇게 바쁜가 싶어 아쉽다. 난 지금 지도 교수님 뵈러 가는 중이거든. 잘 보고 나중에 이야기해 줘. 나중에 봐.”

아쉬운 표정과 함께 지수의 발걸음은 어느 새 지도 교수의 방을 향해 있었다.

“안녕하세요, 어때요? 오늘 작품들 보니까?”

갤러리의 앨런 선생님이 영훈과 승욱의 대화가 흥미 있다는 듯한 표정을 지으며 말을 건넸다.

“아, 선생님. 또 뵙네요. 오늘은 추상 작품이 아니어서 그런지 작품들 해석하기가 예전 것들보다 수월한 것 같아요. 아쉬운 건 오늘도 오프닝 행사에 많은 학생들이 참여하지 못해서…. 작가 선생님에게 많은 관심을 보여 드려야 하는데 학생들이 여전히 바쁘네요. 이해해 주서야 할 텐데. 그리고 건의사항이 한 가지 있어요. 각 작품들 앞에 해설을 붙여놓으면 저희들이 이해하기 더 수월할 것 같은데 그렇게 안 되나요?”

영훈이 앨런 선생님을 반갑게 맞이하며 말을 건넸다.

"이번 작품이 편하다니 듣기 좋네요. 학생들이 많이 참석 못하는 건 이 MBA 생활이 워낙 바쁘니까 그렇겠죠. 그렇게 생각하고 이해하고 있어요. 그리고 작품 해설을 붙여놓으면 그 해석에 생각이 구속되기 때문에 별로 좋은 방법은 아니에요. 그냥 편하게 여러분들이 보고 느끼고 생각하고 그게 좋은 거죠. 앞으로도 좋은 작품들 많이 가져다 놓을 테니까 자주 와서 보고 느끼세요. 경영자들도 예술을 알아야 합니다."

흔히 말하는 T자형 인간은 경영에 대한 다방면의 지식만을 통해 완성되는 것이 아니다. 오히려 경영이라는 경계를 넘어 다양한 세계와의 경험을 통해 완성될 수 있다는 말이 더 맞을 것이다. 예술이라는 또 하나의 언어를 통해 세상을 재해석하고, 사고의 지평을 넓혀갈 때 고객의 삶을 진정으로 풍요롭게 할 수 있는 가치들을 제공할 수 있을지 모른다.

배 움 의
다 양 한
스 펙 트 럼

"호영아, SAS 짐 굿나잇(Jim Goodnight) 회장이 우리 학교에 온 거 들었지? 지금 402 강의실에서 간단한 강의가 있을 예정이래. 빨리 가자."

"뭐야, 진짜? 진짜 그 형님이 우리 학교까지 오실 줄이야. 기대되는데?"

영훈이 전한 소식에 호영도 흥분하여 402 강의실로 향했다.

'야, 이거 케이스에서만 접했던 인물을 직접 볼 수 있다니. 정말 흥미로운데. 그동안 궁금했던 것들을 다 물어봐야겠다.' 영훈은 402 강의실로 발걸음을 옮기며 이런저런 생각을 했다. SAS 케이스를 접하면서 SAS가 가진 기업문화의 위력과 경쟁우위를 확인했지만, 그런 문화를 직접 창시하고 유지한 굿나잇 회장이라면 뭔가 특별한 얘기를 해줄 것만 같았다.

SAS Goodnight 회장을 만나다

402 강의실은 이미 많은 학생들로 가득차 있었다. 리더십과 조직관리를 수강한 학생들이 많았고, 김영배 교수와 이승윤 교수 등 인사, 조직 분야 교수들도 눈에 띄었다.

"여러분, 오늘 정말 귀한 분이 우리 학교에 찾아 오셨습니다. 다들 아시죠? SAS 굿나잇 회장님과 동행하신 임원들을 소개합니다. 힘찬 박수 부탁드립니다."

배보경 교수가 굿나잇 회장과 일행을 소개했다.

190센티미터는 족히 되어 보이는 큰 키에 얼굴 가득 온화한 미소를 띠고 있는 굿나잇 회장의 모습이 인상적이다. 영화배우라고 해도 믿을 만큼 수려한 외모의 소유자다.

"안녕하세요. SAS 회장 굿나잇입니다. 저희 회사에 대해 들어보시기는 하셨나요? 여러분들이 케이스를 통해 저희 회사에 대해 배우셨다고 들었습니다. 뭘 배우셨는지 궁금하군요. 편하게 궁금하신 내용에 대해 질문하시면 저와 저희 회사 임원들이 답변하도록 하겠습니다."

굿나잇 회장이 강의실에 모인 사람들을 향해 인사했다.

잠시 정적이 흐른 후 질문들이 쏟아졌다. SAS가 실제 케이스에서 말하고 있는 것처럼 일하기 좋은 회사(Great Work Place)인지를 묻는 사실확인성 질문부터 지배구조와 향후 전략 등의 다양한 질문들이 이어졌다.

질문과 답변을 경청하던 영훈도 궁금하던 두 가지 사항에 대해 질문했다.

"이렇게 직접 뵙게 되어 영광입니다. 두 가지 질문을 하고 싶습니다. 둘 다 민감한 질문이 될지 모르지만, 편하게 답변해 주시면 감사하겠습니다. 먼저 GE는 매년 직원들의 성과를 평가하여 하위 10% 직원을 감원하는데 반해, SAS는 인위적 해고를 하지 않는 것으로 알고 있습니다. GE의 방식에 대해 회장님은 어떻게 생각하고 계시는지 궁금합니다. 더불어, SAS는 30년 동안 좋은 성과를 지속하고 있음에도 불구하고 여전히 기업공개를 하지 않고 있는데요, 그 이유가 궁금합니다. 또한 앞으로 기업공개 계획이 있으신지 알고 싶습니다."

영훈은 GE 잭 웰치 회장의 기업 경영 방향에 대해 평소 의구심이 많았다. 해마다 10% 직원이 교체되면 3년만 지나도 직원의 3분의 1이 교체된다는 것인데, 그 직원들이 가졌던 노하우와 지적 재산들이 그렇게 단 기간 내에 복구될 수 있는지 궁금했던 것이다.

"네? 잭 웰치 회장이 매년 10%의 직원을 해고한다고요? 전 금시초문인데요. 답변에 앞서 그게 사실입니까? 믿기지 않는데요."

굿나잇 회장은 의외의 반응을 보였다. GE의 경영방식에 대해 생소한 듯 보였다. 굿나잇 회장의 반응에 대해 다들 의아스러운 표정을 지었다. 잭 웰치 회장의 경영 성과와 그의 경영 방식은 비단 경영을 전문적으로 공부하지 않더라도 기업에서 일한 경험이 있는 사람들은 대부분 다 알고 있는 내용이었기 때문이다. SAS 회장이 잭 웰치의 경영 방식에 대해 전혀 아는 바가 없다는 사실에 모두가 놀라는 것은 당연했다.

“사실입니다. 잭 웰치가 직접 저술한 책에서 확인한 내용이고 하버드 케이스에도 자주 등장하는 내용입니다. 사실 여부에 대해서는 의심 안 하셔도 좋을 것 같습니다.”

영훈은 굿나잇 회장의 반응에 당혹스런 표정으로 머리를 긁적이며 대답했다.

“아, 그렇군요. 글쎄, 그게 사실이라면 저는 이해할 수가 없군요. 어떻게 해마다 직원의 10%를 해고하고 회사가 운영될 수 있는 거죠? 직원은 회사의 핵심 자산인데 10%라는 엄청난 규모의 감원이 이뤄진다면 어떻게 회사의 경쟁력이 유지될 수 있는지 의문이군요. 그렇게 했을 때 직원들이 어떻게 회사를 믿고 일할 수 있을까요? 어떤 철학으로 그렇게 운영하는지는 모르겠지만 저는 그런 방식에 동의하지 않습니다. SAS가 지난 30년 동안 지속적으로 성장할 수 있었던 가장 큰 요인은 회사를 사랑하고 자신의 잠재역량까지 모두 발휘한 직원들 덕분입니다.”

‘역시, 굿나잇 회장의 경영 방식은 자신의 일관된 철학과 신념에서 비롯된 것이구나. 하긴 그런 철학과 가치관 없이 30년 동안 일관된 방식으로 SAS를 경영할 수는 없었을 거야.’

굿나잇 회장이 새로운 내용을 제시하지는 않았지만 영훈은 회장의 답변을 통해 SAS의 가치와 기업 문화를 다시 한 번 확인할 수 있었다.

“두 번째 질문은 기업공개에 관한 것이었죠. 이 질문은 제가 확실하게 아는 내용입니다. 하하. 물론 기업공개의 장점도 많이 있습니다. 기업을 보다 투명하게 경영할 수 있고 자금 확보에도 용이하죠. 하지만 그게 전부는 아닙니다. 기업을 공개하면 그 만큼 다른 대가도 지불해야 합니다. 정보 공개를 통해 기업의 경쟁우위에 대한 정보도 외부로 공개될 수 있고, 불필요한 행정 처리를 위한 엄청난 시간과 비용이 수반됩니다. 또한, 주주의 이익을 최우선에 두고 주가 부양을 위해 집중하다 보면 회사의 장기적인 R&D 투자나 전략적 모색이 어려운 경우도 많이 있죠. 그러다 보면 고객이나 내부 직원에 대한 배려도 소홀해지기 쉽습니다. 그래서 SAS는 기업공개를 하지 않고 있는 것입니다. 물론 앞으로도 그럴 계획은 없습니다. 기업공개를 했더라면 아마 지금과 같은 SAS의 기업 문화와 성과도 힘들었을 것입니다. 저희는 직원과 고객을 모두 장기적인 관계로 생각하고 대우하는데, 기업공개를 하면 단기적 재무성과에 연연하게 되는 경우가 많아요.”

기업공개에 대해 굿나잇 회장은 명쾌하게 그럴 의향이 없음을 표현했다.

“영훈아, 그럴싸한 설명인데. 사실 회사 차려놓고 기업공개한 다음 주식 매도로 차익 실현하고 회사만 처분하는 사례도 많잖아. 벤처캐피탈(Venture Capital) 역시 될 성 싶은 회사에 투자했다가 자금 회수하기에만 급급한 경우도 많고.”

호영이 고개를 끄덕이며 말했다.

“그러게 말이야. 확실히 잘 되는 기업은 분명한 원칙과 철학이 있다니까. 대충 유행 따라 휩쓸려 다니지 않고 자기만의 길을 철저하게 걷고 있어.”

기업 경영에 정답은 없다. 아웃소싱이 대세라고 해서 아웃소싱이 만능이 아니며, 구조조정을 통해 인원감축이 주는 단기적 효과가 크더라도 무조건적인 감원만이 능사는 아니다. 반대로 무조건적인 내부화가 최선도 아니며, 대규모 조직을 유지하는 것만이 해답도 아니다. 기업의 전략, 문화와 시스템이 가치를 중심으로 일관되게 정렬되고 설계될 때 기업은 제대로 된 성과를 창출하고 지속적인 성장을 영위할 수 있는 것이다.

그런 의미에서 유행을 따르는 것만큼 위험한 의사결정도 없다. 경쟁사가 택한 전략이 아무리 탁월해 보여도 자신의 기업가치나 문화와 맞지 않을 경우 무용지물이 될 수 있기 때문이다. 탁월한 기업들은 자신들만 고유한 방식을 가지고 있다. HP 방식, Southwest 방식, GE 방식 등 각자의 방식이 있으나, 그러한 방식들 모두 자신들의 고유한 역사와 문화를 반영하여 만들어져 왔다.

“어때? 오늘 굿나잇 회장 만나길 잘했지? 케이스에서만 접하던 사람을 직접 만나 얘기를 들으니까 궁금증들이 다 풀리는 것 같다. 굿나잇 회장 얘기 직접 들어보니까 역시 경영에 만병통치약은 없는 것 같다. GE가 엄청난 성과를 냈다고 해서 모두가 GE를 모방할 수는 없잖아. 우리 회사는 앞으로 어떤 전략을 택해야 할까? 생각해야 할 것들, 배워야 할 것들이 너무 많다.”

인생을 스타카토로 살아라

"저는 인생을 스타카토(Staccato)로 살고 있습니다. 무슨 말인지 잘 모르겠죠? 쉽게 이야기 할게요. 어려운 일을 빨리 해결해서 끊는다는 겁니다. 어려운 일은 가능한 빨리 해결해서 더 이상 신경쓰지 않는 것이죠. 스타카토처럼 문제를 딱 딱 끊어서 마무리 짓는 것이 인생을 살아가는 데 많은 도움을 주더군요. 특히 많은 일을 한 번에 처리해야 하는 경우라면 더 더욱 중요하고요."

학생들은 조용히 강단에 서 있는 한국투자증권 유상호 부사장의 특강에 집중하고 있었다. 누가 보더라도 자신감이 넘치는 세련된 화술이었다. 이번 강연은 기업은행 출신인 은진이가 후배들을 위해 특별히 준비한 특강이었다. 증권업에 관심이 많은 재학생들이 많았기 때문에 전문가를 모시고 재학생들에게 직접 이야기를 들려주고 싶었던 것이다.

졸업 후 사회에서 전문가들을 만날 때마다 그들의 이야기를 혼자 듣기 아까워 학교 후배들에게도 들려주고 싶은 마음이 간절했던 은진이었다. 카이스트 비즈니스 스쿨에서는 '경력 개발 세미나' 라는 타이틀 아래 산업계를 대표하는 많은 전문가들이 학교를 방문해 특강을 진행한다. 자신이 관심 있는 분야뿐 아니라 사회적으로 이슈가 되고 있는 분야 혹은 알지 못했던 새로운 분야에 대한 강의를 들을 수 있는 중요한 기회인 것이다.

"여러분들은 스트레스를 어떻게 해결하나요? 직장인이 스트레스를 받는 것은 당연한 일이고 어떻게 스트레스를 푸느냐가 각자가 가지고 있는 능력이라고 생각하는데, 저의 경우는 행복한 고민을 아주 많이 합니다. 증권업이 상당히 스트레스 받는 일이라는 것은 모두 잘 알고 있을 겁니다. 하지만 저는 그런 스트레스 속에서도 여름 휴가를 어디로 갈지, 겨울 휴가를 어디로 갈지, 여행갈 계획을 짜면서 행복한 고민을 하며 살고 있습니다. 그리고 자신과 함께 일하는 사람들을 행복하게 해주세요. 자신을 조금 희생하고 상대방이 나에게 빚지고 있다는 생각을 하게 만드세요. 솔선수범하고 자신을 희생할 줄 알고 적극적인 사고를 가지면 증권업에서 성공할 수 있습니다. 마지막으로 한마디만 더 할게요. 증권업에서 일하다 보면 개인이 창출할 수 있는 부가가치의 상한선이 없다는 것을 느끼게 됩니다. 그런 측면에서 증권업종은 아주 매력적인 분야에요. 여기 앉아 계신 여러분들 역시 자신이 창출할 수 있는 능력에 대해 상한선을 만들지 말고 계속해서 도전하고 노력하세요. 건강관리도 잊지 말고요."

특강이 지나고 얼마 후, 지수는 경제 신문에서 유상호 부사장에 대한 기사를 접하게 되었다. 증권가 사람들에게 본보기가 될 수 있는 삶에 대한 글이었다.

"영훈 오빠, 이 기사 봤어? 그 때 특강 오셨던 분에 대한 글이야. 왠지 친근하게 느껴지는걸."

도서관 신문에서 유상호 부사장에 대한 기사를 발견한 지수는 영훈에게 기사를 보여주었다.

"어? 맞네? 우리 그날 함께 저녁식사도 하고 12시가 넘도록 부사장님 이야기도 듣고 정말 좋았는데. 난 부사장님 명함도 받았고 내 명함도 드렸다고. 다시 한 번 찾아뵙기로 했었는데."

영훈 역시 유상호 부사장에 대한 기사를 보니 왠지 가까운 사람처럼 느껴졌다.

"그러게, 오빠도 졸업하고 이 분처럼 통신 전문가로 카이스트 MBA에서 특강 한 번 해야지? 그럼 정말 멋있겠는걸. 특강하게 되면 나도 불러줘! 시간 내서 들어줄 테니까."

"그럴까? 근데 그러려면 지금부터 열심히 준비해야 하는 거 아니야?"

지수와 영훈은 각 분야의 전문가로서 후배들 앞에서 멋있게 강연하는 모습을 상상하며 도서관을 나섰다.

학생이 학생을 가르치다

"기대값(Expected value)과 평균(Mean)은 같은 말입니다."
"그래? 그런데 왜 다르게 사용하지?"

104호 강의실. 승욱은 여러 학생들 앞에서 경영통계를 가르치고 있었다. 공학을 전공했기 때문에 학부 시절 확률과 통계에 대해서는 철저하게 공부한 덕분이었다. 반면, 고등학교 졸업 이후 수학과는 담을 쌓은 여러 학생들에게 경영통계는 재무나 회계보다 훨씬 더 넘기 힘든 산이었다. '6시그마'는 친숙하지만 Σ(시그마)에 대해서는 기억이 가물가물한 것이다. 중반 이후 회귀분석이 지나면서 수업 내용을 제대로 이해하지 못하는 학생들이 조금씩 늘어갔다. 맘 좋은 승욱이 동료들에게 도움을 주고자 보충수업 아닌 보충수업을 하게 되었던 것이다.

최소 2년의 직장 경험이 필수 입학조건인 카이스트 비즈니스 스쿨에서 특정 분야의 전문가를 만나는 것은 그리 어렵지 않은 일이다. 은행의 파생상품을 설계하다 온 학생, 수천억 원대의 자금을 운영해 본 학생, 프로그래머, 디자이너, 기획전문가 등 각 산업과 업무 영역별로 전문 역량을 가진 학생들이 자신의 경험과 관련된 분야에 대해 다른 학생들을 돕는 경우가 많다. 개인교사가 되기도 하고, 승욱처럼 강의실에서 다른 학생들을 가르치는 경우도 빈번하다.

103호 강의실. 이용경 교수의 통신경영특수논제 보강이 시작되었다. 이용경 교수가 정보통신부에서 휴대인터넷(WiBro) 허가 업무를 담당했던 김희석 서기관에게 특별히 한 시간을 할애했다. 정부 정책 담당자의 시각을 학생들이 알 수 있도록 하려는 배려에서였다. 강의실에는 통신회사 출신의 학생들, 통신업계로 진로를 결정한 1~2년 차 학생들, 또 통신과 IT 산업에 관심이 많은 신입생들이 자리를 메우고 있었다.

"오늘 제가 말씀 드릴 내용은 정통부가 어떤 과정으로 와이브로

(WiBro) 사업자를 선정하였는지에 대한 내용입니다. 물론 여기에는 통신업계 출신 학생들도 있고 통신업에 관심 있는 학생들도 있을 겁니다. 모두가 부담 없이 토론할 수 있는 자리가 만들어 졌으면 좋겠습니다. 정책을 결정할 당시 상황을 보고 여러분이라면 어떤 결정을 했을 것인지에 대한 의견도 함께 이야기했으면 합니다.”

20여 분간에 걸친 김희석 서기관의 발표가 끝나자 발표자와 듣는 학생들 사이에 열띤 토론이 시작되었다. 통신회사에서 온 학생들은 기업 입장에서 다양한 이견을 개진했고, 통신업에 관심이 많은 학생들도 경험자들의 생생하고 전문적인 이야기를 들으며 점점 토론 속으로 빠져들었다.

“오늘 김희석 씨의 강의는 어느 때보다도 여러분들의 참여도가 높네요. 정부 정책 결정자 입장에서 이슈들을 생각해 보니 기업 입장에서만 봤던 것하고 많이 다르죠? 한 가지 알아야 할 것은 자신이 생각하는 것이 최선이라며 상대방을 설득하고 싶을 때, 상대방은 그것을 최선이라고 인정하지 않을 수 있다는 사실이에요. 그럴 땐 상대방이 어떤 생각을 가지고 있는지 생각해 보고, 만약 그것이 자신들의 차선이라고 여겨질 경우에는 차선을 주장할 필요도 있습니다. 와이브로 사업 선정도 마찬가지입니다. 자신들이 사업자로 선정되기 위해서는 정통부가 어떤 생각을 가지고 있는지 알아야 하고 그 것이 자신들이 생각하는 최선이 아니더라도 대안으로 생각할 수 있어야 한다는 말입니다. 오늘 김희석 서기관의 발표를 통해 정부가 사업권을 부여할 때 어떤 기준으로 판단

하고 고민하는지에 대해 알 수 있었을 것입니다. 아주 유익한 시간이었
죠? 수고하신 김희석 씨에게 감사의 박수를 보냅니다."

이용경 교수의 마무리로 열띤 토론은 끝이 났다.

학생이 학생을 가르친다. 나이나 사회적 직급에 상관없이 서로가
가진 것에 대해 공유하는 문화를 통해 모두 함께 성장하는 것이다. 강
의실과 기숙사, 스터디 룸이 매일 매일 지식경영의 살아 있는 현장이
된다.

함 께

살 아 간 다 는

것

카이스트 MBA가 가진 독특한 장점 중 하나가 바로 랩(Lab) 문화이다.
MBA들은 물론 경영공학 전공학생들과 교환학생들을 포함해 카이스트
비즈니스 스쿨에 적을 둔 학생이면 누구나 랩을 배정받고, 그 공간을 중
심으로 2년을 보내게 된다. 보통 6명에서 10명 정도의 학생들이 하나의
랩을 공유하는데, 랩에는 학생 개개인에게 부여되는 책상과 책장, 사물
함, 공용 PC와 프린터가 구비되어 있다.

다수의 공동생활 공간인 랩은 카이스트 MBA들에게 독서실로, 토론
의 공간으로, 휴식처로, 정보유통의 진원지로 자리 잡고 있다. 어떤 의
미에서 랩은 카이스트 MBA들에게 학교생활 그 자체이며, 누군가에겐
가족이고 친구일 만큼 큰 의미를 가진 공간인 것이다.

호주 멜버른 RMIT에서 카이스트 비즈니스 스쿨로 한 학기 교환학생

으로 와 있는 왕쯔와 쏭리에게 카이스트 MBA의 랩은 유달리 특별했다. 왕쯔와 쏭리는 호주에서 유학하고 있는 중국 학생들로 한국 드라마와 연예인들에 대해 속속들이 알고 있는 한류 마니아들이다. 사실 카이스트 비즈니스 스쿨에 교환학생으로 오게 된 것도 공부보다는 한국을 알고 경험하고 싶어서였다.

"오바('오빠' 를 제대로 발음하지 못함), 한국 이름, 한국 이름."

3과목을 수강하면서 힘들다고 쩔쩔매면서도 매일 같이 한국 드라마를 보는 왕쯔는 기초적인 한국말을 곧잘 한다.

"영훈아, 왕쯔와 쏭리가 한국 이름 지어달란다. 이리와 봐."

왕쯔 바로 옆 자리에 있는 호진이 건너편에 앉아 있는 영훈을 불렀다. 안 그래도 항상 시끌벅적한 랩 227호에 오늘의 건수가 생겼다. 철호와 호영까지 가세하여 왕쯔와 쏭리의 이름을 구상하기 시작했다.

"그냥 '왕쯔' 를 우리식으로 그대로 읽으면 안 될까, '왕자' 말이야."

랩 227호를 항상 재미있고 따뜻하게 만드는 재주가 있는 호영이 먼저 입을 열었다.

"아니요, 저는 제 이름이 싫어요. 중국에서도 여자이름으로는 정말 이상한 발음이란 말이에요!"

왕쯔가 입술을 씰룩거렸다.

"그럼 왕쯔는 '봄이', 쏭리는 '가을이' 로 하면 어때? 봄과 가을, 무슨 듀엣 같지 않아?"

농담이라면 둘째가라면 서러워할 철호가 제법 진지한 척하며 말했다.

"좋기는 한데, 그래도 뭔가 왕쯔하고 쏭리하고 관련되거나 의미가 있는 이름으로 지어주면 어때? 우리가 지어준 이름 평생 쓸 것 같은데."

영훈이 대꾸했다.

"자자, 그럼 왕쯔는 영어 이름이 크리스탈이니까 '수정'이라고 하면 어때? 수정. 좋지?"

호진이 아이디어를 냈다.

"오오. 수정. 그거 괜찮은걸? 그럼 수정으로 하자구."

다들 박수를 치며 호쾌하게 웃었다.

"그럼 쏭리는 성조를 빼면 송이라는 한국 이름하고 비슷하게 들리니까 그냥 '송이'로 하자. 좋지?"

영훈이 이제 마무리를 짓자는 듯이 말했다.

"송이? 좋아! 좋아! 원래 이름하고 비슷하고, 그만하면 예쁜 이름이네. 송이로 하고 빨리 가서 밥 먹자고. 다들 좋지?"

호영이 배를 두드리며 영훈을 거들었다.

"내 이… 르음은 송이입니다."

쏭리가 더듬더듬 자기소개를 하며 활짝 웃었다. 왕쯔와 쏭리는 자신들의 새로운 한국 이름을 매우 마음에 들어했고 인터넷 메신저에 바로 자신들의 한국 이름을 표기했다.

랩 227호와 229호 학생들과 함께 생활하면서 수정과 송이는 호주에서 느꼈던 고독감을 완전히 떨쳐버릴 수 있었다. 중국과 호주의 문화

차이 때문에 힘들었던 둘은 수업이 끝나자마자 학생들이 모두 뿔뿔이 흩어져 버리고 교실에 덩그러니 둘만 남는 게 너무 싫었다고 한다. 호주 친구들과 교분을 쌓고, 그 사회에 대해서도 잘 배우고 싶었지만 그럴 수 있는 기회를 갖기가 쉽지 않았던 것이다.

반면 랩 227호와 229호는 카이스트 MBA에서도 유명할 만큼 단합도 잘 되고 인간미가 넘쳤던 까닭에 두 사람이 낯선 환경에 적응하기에 더할 나위 없이 좋은 분위기였다. 전략경영 수업을 같이 듣는 재현이는 케이스 숙제가 있을 때마다 케이스 공부에 익숙하지 않은 두 사람에게 많은 도움을 주었고, 범진은 베티 교수가 가르치는 이문화경영(Cross cultural management) 수업이 있을 때마다 참고 자료들을 미리 건네기도 했다.

호영과 승욱은 수정과 송이에게 2층 스터디 룸에서 정기적으로 한국어를 가르쳐줬고, 철호는 인터넷 쇼핑을 좋아하는 두 사람을 위해 항상 자신의 신용카드로 옷이며 신발 등을 대리 주문해줬다. 특히 랩 229호에서 송이 바로 뒤에 앉는 승욱은 주말마다 두 사람을 위해 서울시내 관광 안내를 하는 수고를 마다하지 않았다. 가끔 환전 때문에 남대문까지 가야 한다고 우기는 두 사람과 지하철을 타는 것도 승욱이었다.

이런 이유로 수정과 송이에게 한국 사람들은 모두 도움에 인색하지 않고 친절하며 남을 위한 배려로 무장되어 있는 존재들이 되어버렸다. 바쁜 일상에 누군가를 위해 자신의 시간을 쪼갠다는 것이 부담일 수밖에 없는 MBA 생활이지만, 가장 유한한 자원인 시간을 투자하여 누군가를 도울 때 느껴지는 보람은 말로 표현하기 힘들다. 기회비용만으로 설명하기에는 부족한 것이다.

하지만 카이스트 MBA들만의 공간인 랩에 항상 좋은 일만 생기는 것은 아니다. 공동생활의 공간이기 때문에 가치관, 공부스타일, 생활패턴 등의 차이로 팽팽한 갈등과 긴장이 생기기도 한다. 호탕한 웃음이 누군가에게는 공부를 방해하는 소음으로 해석되는 경우도 있고, 함께 밥 먹는 즐거움이 누군가에게는 구속으로 변하기도 한다. 옆자리에서 맹렬하게 벌어지고 있는 토론이 공부하는 남에 대한 배려 없는 무례함으로 인식될 때는 스트레스 지수가 걷잡을 수 없이 올라갈 수도 있다.

학습효과인지, 생존의 본능인지 알 수는 없지만 카이스트 비즈니스 스쿨에서 한두 학기를 보내면 랩 생활에 점점 익숙해진다. 서로의 차이에 대해 보다 관용할 수 있는 가치관의 변화가 일어나고, 자기 삶의 영역으로 침범하는 다른 삶을 보다 넓게 포용할 수 있게 된다. 함께 살아가는 방법, 남을 존중하는 방법, 다른 이들과 어울리는 방법을 배워가는 것이다.

같은 2층에 나란히 있지만 227호와 229호 랩 문화 역시 조금은 다르다. 227호가 항상 유쾌하고 시끌벅적 사랑방 같은 분위기의 랩이라면 229호는 책장 넘겨지는 소리가 들릴 만큼 서당 같은 학구적인 분위기다. 하지만 두 랩이 공동으로 무엇인가를 할 때는 다른 어느 랩이 따라오기 힘들 만큼 단결된 모습을 보여준다. 400명이 넘는 카이스트 비즈니스 스쿨에서 50여 개 정도의 랩들이 이렇게 고유의 랩 문화를 형성하고 있는 것이다.

카이스트 비즈니스 스쿨의 시계가 어느덧 학기 말을 향해 치닫고 있다. 카이스트 MBA들에게 학기 말의 의미는 휴식의 전야제가 아니라, 고통의 정점일지도 모른다. 랩 227호와 229호 역시 겨울 방학을 3일 앞두고 마지막 남은 텀 페이퍼(Term-paper)와 기말 시험 준비 때문에 빈자리가 하나도 없다. 227호의 수정이 자리와 229호의 송이 자리만이 깨끗하게 치워져 있는 상태다.

새벽 5시. 전날 수정과 송이의 송별회를 자정이 한참 지나 마친 영훈, 승욱, 호영, 철호는 오전에 있을 텀 페이퍼 발표를 앞두고 마지막 마무리에 정신이 없었다. 수정과 송이가 떠난다고 며칠 전부터 갖가지 명칭의 송별회에 끌려 다녔던 터라 네 사람의 학기말 일정에 차질이 생긴 것이다.

"형, 잠깐 밖으로 나와 봐."

승욱이 영훈과 호영, 철호가 있는 227호 문을 열면서 다급하게 소리쳤다.

"왜 그래? 무슨 일이야?"

호영이 걱정스런 표정으로 승욱을 바라보았다.

"형들, 일단 나와 보라니깐!!"

다급한 승욱의 목소리에 세 사람은 승욱을 따라 수펙스 경영관 1층 정문 앞으로 갔다. 그리고 영훈과 호영, 철호는 갑자기 말을 잃었다. 누군가 먼저 말을 꺼내주기만을 바라며 서로 눈치를 살폈다. 수정과 송이가 1층 로비에서 출국할 짐을 쌓아두고, 이미 눈이 퉁퉁 부은 채로 울고 있었던 것이다.

아침 7시 50분 비행기로 출국해야 하기 때문에 잠도 안자고 새벽 5시경에 출발할 거라고 했던 수정의 말이 떠올랐다. 수펙스 경영관 정문밖의 불빛이 하늘에서 떨어지는 눈을 비추고 있었다. 전날까지 눈은 올기미조차 없었는데 새벽부터 눈이 오기 시작한 듯 했다. 유리로 된 투명한 정문을 통해 원형 광장에 눈이 조금씩 쌓여가는 것이 보였다.

"음, 수정아 송이야. 덕분에 그 동안 우리 모두 정말 즐거웠어. 이제출발해야 될 것 같은데 앞으로도 계속 연락하자."

호영이 먼저 입을 열었다.

호영의 얘기가 끝나자마자 두 사람은 다시 더 크게 흐느끼기 시작했다. 아직 20대 초반이라 그런지 수정이와 송이는 사소한 일에도 아낌없이 웃을 줄 알았고, 슬플 때면 열정적으로 눈물을 흘릴 수도 있었다.

"수정, 송이, 뚜욱! 얼른 가야지."

철호가 두 사람을 재미있게 해 주려고 특유의 몸짓과 함께 말을 건넸지만 오늘은 통하지 않았다.

"빨리 가야지. 이 친구들아, 비행기 떠나겠어!"

영훈이 매몰차게 두 사람을 떠밀다시피 정문 쪽으로 몰고 갔다. 벌써5시 20분. 늦어도 두 시간 전에는 공항에 도착해야 하는데 새벽이라 해도 눈이 오는 것을 감안하면 그리 여유가 있는 것은 아니었다.

"오바, 고마워요. Thank you so much for treating us like your own family members. We'll never forget you. 보고시프을 거예요."

영어와 서툰 한국말을 섞어가며 수정과 송이는 네 사람에게 마지막 인사를 건네고 문 밖으로 나갔다. 다른 학생이 두 사람을 공항까지 데려다 주기로 해서 천만 다행이었다.

"영훈아, 좀 그렇다. 이런 날 숙제 때문에 배웅도 못 가고. 이제 언제 볼 지도 모르는 친구들인데. 우리 팀 페이퍼 마감이 그렇게 가치 있는 일인가?"

호영이 쓸쓸한 표정으로 영훈을 바라보았다.

"그러게. 그 동안 매일 숙제에, 팀 미팅에 쫓겨 저 친구들이랑 제대로 놀아주지도 못했는데 하필 마지막 떠나는 순간까지 숙제나 붙들고 있어야 하다니. 모양새가 좀 그렇다. 쟤들, 피도 눈물도 없는 카이스트 MBA들이라고 우릴 기억하지 않을까?"

영훈이 발길을 돌려 2층으로 향하는 계단을 밟으며 말했다. 계속 떨어지는 눈발을 보니 함박눈처럼 보인다. 팀 페이퍼 발표가 끝나고 나면 원형광장 전체가 눈으로 뒤덮일 것 같다.

Case
study

"물론 구글이 상장 이후 경이적인 주가 성장을 지속하고 있고, 미국을 비롯한 많은 국가의 검색시장을 장악하고 있는 것도 사실입니다. 하지만 검색 부분 수입 의존도가 너무 크고, 그밖의 다른 수익원은 전혀 없습니다. 구글에 대한 평가가 과장된 측면도 분명히 있습니다."

길헌이가 훈철이의 견해에 대해 이견을 제시했다.

"검색 수익에 대한 의존도가 크다는 지적에는 공감합니다. 그런데, 구글의 서비스 포트폴리오(portfolio)를 보면 마치 웹상에서 무슨 제국을 건설하려는 듯한 인상을 받지 않습니까? 구글이 윈도우 기반의 플랫폼을 웹으로 옮겨 마이크로소프트까지 위협하고 있다는 사실을 무시해서는 안 될 것입니다. 이미 구글이 배포하고 있는 피카사나 구글 데스크톱 프로그램들이 엄청나게 확산되고 있습니다."

훈철이가 의미 있는 주장을 계속 펼쳤다.

Google Case Study Questions

1. Please identify the list of products and categorize them
   according to your criteria. How are they related to generating
   revenue?

2. Please explain in what way Google makes money.

3. What do you think would be the Google's core competencies
   and competitive advantage?

4. What strategic option would you suggest for Google? Should
   Google stick to its search solutions or should Google develop
   new areas of business? Please be specific about why and how.

5. Some say Microsoft is threatened by Google and others use
   such expressions as "Google world" or "Google economy".
   Do you think they are exaggerating and overreacting? Why or
   why not? How do you assess the actual or potential power of
   Google?

구글. 2004년 8월 나스닥에 상장된 이후 시가총액 100조를 이미 돌파했고 미국 검색시장의 50% 정도를 장악하면서 파죽지세로 성장가도를 달리고 있는 기업이다. 구글 경제(Google economy)라는 말까지 파생시킬 정도로 인터넷 비즈니스의 새로운 패러다임을 제시하고 있고, 마이크로소프트의 아성을 위협할 정도로 줄기차게 사업을 확장하고 있다.

2005년까지 KT 사장으로 재직하던 이용경 교수가 수업 시간에 구글 케이스를 다루고 있는 이유도 이렇게 급성장하고 있는 구글의 전략을 분석하고 그 함의를 찾아보자는 것이다.

"피카사나 구글 데스크톱이 유용한 프로그램임에는 틀림없습니다. 그런데 거기서 어떤 경제 가치를 구글이 흡수하는 거죠? 구글의 전략적 의도를 정확히 파악할 순 없지만 현재 모습으로만 본다면 마이크로소프트를 위협하고 있다는 부분도 과학적인 판단은 아니라고 봅니다. 현재 전 세계 대부분의 사람들이 마이크로소프트 오피스를 통해 문서를 작성하고 작업을 하고 있는데 그런 사람들이 쉽게 구글의 웹 기반 워드 프로그램을 채택하리라고 봅니까? 이미 오피스에 익숙해진 사람들이 뭐하러 열등한 구글 프로그램을 사용한단 말입니까? 교환비용(Switching cost)도 무시할 수 없고 구글을 사용하는 사람들의 컴퓨터에는 이미 윈도우와 오피스가 설치되어 있다는 사실을 잊지 말아야 합니다!"

교실 분위기가 마치 구글 임원들의 전략회의 분위기를 연상시킬 정도로 열기를 더해하고 있다. 학생들의 구글에 대한 관심도가 마치 구글의 그동안의 성과와 시장에 대한 영향력을 반증하는 듯 했다.

"구글과 마이크로소프트의 경쟁관계가 어떻게 변할 것인가는 아주 흥미로운 주제입니다. 이런 상황을 감안할 때 앞으로 구글이 성장을 지속하기 위해서는 어떤 전략을 택해야 하죠? 검색 광고 기반의 구글 사업 모델이 지속 가능하리라고 보십니까? 확장해야 한다면 어떤 방향으로 사업을 확장하는 것이 최선일까요?"

학생들의 논쟁을 지켜보던 이용경 교수가 구글의 향후 전략 방향에 대한 화두를 제시했다.

'구글의 향후 전략이라…. 내가 구글 CEO라면 일단 현재 구글의 고객 기반을 어떻게 유지하는가에 초점을 두면서 고객 기반을 활용해 더 새로운 가치창출을 할 수 있는 방향을 모색할 것 같은데.'

수업 조교인 영훈은 토론에 참여하지 못하는 것이 못내 아쉽다. 평소 관심을 갖고 있던 기업이어서 수업 전 이미 케이스도 숙지했지만 조교로 수업을 참관하고 있어 어쩔 수 없이 관객의 입장이 되어야만 했다. 다만, 다른 학생들의 줄기찬 논쟁을 지켜보며 생각해 보는 것도 새로운 경험이라 생각했다.

MBA들이 학교에 입학하여 겪는 가장 낯선 경험 중의 하나가 케이스 학습법일 것이다. 대부분의 수업에서 이론 수업과 더불어 케이스 학습이 많은 비중을 차지하는데, 알고 있는 모든 지식과 사고력을 활용해 문제를 해결해야 하므로 MBA의 꽃이라 해도 과언이 아닐 정도로 효과적인 학습법이다.

전통적인 교육 방법이 교수가 지식과 이론을 전달하면 학생들이 그것을 수동적으로 흡수하는 것이라면, 케이스 학습법은 학생들이 능동적으로 생각하고 토론하여 문제를 직접 해결하도록 하는 것이 차이점이다.

케이스 학습의 가장 큰 위력은 학생들이 케이스에서 주어진 정보를 기반으로 기업 의사결정자의 입장에서 문제를 해결한다는 것이다. 케이스를 다루면서 학생들은 인텔의 CEO가 되고, MS의 전략담당이 되고, P&G의 마케팅담당이 되어 경쟁사의 위협과 시장 상황 변화를 고려하여 기업의 경쟁우위를 지속하고 당면한 문제를 해결하기 위한 최적의 대안 마련을 위해 고민해야 한다.

가상의 문제가 아니라 케이스에 등장한 기업들에게 실제 닥친 문제를 놓고 고민해야 하므로 실현가능한 대안을 만들어야 하고 그 기업이 처한 현실도 제대로 반영해야 한다. 현실 기업들의 의사결정 대부분이 딜레마적 상황이 많으므로 케이스에 대한 대안을 마련하는 것도 쉽지 않다. 그 산업의 특성을 정확하게 이해해야 하며, 경쟁관계와 고객들의 니즈, 시장의 변화, 자사의 역량 등도 빠짐없이 고민해야 한다.

MBA 4학기 동안 다양한 케이스를 다루다 보면 어느 새 전자, 통신, 식품, 솔루션, 소비용품, 금융 등 대부분의 산업에 대해 이해도를 높일 수 있음은 물론 문제해결 역량도 커지게 된다.

케이스를 팀 단위로 준비하면서 팀원들 간의 의견충돌과 갈등 상황도 빈번하게 발생한다. 이러한 갈등을 극복하고 문제해결을 위한 의사결정에 합의하는 과정을 거치면서 리더십과 갈등해결 능력, 커뮤니케이션 역량이 향상되는 것도 케이스 학습법의 장점 중 하나다.

학부 전공과 상이한 직장 경험을 가진 팀원들과의 대화와 토론, 견해의 교환을 통해 서로에게서 많은 것을 배울 수 있다는 점도 빼놓을 수 없다. 이론이 강한 학생은 이론으로, 그 방면에 경력이 있는 학생은 자신의 경험으로, 새로운 시각을 가진 학생은 참신한 아이디어로 문제해결을 위해 팀워크를 발휘할 때 혼자서는 만들 수 없는 탁월한 대안이 만들어지기도 한다. 집단지성의 힘을 체험하는 것이다.

팀 미팅을 통해 케이스 수업의 전초전을 마치고 실제 케이스 수업이 시작되면 다시 새로운 전쟁이 시작된다.

교수의 날카로운 질문이 긴장과 비장함으로 채워진 교실의 정적을 깨고, 어설픈 답변에 재차 이어지는 교수의 또 다른 질문에 모멸감을 감내해야 하는 경우도 빈번하다. 케이스 발표를 담당하는 팀에게 야속하게 공격을 퍼부어대는 다른 학생들의 속사포 같은 질문도 대처해야 하고, 지난 밤 팀 미팅을 통해 준비한 논리를 통해 기막힌 반전의 일격도 가해야 한다.

부글부글 끓어오르는 격해진 감정을 애써 감추며 최대한 이성적으로 논리를 전개하다가도 누군가 언성을 높이면 때론 교실이 시장 바닥으로 변하기도 한다. 토론 참여도에 많은 비중을 두는 교수 시간에는 할 얘기가 없어도 계속 손을 들어야 하는 무모함도 감내해야 되는 것이 현실이다.

케이스 학습을 운영하는 방법도 다양하다. 각 케이스를 팀별로 할당해 순서대로 발표를 준비하게 하는 경우도 있고, 모든 팀이 발표 준비를 하되 당일 지명 당한 팀이 발표를 하는 경우도 있다.

이러한 무작위 지명방식의 경우 긴장감과 토론의 강도가 훨씬 높다. 평범한 발표를 준비하게 하기도 하지만, 역할극과 팀별 논쟁 형식 등 교수들마다 독특한 방법들을 사용해 케이스 학습의 효과를 극대화하고자 하기 때문이다. 물론 어느 경우든 각 개인과 팀들은 별도로 케이스 문제에 대한 대안을 마련해야 한다.

가장 편안한 분위기에서 학생들이 최대한 자신의 생각을 가감 없이 나누도록 유도하는 교수가 있는 반면 지적 자극을 통해 서로에 대한 적극적 비판과 토론을 요구하는 교수도 있다. 그러나 이러한 형식의 차이를 떠나 모든 학생들이 동일한 정보를 근거로 문제해결을 위해 토론하고 논쟁하다 보면 사고가 깊어지고 논리력이 강화된다. 어쩌면 생존을 위해 그런 능력을 체득할 수밖에 없는지도 모른다.

다시 토론이 격해지기 시작했다. 어느 새 한국 시장에서 구글과 네이버의 경쟁에 대한 얘기로 화제가 전환되고 있었다.

"얼마 전에 구글이 우리나라에 R&D 센터를 세웠는데 이는 그 동안 방치했던 한국 시장에 대해 구글이 본격적으로 의미 있는 포석을 둔 것으로 보입니다. 구글의 자본력과 세계 시장에서의 영향력을 본다면 네이버도 안심할 수는 없을 것입니다. 사실 네이버의 지식검색이 킬러앱

(Killer application)임에는 틀림없지만 지식의 전문성 면에서는 구글과 경쟁하기 힘들다고 봅니다."

평소 스캐너(Scanner)로 불릴 만큼 뛰어난 기억력을 가진 호진이 말했다.

"네이버의 지식검색에 분명 한계는 있습니다. 웹상에 한글 데이터가 별로 없는 현실에서 네이버가 선택한 궁여지책으로 보이는데요, 한글로 서비스를 제공해야 하는 구글에게도 그건 동일한 문제로 작용합니다. 구글이 영어권에서 검색의 위력을 발휘하고 있지만 한국에서도 그런 힘을 발휘할 수 있을까요? 전 아니라고 봅니다."

길헌이 반론을 재기했다.

"저도 길헌씨와 동감인데요, 구글의 경쟁우위가 우리나라에서도 여전히 유효하리라고 생각지는 않습니다. 미국과 우리나라 네티즌의 성향과 니즈가 확연하게 다르다는 것을 아서야죠. 우리나라 네티즌은 맞춤형 서비스에 익숙하고 유행에 따라가고자 하는 니즈가 큰데 이런 면에서 네이버의 서비스는 최고입니다. 구글의 단순한 인터페이스(Interface)와 디자인으로는 우리나라 네티즌들의 높은 요구 수준을 맞추기 힘들걸요."

호영도 길헌의 생각에 맞장구를 쳤다.

'하긴 노키아가 공략하지 못한 유일한 나라, 월마트와 까르푸가 두 손 두 발 다 들고 떠난 나라가 우리나라 아닌가. 아무리 구글이라도 현지화의 어려움을 극복하는 것이 만만치만은 않을 거야.'

영훈도 토론을 지켜보며 생각했다.

어 느 밤
한 켠 의
노 래

11월 2일 목요일.

간만에 카이스트 비즈니스 스쿨에 여유가 찾아왔다. '추억 만들기'라는 이름의 축제가 시작된 것이다. 교수와 학생을 포함해 약 500여 명 정도가 머무는 아담한 카이스트 홍릉 캠퍼스 원형 광장에는 축제를 위한 무대가 세워졌다. 원형 광장을 말발굽 모양으로 둘러싸고 있는 반원형의 벤치에 학생들이 앉기 시작하고, 벤치 맞은편에 T자 모형의 무대가 길게 세워졌다. 대형 모니터까지 설치된 무대는 어디에 내놓아도 손색없을 정도로 부족함이 없어 보였다.

개학 첫날은 물론이고 시험 기간에도 정상 수업을 하는 것이 카이스트 MBA의 전통이다. 하지만 부총장은 카이스트 비즈니스 스쿨 개원 10주년을 맞아 교수들에게 '축제의 원활한 진행을 위한 휴강 권고' 메일을 보냈다. 물론 수업 진행 여부는 각 수업 담당 교수의 고유 권한이므로 일부 수업은 정상적으로 진행되었다.

그러나 보통 때라면 사람 하나 보기 힘들 오후 3시 원형 광장에 적지 않은 학생들이 모여들고 있었다. 원형 광장 주변의 잔디밭에는 만두, 떡볶이, 전, 닭꼬치 등 다양한 음식들이 준비되고, 어디서 소문을 들었는지 외부에서 들어온 간이 음식상들도 자리를 잡고 있었다.

지수와 승욱, 영훈은 함께 진행하는 'OS프로젝트' 준비 모임을 마치고 축제에 동참하기 위해 원형 광장으로 달려갔다. 이미 오후 6시가 다 되어 축제의 상당한 프로그램이 진행되었던 시각이었다.

"야, 이거 웬일이야? 오빠 진짜 이거 보기 드문 광경인데? 우리 학교에서 이런 축제를 한다는 사실이 믿기지 않는 걸? 무대도 아주 그럴싸해."

지수가 원형 광장에 차려진 대형 무대를 보며 믿을 수 없다는 듯 말했다. 지난 가을 아트리움에서 진행되었던 아기자기한 축제를 생각하면 이번 야외 축제는 파격이었다.

"그러게, 다들 랩에만 틀어박혀 있더니만 오늘은 다들 원형 광장으로 집결했네."

영훈도 이런 광경은 처음이라는 듯한 표정을 지었다. 생각해 보면 카이스트 MBA들에게 이처럼 야외에 모여 계절을 느끼며 웃고 떠들 수 있는 시간은 가을축제가 유일한 것이었다.

"그나저나 우리도 뭐 좀 먹자. 프로젝트 준비 때문에 너무 에너지를 많이 썼는지 진짜 배고프다."

승욱이가 둘을 끌고 식당 건물 앞에 있는 만두 포장마차 앞으로 갔다. 지수와 승욱이 만두 포장마차 앞에서 줄을 서고 있는 사이 영훈은 파전 만드는 곳으로 달려갔다.

"이렇게 먹으니까 진짜 맛있다. 만두 맛도 기막힌데? 파전도 따끈따끈하니 참 좋다. 형, 뭐 다른 것도 가져올까?"

원형 광장 벤치 뒤편에 자리를 잡은 세 사람에게는 간만에 야외에서 즐기는 음식들이 특별하게만 느껴졌다.

2부 장기자랑이 시작되었다. 스웨덴 교환학생 서니와 독일 교환학생 나딘이 포함된 재즈댄스 공연이 첫 순서였다. 힘들다며 수강 과목을 2과목으로 줄여야겠다던 서니가 재즈댄스 공연에 참여한 것은 의외였다. 서서히 카이스트 생활에 적응된 모양이었다. 랩 227호와 229호 1년 차 텔레콤 MBA들은 뮤지컬 〈슈렉〉을 공연했고, 프랑스에서 온 매리암과 폴란드 출신의 하까지 가세하여 10여 명이 넘는 인원들이 우리말과 영어를 섞어가며 노래와 춤을 선보였다.

2부 행사가 끝나면서 학생 수가 점점 줄어들 줄 알았는데 더 많은 학생들이 원형 광장으로 쏟아져 나왔다. 일부 교수들의 모습도 눈에 띄었다. 3부에 많은 사람들이 기다리던 가수 김장훈의 공연이 예정되어 있었기 때문이다.

"형! 형! 김장훈이다! 저기 무대 뒤쪽!"

무대 뒤를 지나가는 김장훈을 발견한 승욱이가 소리쳤다.

"안녕하세요! 김장훈입니다! 여기 계신 분들 중에서 저를 기억하는 사람들도 있죠? 예전에 대전 카이스트에서 공연한 기억을 잊을 수가 없는데, 이렇게 서울 캠퍼스에도 불러주셔서 정말 영광입니다!"

김장훈이 정겨운 목소리로 인사하자 기다렸다는 듯이 여기저기서 환호성이 터져나왔다.

"여러분! 오늘 축제인데 술 한 잔씩 하셨죠? 아무래도 여러분과 수준을 맞추려면 저도 한 잔 하면서 노래를 불러야겠네요?! 혹시 팩 소주 가지고 계신 분 있어요?"

김장훈의 입담 넘치는 말솜씨가 시작되었다. 누군가 건네준 팩 소주를 한 손에 들고 노래를 시작한 김장훈의 공연에 쌀쌀한 날씨였지만 다들 흥겨워하기 시작했다. 많은 사람들이 가족을 데리고 왔고, 랩과 스터디 룸에만 처박혀 있던 학생들이 친구와 연인을 동반하고 가을밤을 즐겼다.

"노래는 가슴으로 부른다고 합니다. 저도 처음에는 가슴으로 노래를 불렀는데, 가수 생활을 어느 정도 하면서 머리로 노래를 부른다는 생각이 들었어요. 하지만 이제 다시 가슴으로 노래하려고 합니다."

김장훈의 호소력 있는 라이브 공연 덕분에 원형 광장을 에워싼 카이스트 MBA들은 함께 뛰고, 함께 열창하며, 옆에 있는 친구와 어깨동무를 하며 하나가 되어 함께 웃고 노래 불렀다.

"오빠, 대단해. 여기 학생들 봐. 완전히 몰입했는걸. 가수는 단순히 노래만 잘하면 되는 존재가 아닌 가봐.”

가수의 핵심 역량이 노래인 것은 당연하겠지만 탁월한 청중 흡입력과 유머 감각이라는 보완적 서비스(Supplementary service)가 김장훈의 핵심 역량을 더욱 돋보이게 만들었다.

김장훈의 열정적인 1시간 30분간의 공연이 거의 막바지에 이른 듯 했다.

“이제 진짜 마지막 곡이에요. 사노라면, 다들 아시죠? ‘새파랗게 젊다는 게 한 밑천인데’ 부분을 ‘대한민국 사람인 게 한 밑천인데’로 바꿔서 같이 한 번 불러볼까요? 잠깐! 그전에 한마디만 하겠습니다! 저는 안창호 선생님을 가장 존경합니다. 그 분이 뭐라 말씀하셨는지 아세요? 그 분이 하신 말씀 중에 저의 마음속에 가장 남아 있는 것이 있습니다. ‘국민 개개인이 자기가 서 있는 자리에서 최선을 다해야 한다. 그리고 기술을 배워라. 그러면 우리나라가 부국강병 할 수 있다…’ 시대는 변했지만 아직도 그 분의 말은 유효하다고 생각합니다. 여러분들을 보니까 안창호 선생님의 말이 생각납니다. 저는 가수니까 열심히 노래하며 사람들을 즐겁게 할 것입니다. 여기 계신 여러분들도 열심히 공부하시고 각자의 자리에서 최선을 다하서서 우리 함께 부국 강병한 나라를 만들어 봅시다! 그럼 갑니다!”

갑자기 안창호 선생을 언급하는 바람에 의아해하던 사람들이 김장훈의 애기를 듣자마자 환호와 박수를 보냈다. 각자의 자리에서 최선을 다할 때 부국강병할 수 있다는 말이 학생들의 마음에 와 닿은 것이다.

몇 차례의 앙코르에 화답한 후 김장훈의 공연이 끝났다. 이재규 학장이 무대에 올랐다.

"여러분, 어때요? 김장훈 씨 멋지죠? 우리를 하나로 만들어 주고, 값진 추억을 선사한 김장훈 씨께 힘찬 박수 한번 부탁드릴게요."

환호와 갈채가 이어졌다.

"사실, 여러분께 말씀드릴 것이 있습니다. 여기 김장훈 씨가 오늘 공연을 위해 지난 3일 내내 학교에 와서 교직원들이랑 함께 회의도 하고 무대장치도 직접 하셨습니다. 더욱이 수천 만 원에 달하는 무대와 음향 설비 설치를 우리 학교를 위해 자비로 해 주셨어요. 학장으로서 정말 감사합니다. 여러분도 고맙죠? 우리에게 소중한 시간을 만들어 줬습니다. 그런 의미로 저희 학교에서 김장훈 씨에게 감사패를 전달하고자 합니다."

이재규 학장은 김장훈에게 감사패를 전달하면서 힘껏 포옹을 했다. 학생들도 김장훈이 전해준 따뜻한 마음에 깊은 감동을 했고, 열심히 공연해 준 가수 김장훈에게 진심 어린 박수를 보냈다.

"아, 그래서 그랬구나. 사실 어제 새벽 2시쯤인가? 공부 마치고 기숙사로 가는 길에 김장훈이 무대 꾸미는 걸 봤거든. 날도 추운데 대단하더라고."

이재규 학장의 얘기를 듣고 난 후에야 승욱은 김장훈이 그 새벽에 학교에 있었던 이유를 깨달았다.

"야, 김장훈 씨 정말 대단한데. 무대 매너도 좋고, 최선을 다해 열창하는 모습 정말 보기 좋다. 나도 이제 김장훈 씨 팬 되겠는걸. 우리도 파이팅하자! 프로젝트 성공!"

영훈은 들뜬 마음으로 함께 프로젝트를 진행하는 지수와 승욱을 쳐다보았다.

프로정신과 열정. 공연을 뒤로 하고 기숙사로 향하는 승욱의 머릿속에는 두 단어가 떠올랐다.

'프로정신이 무엇일까? 단순히 형식적으로 주어진 일을 해결하는 것이 아니라 그 일의 근본 가치가 무엇인지 파악하고, 그 가치의 실현을 위해 모든 자원과 열정을 아낌없이 투입하는 것이리라. 바로 그럴 때 진정 사람들에게 새로운 가치를 제공하고 감동을 창출할 수 있는 것이다. 그런 면에서 최고의 공연을 만들기 위해 3일 전부터 학교에 찾아와 크고 작은 일들을 직접 챙기며 철저하게 준비를 마무리한 김장훈은 진정 프로였다. 또한, 원형 광장에 모인 이들이 무엇을 원하는지 파악하고 자신의 열정과 에너지를 남김없이 다 내준 그는 전문가였다.'

승욱은 생각했다.

'머지않아 우리 카이스트 MBA들이 각 산업계로 흩어져 나갈 것이다. 우리가 오늘 김장훈의 고객이었듯이 향후 누군가가 우리의 고객이 되겠지. 프로 정신과 열정을 가지고 우리의 고객들에게 최고의 가치를 제공해 오늘 우리가 느꼈던 감동과 특별한 체험을 선물하는 것이 우리의 책임인지도 모른다.'

공 대 박 사 ,
사 업 가
그 리 고
M B A 교 수

　'흠….. 저 노트북 정말 작네. 어라? 교수님이 닌텐도에서 나온 디에스(DS)도 가지고 다니시네? 소니의 PSP(Play Station Portable)? 수업 시간에 웬 오락 이야기만 하시는 거야?'

　저녁 6시 반. 지수는 오늘도 6시에 시작하는 'IT 트랜드(trend)' 수업 시간을 맞추지 못했다. 바로 전 수업이 6시 20분에 끝나기 때문에 어쩔 수 없었다. 하지만 늦더라도 IT의 새로운 흐름에 대해서 알 수 있는 이 수업을 빠질 수는 없었다.

　"오빠 안녕?"

　지수는 조용히 승욱 옆에 앉았다.

　"근데 무슨 이야기를 하기에 교수님이 스크린에 게임 장면을 띄워놓고 게임기까지 잔뜩 들고 오셨어?"

　"어. 지수 왔구나? 오늘은 게임에 대한 이야기를 하고 있어. 요즘 세간에 화제가 되고 있는 닌텐도 게임기랑 PSP에 대해 얘기 중이야."

조용히 자리에 앉는 지수를 보며 승욱이 말했다.

"아니, 여기 앉아 있는 사람들 중에 이 게임기 사용해 본 사람이 한 사람도 없어요? 아무리 제품 출시한 지 한 달 밖에 안 되었다지만 단 1명도 없을 줄은 몰랐는데요. 그래도 비즈니스를 공부하는 사람들인데 이건 너무 하지 않아요? 호기심이 없는 것입니까, 아니면 IT 트렌드에 전혀 관심이 없는 것인가요?"

류중희 교수는 놀랍다는 듯한 표정을 지으며 나무라는 듯이 계속 질문을 퍼부었다.

"이거 너무들 하십니다. 이런 제품들을 직접 사용해 보지 않고 어떻게 게임시장에 대해서 안다고 할 수 있나요? 물론 중독까지는 아니더라도 젊은이들이 왜 열광하고 있는지 그 이유는 알아야 하지 않나요? 나중에 신상품을 개발할 때도 그런 소비자들의 니즈를 알지 못하고서야 어떻게 세상을 놀라게 할 만한 제품을 고안해낼 수 있나요? 그럼 여러분 블로그(Blog)는 하세요?"

강의실은 여전히 조용했다. 블로그를 하는 학생들이 있더라도 '네, 저는 합니다' 라는 말을 할 수 있는 분위기가 아니었다.

"자, 오늘부터라도 당장 블로그를 시작하세요. 서로 친구도 맺으시고 방문도 해보고 자신의 블로그가 '오늘의 블로그' 가 될 수 있도록 한 번 만들어 보세요. 그리고 블로그가 가지고 올 새로운 비즈니스 모델에 대해 계속해서 생각해 보세요. 직접 경험해 보지 않으면 소비자들이 무엇을 원하고 무엇에 열광하고 있는지 알 수 없다는 거 다 아시잖아요.”

　류중희 교수가 강의하는 IT 트랜드는 최근 IT 산업의 흐름을 이해하고 앞으로의 변화도 예측해 보는 시간이다. 전자공학박사 출신으로 현재 인터넷 벤처를 운영하고 있는 류 교수는 기술 흐름에 대한 깊은 이해를 바탕으로 IT 시장의 최근 변화를 통찰력 있게 짚어주는 역량이 뛰어났다.

　“저 교수님은 진짜 연구 대상이야. 청바지에 남방, 아이팟(ipod), 정말 작은 소니 노트북, 오락기. 진짜 최신 IT 제품은 다 가지고 있네. 완전 얼리 어댑터(Early adopter)야. 저번 시간엔 새로 산 핸드폰도 보여주던데. 돈 벌면 다 저런 기기만 사시나?”

　승욱은 자신도 IT 트랜드에 대해서는 누구 못지않게 잘 알고 있다고 생각했지만 이 수업에서는 매번 한 가지 이상의 새로운 내용이 등장했다.

　“여러분께 질문 하나 하겠습니다.”

　“한 달에 CD는 몇 장 정도 사시나요?”

　“스마트폰이나 DMB폰을 소지하고 계시는지요?”

　“카트라이더 게임하시는 분 있나요?”

　“웹 2.0에 대해서 들어보셨거나 아시는 분 손들어 보세요.”

　“일본 통신회사인 NTT 도코모의 아이모드(i-Mode) 성공 스토리 아시는 분 계신가요?”

　“구글 이용하시는 분은 어느 정도 되지요? 구글의 애드센스 혹은 애드워드에 대해서 아시는 분 있나요?"

"애플 사의 아이팟 사용하시는 분 혹은 아이튠즈(iTunes) 사용하시는 분 있으세요?"

"여기 컴퓨터가 두 대 있습니다. 인터넷이 없는 상태에서 한쪽의 파일을 다른 컴퓨터로 이동시킬 수 있을까요? 사실 이게 사용자들에게는 무척 편한 인터페이스(Interface)지요. 근데 이게 왜 안 될까요?"

수업시간마다 수없이 쏟아지는 최근의 IT 동향에 대한 류 교수의 끝없는 물음은 학생들에게 재미로, 흥미로 혹은 무안함으로 다가왔다. 많은 학생들이 IT 분야에서 신규서비스 기획 등의 일을 하고 싶어 하지만 정작 교수가 묻는 실제 현실에 대한 물음에는 거의 대답을 못하고 있었다.

"여러분들이 앞으로 졸업을 하고 사회에 나간다면 제가 수업시간에 말씀드린 여러 가지 소비자 동향과 IT 발전의 흐름을 지속적으로 업데이트해야 합니다. 소비자의 니즈와 시장의 기술흐름을 정확히 알지 못한 상태로 책상 앞에서의 신상품 기획은 공허한 외침에 지나지 않습니다. 기술과 수요는 하루를 예측하기 힘들만큼 급격하게 변화하고 있습니다. 그 변화의 흐름을 놓치면 가치를 만들기 힘듭니다. 이 분야에 뜻이 있으신 분들이라면 항상 시장의 흐름에 깨어있도록 부단한 노력을 해야 합니다. 인기 있는 서비스는 왜 그런 것인지, 많은 이들이 열광하는 게임기는 무엇이며, 왜 애플의 아이팟은 성공하고, 레인컴의 아이리버는 고전을 면치 못하는지 아셔야 합니다. 물론 그런 제품을 직접 사용해 보지 않고 제대로 분석한다는 것은 힘든 일 입니다. CD나 mp3 파일을 직접 구매하지도 않으면서 온라인 콘텐츠 서비스를 기획한다던가, 많은 사람들이 블로그, 블로그 하는데 그것에 대한 이해와 사용경험 없이 인터넷 서비스에 대한 마케팅을 기획한다면 아이러니겠지요."

류 교수는 목이 타는지 물을 한 모금 마셨다.

"그리고 한국의 수많은 공대생들이 기술이나 아이디어는 있지만, 정작 그것을 어떻게 사업화할지 몰라 그냥 사장되거나 혹은 적시에 출시되지 못하는 경우가 허다합니다. 부디 여기서 경영에 대한 충분한 교육을 마치고 기발한 아이디어를 살려 창업을 하셔서 우리나라 IT 발전에 기여하시길 부탁드립니다. 기술을 잘 몰라도 시장의 흐름과 소비자의 니즈에 대한 정확한 파악만 있다면 가능한 일입니다. 여러분들이 잘 알고 있는 싸이월드의 창업자가 여기 출신인 것 아세요? 카이스트 비즈니스 스쿨 경영공학과정으로 입학하여 석사 논문을 준비하다가 학우들과의 정보 공유를 더 쉽게 하기 위해 싸이월드를 만들고 일촌개념을 도입한 것이죠. 사이버 세상에서 인간관계를 형성하는 서비스라는 아이디어가 지금의 싸이월드를 있게 했습니다. 물론 사업을 운영하면서 많은 우여곡절이 있었고 이후 네이트에 합병되었지만, 초기의 어려움을 극복하고 네이트와의 시너지를 창출하는 과정에서 우리나라 개인 인터넷 서비스를 폭발적으로 성장시켰죠. 이러한 기업이 더 나와야 합니다, 구글이나 야후 같은 글로벌 기업을 우리라고 만들지 못하리라는 법이 어디 있습니까."

여기까지 이야기한 류 교수는 잠시 숨을 몰아쉬며 학생들을 둘러보았다.

"시장에는 뛰어난 기술을 가진 젊은이들이 너무나 많이 있으니 기술 구현에 대해서는 크게 염려하지 마세요. 새로운 아이디어를 어떻게 사업화하며, 목표 고객에게는 어떠한 방식으로 다가가야 하는지, 향후 사업의 전개방향 및 전략에 대한 긴 로드맵은 어떻게 작성하며, 실제 수익원인 비즈니스 모델은 어떻게 구축하는지, 사업에 필요한 자금의 조달과 운용, 자본구조는 어떻게 가져가야 하는지, 고객가치를 실현하기 위해서 세부 실행계획은 어떻게 기획하고 이를 현실화 시킬지 등에 대한 많은 것들을 여러분은 할 수 있습니다. 게다가 공대 출신이라면 기술에 대한 평균치 이상의 이해가 있으므로 여기서 공부한 MBA 분들, 그러한 분들 중에 몇몇은 사업을 시작하셔야 합니다. IT의 최근 행보가 말해주듯 고위험 고수익 구조입니다. 학교를 졸업하고 대기업에서 경력직으로 일하는 안정된 길을 택할 수도 있겠지만, 성장하는 속도는 매우 느릴 수 있습니다. 반면, 창업을 통해 여기서 배운 많은 경영지식을 실제로 현실에 적용하면서 고객들이 요구하는 다양한 가치를 제공하는 젊은 CEO의 삶도 괜찮다고 생각합니다. 우리나라 IT 산업의 전체 파이를 키우는 몫은 우리 자신입니다. 파이를 키운 상태에서 국제 경쟁력을 획득하고 유지하여 세계로 뻗어가는 회사를 세우는 일, 가슴 설레는 일 아닐까요? 그 치열한 싸움에서 살아남는 자를 결정하는 것은 누가 얼마나 더 고민하고 적극적으로 행동에 옮기느냐에 달려있다고 생각합니다."

오늘따라 류 교수는 할 이야기가 많은 듯 했다. 쉬는 시간, 승욱과 지수는 시원한 공기를 마시기 위해 원형 광장으로 나갔다.

"내가 생각하기에 비즈니스 스쿨 학생들 대부분은 초기에 마케팅과 재무, 전략 등의 과목을 배우면서 기업 경영에 활용되는 유용한 이론과 지식, 도구들을 습득하지. 또한 대부분의 학생들이 시간이 지나면서 경영의 매력에 빠져 전체적인 의사결정을 할 수 있는 CEO를 꿈꾸게 되고, 더 나아가 자신의 사업, 즉 창업을 희망하는 경우가 많아. 하지만 선배들 중에서 졸업 후 창업하는 사람은 그렇게 많지 않은 것 같아. 나 역시 창업을 생각해 보았지만 쉬운 일이 아닌 것 같아."

승욱은 커피를 마시며 아쉬운 목소리로 이야기를 꺼냈다.

"당연하지. 창업이라는 게 그렇게 쉬운가. 경험도 부족하고 준비도 더 해야 하고. 그래도 류 교수님의 수업을 들으면 당장이라도 창업해야 할 거 같단 말이야. CEO가 된다는 것이 그저 막연한 먼 장래의 일만이 아닐 수도 있다는 생각이 들어. 꿈과 도전 정신만 있다면 가능할 것 같은데 결국 그게 문제야. 교수님도 인터넷 비즈니스 하시잖아. 오빠는 교수님처럼 공대생이라 기술에 대한 기반 지식도 튼튼하겠다, 한번 도전해 보는 건 어때?"

"그래. 생각해 볼게. 이제 들어가자. 벌써 십 분이 넘었네."

승욱 역시 CEO를 꿈꾸지 않은 것은 아니다. 지금 비즈니스 스쿨에 있는 이유도 바로 그 때문이다.

'하긴 나라고 못할 건 없지. 나중에 나 역시 CEO로 멋지게 성공해서 류 교수처럼 강단에서 학생들에게 최신 IT 트랜드를 전해줄 그런 날이 오겠지?

승욱의 입가에 조용한 미소가 어렸다.

1 0 시 간 의
사 투

토요일. 끔찍하다는 평으로 유명한 김보원 교수의 계량분석 시험 날이다. 보통 90분 동안 시험을 치르는 다른 과목들과 확연하게 다른 것은 시험시간이 무제한이라는 것이다. 자신이 끝내는 시간이 시험이 끝나는 시간이다. 점심 식사를 하는 것도 개인의 선택이다.

"형, 이거 너무 하는 거 아니에요? 황금 같은 토요일에 시험을 보다니, 그것도 하루 종일. 어제 잠은 잘 잤어요?"

승욱은 시험 장소인 수펙스 경영관 5층에서 용준을 만났다. 용준의 얼굴엔 피곤한 기색이 역력했다. 충혈된 눈이 보는 사람의 마음에 연민이 생기게 할 정도였다.

"아니. 난 어제 밤새웠다. 휴우, 일찍 자려고 했는데 생각보다 모르는 게 너무 많더라고. 피곤한데 하루 내내 어떻게 버틸지 모르겠어."

하루 종일 시험이 진행되는 동안 스스로의 판단 하에 쉬는 시간을 가질 수도 있었지만 학생들 간 시험에 대한 대화는 금지되었다. 재수 없이 걸렸다가는 낙제는 물론이고 퇴교까지 감수해야 한다는 소문도 있다. 다행인 것은 오픈 북 시험이었기 때문에 시험 문제를 풀다가 모르는 부분은 교과서를 참고할 수 있다는 것이다. 참고용 책을 대여섯 권까지 준비한 학생들의 모습도 보였다.

'야, 이거 완전 체력전이겠는걸. 문제가 생각보다 그리 만만치 않다고 하던데 긴장하지 말고 한번 해보자고!'

승욱은 이를 악물었다.

오전 9시 정각. 시험이 시작되었다.

'아너 코드(Honor Code)라…. 이거 시험 첫 장부터 긴장되는데.'

감독관도 없었고, 학생들은 자신이 작성한 아너 코드를 생각하며 각자의 노트북에 집중하기 시작했다. 계량분석은 주어진 의사 결정 환경을 수리적으로 재구성하여 최적화해야 했기 때문에 시험을 치르기 위해서는 컴퓨터가 필요했다. 승욱은 먼저 시험지를 훑어보았다. 소문으로만 듣던 계량분석의 시험 난이도가 어느 정도인지 궁금했다.

'총 두 파트군. 첫 번째 파트는 수업시간에 배운 계량분석 도구를 활용하면 될 것 같은데. 어? 두 번째 파트는 하버드 케이스가 첨부되어 있네? 교수님이 아주 사람을 잡으시는군. 또 케이스 문제라니. 집중하고 읽어야 하는데, 제한된 시간에 완성도 높은 해결책을 제시할 수 있을까?'

Honor Code

During the exam, I will neither communicate with other people regarding the exam, nor exchange any help that might affect other students' performance in the evaluation. I will take the full responsibility for any consequences caused by my failure to follow the statement. I also agree that I must address all other inquiries only to the TA or the professor.

Hereby, I accept the Honor Code.

Student Name : ________________

Signature : ________________

한 문제 한 문제가 보통이 아니었다. 쉬운 문제도 더러 눈에 띄었지만, 대부분은 수 십 분도 넘게 걸리는 문제들이었다. 한 문제 해결하는 데 한 시간이 걸린다고 가정해도 족히 10시간은 걸릴 것 같았다.

'아무리 오픈 북이면 뭐해. 문제 난이도와 깊이를 보니 계량분석 시험에 대한 루머들이 거짓이 아니었어. 책을 찾아 문제를 풀 여유도 없을 것 같은데? 머릿속에 완전히 개념이 정립되지 않는 이상 해지기 전에 문제를 모두 풀기는 어려울 것 같아.'

승욱은 갑자기 김보원 교수가 원망스러워지기 시작했다. 대부분의 학생들이 수업에 충실했고, 매 시간마다 강의에 대한 열정을 보여줬는데 시험이 지나치다는 생각이 그치지 않았다. 오픈 북 시험이라는 점 때문에 부담감이 덜 했는데, 오픈 북 시험의 이점이 전혀 통하기 힘든 상황이었다. 책을 참고하며 문제를 풀만큼 시간이 충분하지 않았고, 대부분의 문제는 교과서의 내용 한두 가지를 알아서는 결코 풀 수 없는 문제들이었다. 김보원 교수는 학생들이 배운 내용을 종합적으로 응용하고, 논리적으로 사고하여 한 문제, 한 문제 풀어 나가길 원했다.

첫 번째 문제.

'해당 업체는 적합한 유통방법으로 2가지를 고려하고 있고, 신제품의 성공여부는 상·중·하로 확률적으로 구분되어 있군. 이에 대한 결과가 금액으로 추정되어 제시된 걸 보면 새로운 제품 출시에 따른 유통채널 결정에 관한 문제군.'

첫 번째 문제는 각 대안의 경제적 가치와 완전한 정보(Perfect information)의 가치에 대한 계산, 그리고 시장에서 구한 과거의 전문가 의견을 바탕으로 불완전한 정보(Imperfect information)의 가치를 추정하는 것으로 이루어져 있었다.

‘음, 이건 의사 결정 수(Decision Tree)로 풀면 되겠네. 그런데 불완전한 정보의 가치 추정은 어떻게 접근해야 하지? 어렵다.’

승욱은 문제에 몰입하기 시작했다. 불완전한 정보의 가치 계산은 대안이 3가지라 상당히 복잡했다. 승욱은 교재를 펼쳤다. 하지만 긴장을 해서인지 책에 있는 내용들이 머릿속에 잘 들어오지 않았다. 시간은 흘러가고 있었다.

‘차분해지자. 차근차근 이론을 실제 문제에 적용해 보는 거야. 괜히 덤벙 되다가는 시간낭비만 할 뿐이야. 정신차리자. 정신차리자.’

책을 뒤적이며 공부한 내용을 상기하는 동안 어느 덧 40분이나 흘러갔다. 더 이상 복습에 시간을 허비할 수는 없었다.

‘1시간 20분 동안 겨우 한 문제 풀다니. 시간이 왜 이리 빨리 지나는 거야?’

예상보다 더 많은 시간이 소요되었다. 잘 못하다가는 하루 종일 풀어서 완성하지 못할 듯 보였다.

10시 20분.

승욱은 바로 다음 문제로 넘어갔다. 2번부터 4번까지는 선형계획법 (LP, Linear Programming)을 이용한 문제였다.

‘2번 문제는 또 왜 이렇게 어려운 거야. 시간도 없는데.’

2번 문제 역시 난해한 형태였다. 농산물 재배회사가 일정한 토지여건

하에서 옥수수, 보리를 얼마나 생산할 것인가에 대한 의사결정 문제였다. 그런데, 문제를 어렵게 하기 위해서 이 회사가 수송아지를 같은 땅에서 키울 수도 있는 옵션을 추가한 듯 보였다. 승욱은 문제를 구조화하여 선형 계획법을 이용해 해결해 보려고 안간힘을 썼지만, 문제가 생각보다 많이 얽혀 있었다.

'왜 여기서 재배한 옥수수를 수송아지의 사료로 이용하는 거야. 이것 때문에 너무 복잡하잖아. 아, 머리가 복잡하다.'

벌써 시간은 11시를 지났고, 승욱은 시험장 5층 발코니로 나갔다. 신선한 바람이 필요했다.

'대체 이거 뭐하는 짓인지 원. MBA들에게는 주말도 없다는 거야 뭐야?'

MBA들에게 주말은 반드시 지켜내야 하는 충전의 시간이었다. 금요일 저녁시간이 달할 무렵이면 대부분은 체력이 바닥을 드러낼 정도로 정신적, 육체적 피로가 극에 달하기 때문이다. 2년이 지속되는 전쟁에서 살아남기 위해서 주말의 휴식은 선택이 아니라 법칙이었다.

"어? 승욱이 나와 있네? 시험 잘 보고 있냐?"

시험 시작 전 만났던 1년 차 용준이가 발코니로 들어왔다.

"형, 시험 어때요? 잘 풀려요?"

"뭐, 생각보다 문제가 어렵게 느껴지네. 오늘 우리 집 이사하는 날인데 보아하니 오늘 해 떠 있을 때는 집에 못갈 거 같다. 이사하는 거 도와줘야 하는데. 가족들에게 미안해서 어떡하나?"

"정말요? 집에서 많이 섭섭해 하시겠다. 저도 사실 오후에 대학 친구

놈 결혼식이 있거든요. 그것도 두 명이나 하는데 이놈의 시험 때문에 못 가고 이러고 있어요."

승욱은 시험 문제에 대한 얘기를 하고 싶은 유혹을 겨우 참아 냈다. 아너코드에 서명한 상황에서 스스로 불명예를 선택할 수는 없는 일이었다. 서로 간에 더 이상의 대화는 오가지 않았다. 아니, 할 수가 없었다.

"저 먼저 갈게요. 좀 쉬다 오세요."

"그래, 승욱아. 나중에 보자."

승욱은 짧은 휴식을 뒤로하고 다시 자리로 돌아왔다. 아직 채 두 문제도 풀지 못했는데 벌써 11시 반이다.

'우선 2번 문제는 이쯤에서 잠시 접어두자. 이것에만 매달려 있다가는 다음 문제도 풀 수 없을 것 같아.'

3번은 구글의 향후 사업 포트폴리오를 정하는 문제였고, 4번은 TV 생산 공장이 주어진 재료비와 인건비를 바탕으로 수익률을 최고화하는 생산전략을 세우는 문제였다. 전형적인 선형 계획법을 이용한 문제 형태였기 때문에 이 두 문제는 쉽게 풀어 낼 수가 있었다.

'모든 문제가 이렇게만 나와 준다면 얼마나 좋을까.'

13시 20분.

'시험을 시작한 지 벌써 4시간 20분이 흘렀지만, 확실하게 푼 문제는

겨우 3문제, 앞으로 남은 문제는 무려 8문제야. 아, 과연 이 시험은 언제 끝날까?'

승욱은 점심시간이 지나면서 마음이 점점 급해졌다. 점심을 먹을 여유가 없는 상황이지만 배고프다는 생각조차도 할 겨를이 없었다. 점점 더 시험문제와 컴퓨터 화면 속으로 빨려 들어갔다.

14시 30분.

드디어 파트1의 마지막 문제에 도달했다.

두 개의 IT 기업이 있는데, 이 회사들의 과거 14분기 동안의 EPS(주당 순이익, Earning Per Share)를 제시하고, 향후 2분기 동안의 EPS를 예측하는 문제이다.

'아, 이거 그래프가 왜 이렇게 나오지? 생각했던 것과 전혀 다른데?'

승욱은 자신도 모르게 시간에 쫓기고 있었다.

'중간에 과정 하나가 잘못 되었나 보네. 이럴 때 왜 또 이러는 거야.' 문제를 풀어나가는 과정 하나가 잘못되면 전체적으로 방황하게 된다. 승욱은 다시 5분간의 휴식시간을 가졌다.

'왜 이렇게 마음만 조급해지지? 어차피 시험시간은 내가 끝내는 시간 이잖아. 아직도 시간은 많이 남아 있어. 그래, 조급해지지 말자. 조금 시간이 걸리더라도 기본적인 것부터 차근차근 확인하고, 꼼꼼하게 풀 어나가자. 내가 시간을 통제할 수 있잖아!'

15시 40분.

승욱은 파트1의 마지막인 6번 문제도 역시 미완성으로 남겨 두었다. 드디어 시험 시작한지 6시간 40분 만에 케이스 문제인 파트2의 문제를 풀기 시작했다.

'아, 안 그래도 머리가 복잡한데 또 케이스를 읽어야 한 단 말이야? 차라리 두 번째 파트부터 풀기 시작할 걸 그랬나. 이거 집중도 안 되고 미치겠군.'

승욱의 체력과 집중도가 현저히 떨어지기 시작했다. 동일한 데이터를 가지고 회귀분석만 10번째 반복하는 자신이 초라하게만 느껴졌다. 하지만 어떠한 회귀모형을 선택하고, 이를 해석할지에 대해 승욱 스스로도 매우 혼란스런 상황이었다.

'도대체 문제가 이해가 안 가잖아!'

16시 45분이 되자 학생 한 명이 처음으로 답안을 제출하고 자리를 떠났다. 승욱은 잠시 동안 떠나는 그 학생을 바라보았다. 분명히 시험을 포기하고 떠나는 것이라고 생각하면서 스스로를 위로했다.

17시 정각.

8시간째 시험이 지속되고 있다. 해결하지 못한 문제는 총 4개. 문제에 대한 기본적인 데이터 처리나 구조화는 되어 있지만, 최종적인 답을 내지 못하고 있었다. 승욱은 잠시 시험에 열중하고 있는 학생들을 돌아보았다.

'나도 대단하지만 여기 있는 학생들도 정말 대단해. 몇 시간째 쉬지도 않고 시험에 몰두해 있다니, 참 장관이다 장관이야. 하긴 뭐 쉬어도 쉬는 것 같지가 않겠지. 쉬는 동안에도 해결해야 할 문제들이 머릿속을 떠나지 않으니 말이야.'

승욱은 크게 기지개를 폈다. 책상 위엔 먹다 남은 빵 조각과 음료수 병들이 어지럽게 널려 있었다. 넘기다 만 책과 학생들의 너저분한 머리와 덥수룩한 수염들이 승욱을 더욱 짜증스럽게 만들었다. 그렇지만 모든 학생들의 시선은 시험지에 고정되어 있었다.

'자, 마지막 집중이다. 더 이상의 휴식은 없다!'

승욱은 지금껏 풀지 못한 문제를 풀기 위해서는 고도의 집중력이 필요함을 직감하고, 더 이상의 휴식은 없을 거라는 굳은 자기다짐과 함께 남은 문제 해결에 몰입했다.

19시 30분.

'휴, 이만하면 내가 쓸 수 있는 모든 답은 제시한 것 같다. 이제 이것으로 끝내자.'

이미 해는 졌다. 승욱은 자리를 정리하며 자신이 쓴 답안을 아쉬운 눈빛으로 쳐다보았다. 학생 몇몇이 답안지를 제출하고 나갔지만 전체의 70%가 넘는 학생들이 여전히 최종현 홀에서 끝 모를 시험과의 싸움을 치르고 있었다.

자신과의 싸움이었다. 시험장에는 교수도, 조교도 없었다. 오직 문제와 그것을 풀어야만 하는 자신만이 존재한다.

'그래도 지금과 같은 경험, 주어진 문제에 대한 답을 내기 위해 나의 모든 것을 바쳐야만 하는 이런 혹독한 경험은 나중에 학교를 졸업하고 사회에 나가서 크게 도움이 될 거야.'

승욱은 힘겨운 10시간을 보상받고 싶다는 듯이 마라톤 시험에 대한 의미를 부여하며 답안지를 제출하고 조용히 시험장을 빠져 나갔다.

Esperanto

4장

의사결정은 대안선택에 관한 것이 아
니다. 오히려 최종대안에 이르는 프로
세스로 이해해야 한다. 문제를 체계적
으로 분석하여 정확하게 진단하고, 이
를 통해 논리에 부합하면서도 감성적
으로 받아들여지는 통찰력과 확신을
만들어내야 한다. 그래서 의사결정을
잘 하기 위한 훈련이 필요한 것이다.
천재적 경영자를 바라보며 여러분의
일천한 감각에만 의지하지 말고, 탁월
한 의사결정자가 되기 위해 노력하고
훈련하라. 경영은 곧 불확실한 상황에
서의 의사결정이라 할 수 있다.

- 안재현 교수, 의사결정분석 수업 중

슈트트가르트의
추억

조용하게 침묵이 흐른다. 기업가 정신과 창업(Entrepreneurship) 수업 시간, 교수의 계속되는 질문에 발표하는 학생이나 앉아서 발표를 듣는 학생들 모두 힘들어 하는 기색이 역력했다. 교실에는 독일, 미국, 일본, 페루, 브라질, 스웨덴, 한국, 필리핀, 멕시코, 인도, 독일에서 온 10명의 학생이 앉아 있었고 강의실 앞에는 '일리 커피(illy coffee, 이태리에서 시작한 전문 커피 체인점)' 케이스 발표 중인 티모, 길슨, 지수가 서 있었다.

240분간의 마라톤 토론

지수는 1년 차 2학기에 새로운 경험을 찾아 독일 슈트트가르트(Stuttgart)에 있는 SIMT로 교환학생을 떠났다. 슈트트가르트에 자리 잡고 있는 SIMT(Stuttgart Institute of Management and Technology) MBA 과정은 독일에서 몇 개 안 되는 비즈니스 스쿨이다.

한 학년에 25명 정도의 소수 정예 방식으로 운영되고 있는데, 대다수의 학생들이 독일에서 일하고 싶어 하는 외국 학생들이다. 독일은 대학교까지 국가에서 학비를 지원해 주기 때문에 자신의 비용을 들여야 하는 MBA 과정에는 독일 학생들이 드물다. 덕분에 수업은 모두 영어로 진행되고 교수들도 대부분 교환 교수로 구성되어 있다. 유럽의 대표적 명문 MBA인 인시아드(INSEAD) 비즈니스 스쿨, 코펜하겐 대학교 등의 교수들이 방문하여 강의를 진행하는 것이다.

SMIT 2년 차 학생들과 함께 수강하고 싶어 했던 지수는 이번 기업가 정신과 창업(Entrepreneurship) 수업에 상당한 스트레스를 받고 있었다. 수업 스타일이 지수가 기존에 경험했던 것이나 생각했던 것과 많이 달랐기 때문이다.

카이스트 비즈니스 스쿨에서 겨우 한 학기만 공부한 지수에게 SMIT 2년 차 학생들과 함께 수업을 듣는 것이 애초부터 무리였을지도 모른다. 이번 과목은 카이스트 비즈니스 스쿨과는 달리 케이스를 다룰 때는 거의 4시간이 넘는 토론을 진행하곤 했다. 토론 중간 중간 끊임없이 질문이 쏟아지기 때문에 자신의 의견으로 상대방을 납득시키기 위해서는 그만큼 완벽한 준비가 되어 있어야 했다.

게다가 이곳 학생들은 다양한 국가에서 서로 다른 경력을 바탕으로 모였기 때문에 생각하는 것도 다양했다. 만약 한 사람의 의견에 반대가 있거나 덧붙이고 싶을 경우 학생들은 남에 대한 배려가 없다는 느낌이 들 정도로 발언을 쉬지 않았다. 한 학생이 자신의 의견을 말하고 있으면 두세 명의 학생이 조용히 손을 든다. 교수와 설전을 벌이는 학생들의 모습도 매일 볼 수 있다. 교수를 마치 범죄 피의자인 냥 다루는 학생들의 모습은 적어도 교수에 대한 최소한의 예의를 지키며 반격하는 카이스트 MBA들과는 상당히 대조적인 모습이었다. 지수의 발표 시간도 예외는 아니었다. 2시간을 예상한 발표시간이 벌써 4시간 째 이어지고 있었다.

"자, 내 수업에서는 적어도 한 번씩은 질문을 해야 하는데, 지금 티모와 길슨, 지수가 제안하는 이 '일리' 케이스의 대안에 다들 수긍하고 있는 건가? 가장 괜찮은 대안이라고 생각하나? 오전에 발표한 크리스티앙 팀. 지금 발표하는 팀은 당신네 들 팀과 서로 다른 대안을 제시하고 있는데 만약 당신네들 대안이 더 좋다고 생각하면 지금 이 대안이 아닌 당신네들 대안을 선택해야만 하는 이유가 혹시 있나? 아무런 이야기가 없네? 다들 벌써 지친거야?"

교수의 계속되는 공세에 메르세데스 벤츠 출신의 크리스티앙은 어떤 말을 해야 할지 몰랐다. 팀원들이 대신 답변해주기를 바라며 팀원들 얼굴만 쳐다보고 있었다. 하지만 다른 팀원들도 계속되는 토론에 지쳤는지 크리스티앙을 도와주지 않았다. 어느덧 저녁 식사 시간이 다가오고 있었지만 교수는 지칠 줄 몰랐다.

"발표 팀은 결론적으로 일리의 브랜드 포지셔닝(Brand positioning)을 예전과 같이 고가의 원두커피로 가지고 가는 거 같은데. 지수, 그랬을 경우 지금 해결해야 할 문제인 시장 확산(Penetration)이 어렵지 않겠어? 스타벅스처럼 품질도 좋고 대중적인 커피가 전 세계적으로 확산되고 있는데 일리라는 브랜드로 경쟁이 되겠어? 대중화를 위해 저렴한 가격대의 새로운 브랜드를 론칭(New brands launching)해 보는 것은 어때?"

교수는 갑자기 앞에 서 있는 지수에게 질문했다. 지수는 너무 긴장한 나머지 교수의 질문을 듣지 못했다.

"어… 그게…."

지수는 대답을 하지 못했다. 다시 질문을 확인하는 것도 자존심 상하는 일이어서 고개를 떨구었다. 머뭇거리고 있던 순간 다행히 옆에 서 있던 독일 티모바일(T-mobile) 출신의 티모가 당황해 하던 지수를 대신해 답변을 시작했다.

"그럼 교수님께서는 일리가 글로벌 시장 확대를 위해서 저가의 커피 제품이라도 론칭해야 한다고 생각하십니까? 만약 일리가 저렴한 상품을 론칭할 경우 그 동안 고급 커피전문 메이커로 가지고 온 일리의 브랜드 이미지는 어떻게 된다고 생각하십니까? 제가 보기엔 그 동안 쌓아왔던 브랜드 이미지마저 무너질 수 있습니다. 만약 시장 확산 부분에 있어 고가의 전략으로 어렵다면 일리의 명성을 바탕으로 한 대중적인 상품을 만들어 론칭하는 것이 나을 것입니다. 즉 브랜드 확장(Brand extension)이 아닌 제품 확대(Line extension)를 하는 것이지요. 일리 커피의 정통성을 살린 상품을 론칭하여 일리 커피의 맛을 사람들에게 알린 후 점차 고가 상품을 구매하게 하는 겁니다. 뭐 지금 당장 구체적으로 저희가 이에 대한 대안을 제시하지는 못했지만 브랜드 확장이라는 교수님 제안에는 찬성하지 않습니다."

티모는 교수의 의견에 반박했다. 이 순간은 교수가 아닌 학생 대 학생으로 토론하고 있는 것이다. 자신에게 반론을 제기하는 티모를 바라보며 교수는 흐뭇하다는 듯이 미소를 보이며 다시 티모의 의견에 이의를 제기했다.

"좋아, 티모. 제품 확대를 한다고 하자. 하지만 그것이 꼭 좋은 것만은 아니야. 이것은 아주 큰 위험을 내포할 수도 있어."

"만약 브랜드 숫자가 너무 많아지면 고객의 혼란을 초래하거나, 기존 자사 상품을 자기잠식(Cannibalization) 할 수도 있겠죠."

"맞아. 그런 위험은 제품 확대를 계획하고 있을 때 항상 유념하고 있어야 하는 거지. 상당히 많은 수의 소비자 제품을 만들어 내는 피앤지(P&G)의 경우도 이러한 문제를 알기 때문에 새로운 제품을 론칭할 때 피앤지의 이름을 내세우지 않기도 하지. 앞으로 대안을 제시할 때는 그 대안에 대한 반박 의견도 함께 생각해 봐야 해. 이제 저녁 시간이니까 당신은 내일까지 나를 설득할 수 있도록 일리 전략을 세워오도록 하게."

지수는 티모를 쳐다보았다. 표정이 어두워질 것이라고 생각했다. 발표를 마무리했는데 또 다시 숙제라니. 교수를 다시 설득시켜야만 했다. 그러나 티모는 다음 시간엔 꼭 교수를 설득하겠다는 결의에 찬 표정을 지었다.

"그럼 저희 팀의 발표는 여기까지입니다. 기타 질문이 없으면 마무리 짓겠습니다."

책상을 두드리는 소리가 들렸다. 학교에서는 발표가 끝나면 박수 대신 독일 정통 스타일로 책상을 두드리는데 오늘 따라 이 소리가 해방의 북소리처럼 들려왔다. 길고 긴 발표 시간이 드디어 끝난 것이다.

'이제야 발표가 끝났네. 오전 8시부터 저녁 7시까지 하루에 2개의 케이스 발표를 이렇게 오랫동안, 하루 종일 진행하다니. 그것도 이론 설명 없이 토론으로만. 생각하지 못했던 수업 방식이야. 우리 학교도 수업시간에 많은 논쟁이 이루어지지만 이 정도는 아니었는데. 장장 240분 동안 토론이 지속될 줄이야.'

논쟁

"지수야, 수업 끝나고 8시부터 팀 미팅인 거 알지? 근데 난 아직 과제를 못했는데 어쩌지."

하이테크 경영(Innovation management) 같은 조 팀원인 멕시코의 하펫이 팀 미팅을 걱정하며 지수에게 말을 걸었다.

"그냥 토론하면서 하면 되지 뭐. 너무 부담 갖지 마. 나도 별로 준비한 건 없어."

8시. 독일의 크리스티앙과 필리핀의 칼라, 멕시코의 하펫, 한국의 지수와 대영 등 5명의 팀원이 모두 모였다. 지수는 2시간 정도면 충분히 토의를 끝낼 것이라고 생각했는데 칼라가 만들어 온 장표를 보자마자 생각이 달라졌다. '휴, 이 친구는 왜 또 이렇게 만들어 온 걸까?

"칼라, 프레젠테이션의 장표(파워포인트의 각 페이지)에 이렇게 많은 글이 들어가면 누가 읽을 수 있을까? 폰트 크기 8에 빈 공간도 없이. 이건 워드파일이 아니라 프레젠테이션 장표야. 혹시 워드 파일로 생각한 거 아니야?"

지수뿐 아니라 대영 역시 칼라가 만들어 온 부분을 보고 놀라지 않을 수 없었다. 만약 한국에서 칼라처럼 장표를 구성했다면 기본도 모르는 사람이라고 욕을 먹을 것이 뻔했다.

"지수, 우리는 발표를 하지 않아. 교수님만 보시는 거야. 우리가 말로 전달하지 못하는데 이렇게 설명을 하지 않으면 어떻게 교수님이 알지?"

"칼라, 사실 난 이런 장표는 처음 봐. 한국에서는 이렇게 장표를 구성하면 당장 다시 해오라고 면박을 받을걸. 내가 다른 프레젠테이션 장표를 보여줄까?"

지수는 칼라에게 잘못되었다는 것을 보여주기 위해 지수가 가지고 있던 몇 가지 장표를 보여주었다. 일일이 설명을 늘어놓은 장표가 아닌 핵심 내용을 바탕으로 모든 내용이 잘 구조화된 장표들이었다.

"네가 무슨 말을 하려는지 알겠지만 우리는 발표를 하지 않기 때문에 이렇게 써야 한다구. 하펫? 너는 어떻게 생각하니? 크리스티앙, 너는?"

팔짱을 끼고 조용히 지수와 칼라를 바라보던 하펫은 지나가는 시간이 아까운 듯 말을 꺼냈다.

"지수야, 사실 나도 칼라처럼 작성을 했어. 물론 네가 보여준 장표는 좋아. 하지만 우리나라에서는 네가 말한 것과는 달리 한 장의 장표에 많은 내용을 담으려고 한다고. 게다가 우리가 발표를 하는 것도 아니고. 교수님에게 우리가 말하고자 하는 바를 보여주기 위해서는 칼라의 방법이 더 옳은 것 같아. 시간도 얼마 없는데 사소한 일로 논쟁하지 말자."

지수는 어이가 없다는 표정을 지었다. 대영 역시 마찬가지였다.

"하펫, 물론 우리 논의의 핵심은 아니지만 그래도 구성 형식은 중요한거야. 형식이 내용을 제대로 받쳐 주지 못하면 내용도 가치도 약해져. 물론 너희 나라에서는 한 장의 파워포인트 장표에 많은 내용을 집어넣는 것이 좋다고 하지만 8포인트의 작은 글씨로 빽빽이 채워 넣는 것은 좀 과하지 않니? 그렇게 작으면 보는 사람도 불편하고, 고객 입장을 생각해야지."

대영 역시 지수 의견을 거들었다. 하지만 한국이 아닌 다른 나라의 팀원들은 전혀 수긍하는 눈빛이 아니었다. 정작 과제에 대한 논의가 아닌 생각지 않았던 문제로 시간만 흐르고 있었다.

"자자, 지금 우리가 싸운다고 해결될 부분이 아니야. 국가별로 생각의 차이가 있는 건데 각자의 방법을 요구하는 건 좀 무리가 있는 것 같아. 교수님께 우선 우리의 장표를 보내서 여쭈어 보자. 그게 나을 것 같다."

평소에도 미소가 별로 없는 독일인 크리스티앙이 더 이상의 논쟁이 필요 없다는 듯이 말했다.

'휴우…. 도대체 이 친구들은 왜 이렇게 상식이 없는 거지? 세상에 이런 장표가 어디 있어? 누군가 한국 사람들이 장표를 가장 잘 만든다고 한다더니 이제야 이해가 가는군. 그나저나 이 친구들은 내 이야기를 들으려고 하지 않고 설득하는 것도 힘들어. 아무리 국가별로 인식의 차이가 있다고는 하지만 이런 건 기본 아닌가? 차라리 내가 모든 장표를 만들어서 이 친구들에게 보여주는 게 나을지도 몰라. 아니야. 만약 그렇다고 해도 다들 전혀 이해하지 못하고 받아들이지도 않을 거야. 크리스티앙 말처럼 차라리 교수님에게 여쭙고 정하는 것이 더 이상의 논쟁을 불러일으키지 않을지도 몰라 디지털 카메라의 혁신(Innovation)에 대해 논의할 시간도 부족한데 우선 여기서 그만하고 저들의 말을 수용해야겠다.'

지수는 다양한 국적의 학생들이 모여 있는 SIMT에서 지식 전달 방법도 나라마다 다르다는 것을 깨달았다. 각자에게는 당연한 내용을 상대방은 이의를 제기하고 받아들이지 않는 경우가 종종 있었다. 문화 충돌이 거창한 부분에서 발생하는 것이 아니라, 일상의 사소한 일들로부터 비롯되는 것이었다.

"대영오빠, 이 친구들 정말 이해가 안가네요. 제가 설득하는 기술이 부족했나요? 외국 친구들하고 공부하려니 이런 차이부터 문제가 되네요. 사실 처음은 아닌데 말이죠."

지수는 대영에게 자신의 불만을 한국말로 중얼거렸다. 서로 다른 환경에서 성장하고 교육받은 사람들과 공부한다는 것이 결코 쉬운 일은 아니었다. 다문화 환경에서 상대방의 문화와 가치에 대한 이해는 필수였다.

이체(ICE)를 타고

"언니!"

프랑스 ESCP-EAP에서 교환학생으로 공부하고 있는 애민이 중간고사를 마치고 독일에 있는 지수를 찾아왔다.

"지수야! 슈트트가르트 중앙역도 상당히 크네? 잘 지냈어? 이야, 우리가 슈트트가르트에서 이렇게 만날 줄 상상이나 했니? 원형 광장이 중앙역으로 변했네?"

"진짜 반가워요! 이체(ICE)타고 왔어요? 불편하지는 않았구요?"

"응. 이체(독일의 고속 열차)가 떼제베(TGV, 프랑스의 고속 열차)보다 좋더라. 시간도 정확하고, 깨끗해."

애민은 유럽의 저가 항공이 아닌 독일의 고속 열차를 타고 슈트트가르트에 도착했다. 비행기가 더 싸고 편했지만 모든 것이 정확하다는 이체를 타보고 싶었기 때문이다.

"그렇죠? 여기 독일인들은 이체에 대한 자부심이 상당히 강한 것 같아요. 얼마 전 변화 관리(Change management) 시간에 교수가 독일과 프랑스의 기업 문화에 대해 설명하면서 두 국가의 확실한 차이를 보여 줄

수 있는 단적인 예가 이체와 떼제베라고 하면서 사업 진행 과정을 보여
줬어요. 이체는 완벽함을 갖추기 위해서 운행 시기가 늦더라도 준비과
정을 상당히 길게 잡았지만 반대로 프랑스의 경우는 일단 운행을 시작
한 다음 문제가 생기면 그 때 수정하려고 노력한 거죠. 그 이야기를 듣
고 두 고속 열차를 타보니 그 말이 이해가 가요.”

지수는 변화 관리 시간에 배운 내용이 생각났다. 혼자 지내는 독일 생
활에서 같은 학교 학생인 애민을 만나니 지수는 하고 싶은 말이 많았다.
이야기가 끊이질 않았다.

“여기가 네가 살고 있는 집이야?”

“네, 언니. 누추하죠? 그래도 혼자 지내기는 괜찮아요. 모든 게 다 갖
추어져 있고 조용해서 좋아요.”

애민과 지수는 중앙역에서 10분 거리인 지수의 원룸에 도착했다. 애민
은 식탁 위에 아기자기 놓여 있는 크리스마스 장식을 구경하고 있었다.

“언니, 프랑스 학교는 어때요? 수업은 할 만해요?”

“학교? 뭐 어렵지는 않아. 카이스트에 비하면 정말 쉬운 거지. 과제
가 별로 없고 텀 프로젝트나 발표에 대한 부담도 없는 편이야. 그런데,
교환 학생들이 왜 그리 많은지. 거의 100명이 넘어. 서로 잘 모르니까
단합도 안 되는 것 같고. 프랑스 친구들은 불어 할 줄 아는 사람들하고
만 친하려고 하는 것 같아서 좀 아쉬워. 너는 어때?”

“아, 그래요? 여기는 소수 정예라서 서로 많이 친한 편이에요. 워낙

다양한 국가에서 모인 학생들이라 한 문제에 대해 국가적으로 서로 다른 해결 방법을 제시하는 걸 보면 재미있을 때도 있어요. 2년 차 수업은 대부분 토론식이라 발표가 많은 편이구요. 하지만 배우는 내용이나 수업에 대한 깊이는 카이스트만 못한 것 같아요. 과제도 거의 없으니 배운 내용에 대해서 학생 스스로 학습하지 않는 경우도 있고. 수업 로드(Load)는 카이스트에 비하면 정말 약한 편이에요. 교수님들도 대부분이 교환 교수님들이라서 만나 뵙기도 힘들고 지도를 받는 것은 거의 생각하기 힘들고요."

"카이스트 만한 수업 로드가 어디 있겠니. 새벽 2시까지 공부하는 건 기본인데. 뭐 우리가 주말이 있었니? 이렇게 교환 학생 나와 있으니 그나마 여유가 생기는 거지."

"맞아요, 언니. 지금 한국에서 2학기 수업 듣고 있는 친구들이 저랑 언니를 어찌나 부러워하던지. 계량경제, 마케팅 촉진론, 관리회계, 전략, 재무…. 죽음의 2학기잖아요. 수업 강도가 가장 센 수업들이 모여 있는 2학기니 지금 해외에 나와 있는 저희들이 부러울 수밖에요."

지수는 웃으면서 애민에게 대접할 따뜻한 커피를 준비하고 있었다. 어느새 밖에는 하얀 눈이 내리고 있었다.

"그래도 난 교환 학생 와서 여유가 생겨 좋긴 하지만 카이스트 2학기 수업들을 놓쳐서 너무 아쉬워. 꼭 듣고 싶은 과목들이 많았는데 내년 2학기를 기다려야겠지?"

애민은 비즈니스 스쿨에서 필수로 들어야 하는 과목들을 듣지 못한다는 것이 너무나 아쉬웠다. 물론 지금 비슷한 과목들을 프랑스에서 듣고 있기는 하지만 배우는 깊이가 카이스트와는 큰 차이가 있었다. 게다가 함께 공부하는 학생들이 한국 학생들보다 사회 경력이 부족하기 때문에 토론의 깊이가 낮은 편이었다. 카이스트 학생들에 비해 이곳 학생들에게 배울 수 있는 내용은 그리 많지 않았다.

"그러게요. 이곳에선 영어로 수업을 하다 보니 영어 실력은 좀 향상된 것 같은데 수업 내용의 깊이가 깊지 않아서 그 부분은 아쉽죠. 함께 공부하는 학생들도 그렇고요. 이거 우리 학교 돌아가면 언니랑 나랑 둘이 독학해야 하는 거 아니에요?"

"그래! 꼭 그렇게 하자. 지금 카이스트에서 공부하는 동기들에게 강의 노트랑 필기 잘 챙겨놓으라고 해야겠어! 이놈들 아마 지금쯤 과제 때문에 랩에서 머리 싸매고 공부하고 있겠지? 아니면 스터디 룸에서 팀원들이랑 열심히 발표 준비를 하고 있을 지도?"

애민과 지수는 카이스트를 그리워하며 따뜻한 커피와 함께 프랑스와 독일에 대한 추억들을 끝없이 풀어 놓기 시작했다. 창밖으로는 계속해서 눈이 오고 있었다.

당신은 우리의 파트너입니다

"IBM 독일 헤드쿼터(Headquarter)에 오신 여러분들을 환영합니다."

까다로운 보안 검사를 2번씩이나 통과해 들어간 IBM 독일 본사 입구. SIMT 신입생 20명이 IBM 독일 본사를 방문하기로 한 날이다. SIMT에서는 매달 1번씩 기업 방문을 실시한다. 산학연 연계를 중요시 하기 때문에 1년 차 기간에 다양한 기업들을 방문해 기업에 대해 알 기회를 제공하고 학생들은 방문한 기업들 중 6개월 동안 함께 실습할 기업을 찾는다.

IBM 독일 본사 분위기는 생각처럼 부드럽지 않았다. 복장은 자유로웠지만 목에는 IBMer(IBM 직원을 나타내는 말)임을 보여주는 회사 카드를 걸고 있었고, 서로가 웃으며 이야기하기 보다는 딱딱하고 사무적인 이야기만 하는 듯이 보였다. 지나가는 사람들끼리는 가벼운 눈인사 정도뿐 이었다.

"자, 우선 IBM 본사를 찾아준 여러분들께 감사드립니다. 밖에 비도 오는데 불편하지 않았나요? 저는 현재 IBM에서 PM(Project Manager, 프로젝트 담당 책임자) 업무를 담당하고 있는 볼프강입니다. 반갑습니다."

강한 독일 억양을 구사하는 독일인이었다. 학생들은 엄숙한 분위기에 박수 칠 생각도 하지 못하고 조용히 볼프강만 쳐다보았다.

"우선 우리 IBM에 대해 잘 모르시는 분들을 위해 전체적인 이야기를 해 드리겠습니다."

지수는 외국 기업을 직접 방문해 이야기를 듣게 되니 설명회임에도 불구하고 외국에서 신입사원으로 입사하여 설명을 듣는 것 같은 기분이 들었다. 그만큼 기업 설명회 자체도 학생들을 향후 자신들의 파트너가 될 사람으로 생각하고 하나부터 열까지 자세히 설명해 주었다. 카이스트 MBA의 경우 기업들이 학교를 방문하여 설명회를 갖는 시간은 많지만, 학교에서 기업을 방문할 기회는 상대적으로 적었다.

'야, 학생들이 관심 있는 기업에 직접 방문해 설명도 듣고 궁금한 점에 대해 질문도 할 수 있어서 참 좋은데. 경영 현장도 직접 보고, 회사에 대해서도 지속적으로 관심을 가질 수 있을 테니까 말이야.'

볼프강의 이야기가 계속되었다.

"제 설명 중간에라도 궁금하시면 손을 들고 편하게 질문하세요. 다양한 국가에서 오신 분들이 많아서 저희가 생각하지 못한 부분을 지적해 주실 수도 있을 것 같은데요. 제가 지금은 여기 앞에 서 있지만 여러분들을 통해서 항상 배울 수 있다는 생각을 하고 있습니다. 제 발표 중 잘못된 부분이 있다면 지적도 해주시고요."

지수는 설명을 듣는 내내 궁금증이 가시지 않는 부분이 있었다. 과거 IBM은 씽크패드(Think pad)라는 브랜드로 노트북을 생산해 왔지만 현재는 노트북 부문을 중국 기업인 레노보(lenovo)에 넘긴 상태였다. IBM이 기업대상(Solution)에 집중하고 있었기 때문이다. 맨 앞자리에 앉은 지수는 조용히 손을 들었다.

"질문이 하나 있습니다. 제가 알기로는 현재 노트북 부문을 중국 전자 기업인 레노보로 넘겼다고 알고 있습니다. 그러나 아직도 많은 소비자들이 IBM하면 노트북을 떠올리기 때문에 노트북이 없는 IBM에 대해서 지속적인 관심을 가질지는 의문입니다. 이 부분에 대한 현재 IBM의 입장이 어떤지 궁금합니다."

볼프강의 입가에 약간의 미소가 돌았다.

"그 질문은 예상하고 있었습니다. 아시아에서 온 학생이 질문을 했네요. 뭐 IBM이 글로벌 기업이기 때문에 특정 지역에서만 생각할 수 있는 문제는 아니지요. 흠. 그 부분이 아직도 우리에게는 숙제입니다. 향후 레노보가 훌륭한 제품으로 우리 IBM의 노트북에 대한 품질 인지도를 지속적으로 유지해 주느냐가 관건이죠. 그리고 IT 솔루션과 IT 컨설팅에 사업을 집중하고 있기 때문에 일반 소비자들이 회사에 대해 접할 수 있는 기회가 줄어들고 있는 것은 사실입니다. 물론 일반 소비자들에게 다가가기 힘들지 모르지만 현재 우리가 핵심역량으로 가지고 있는 IT 솔루션 부분과 컨설팅 부분에 있어서는 지속적인 발전을 보이고 있고 또 성공을 거두고 있기 때문에 이 사업 부분의 고객인 기업들의 평가는 날로 높아지고 있습니다. 이를 우리 회사의 핵심 역량으로 키워 지속적으로 발전시킬 계획입니다."

볼프강이 질문에 대한 답이 되었냐는 듯한 표정으로 지수를 보며 웃었다.

"자, 그럼 또 질문이 있으면 편하게 하시고 이야기를 계속하겠습니다."

볼프강은 계속해서 IBM의 조직과 핵심 사업 부분, 회사의 핵심역량, 인재 육성 프로그램 등에 대해 상세히 설명해 주었다. 마지막으로 IBM에 지원하기 위한 프로세스 설명이 이어졌다. 학생들의 눈빛이 빛나고 있었다. IBM에 지원하는 것은 학생들에게 가장 관심 있는 부분이었다.

많은 질문이 이어졌다.

"저는 멕시코인입니다. 외국인이라 독일어에 아직은 어려움을 느끼고 있는데 독일에서 취업하기 위해서는 독일어를 하는지가 가장 중요하다고 하던데 사실입니까?"

"인턴부터 시작해야 하는데 인턴으로 몇 개월 근무해야 정식 근무를 할 수 있는 겁니까?"

"인턴을 지원하려면 어떠한 프로세스를 진행해야 하나요? 저희 학교에 특별히 주어지는 우대 사항은 없나요?"

"제가 만약 IBM에 입사하게 되면 저의 향후 이력(Career)은 어떻게 관리가 되나요?"

대답하기 곤란한 질문들도 쏟아졌다. 하지만 볼프강뿐 아니라 인사 부서에서 나온 3명의 직원들은 학생들의 질문에 성심 성의껏 자세하게 대답해 주고 있었다.

'아…. 한국에서도 저렇게 기업이 MBA 학생들을 잠재적인 고객, 파트너, 직원으로 대우해 준다면, 또 학생들도 이러한 행사에 관심을 가지고 참여한다면 둘 간에 보다 강한 유대관계가 형성되지 않을까? 좀 아쉬운 생각이 든다. 좀 더 활발한 산학 연계가 필요할 것 같은데.'

마지막까지 기업과 학생이 서로를 파트너로 생각하며 알아가는 모습은 지수에게 독일에서 또 다른 교훈을 주고 있었다.

U W

100년은 족히 되어 보이는 벗나무들이 붉은색 벽돌의 고딕 양식 건물들과 기막히게 조화되어 아름다운 캠퍼스가 어떤 것인지 보여주고 있다. 1861년에 세워진 워싱턴대학(University of Washington). 큼지막한 주차공간과 광활하다고 표현해도 될 정도의 푸른 잔디밭, 정연하게 배치된 각 건물들과 도로들이 미국 대학의 전형적 모습을 보여주는 듯하다. 봄, 가을에 비가 많이 온다지만 한 여름의 UW(현지인들은 워싱턴대학을 줄여 UW라 부른다)는 공부에 지장이 있을 정도로 아름다운 날씨를 만들어내고 있다.

카이스트 비즈니스 스쿨의 부족한 점 중 하나는 국제적 감각을 높일 수 있는 기회가 적다는 것이다. 학생들 대부분이 한국 학생들이기 때문에 다양한 문화의 체험이나 외국어 훈련이 부족할 수밖에 없는 것이다.

이러한 부족한 부분을 채우고, 세계 MBA 스쿨들의 수준을 직접 체험하라는 의미에서 학교에서는 매년 여름과 겨울학기에 외국에서 공부할 수 있는 프로그램을 개설하고 있다.

영어는 권력이다

"자, 그럼 M&A가 일어나는 배경에는 어떤 이유들이 있죠?"

카터 교수가 학생들을 쳐다보며 물었다. 너무 뻔한 내용이라 생각했지만 영훈은 수업의 원활한 진행에 기여한다는 의미에서 먼저 입을 열었다.

"I think that agency problem is one of the drivers."

"Sorry, what was that?"

카터 교수가 미처 알아듣지 못했다는 표정으로 다시 영훈을 응시하며 재답변을 요구했다. 영훈이 다시 목소리를 높여 큰 목소리로 똑같은 답변을 했지만, 카터 교수는 또 다시 알아듣지 못했다. 순간 영훈의 얼굴이 후끈거리기 시작했다.

'아뿔사, 이건 내 목소리가 작아서 그런 게 아니다. 대체 뭐가 문제지? 답이 틀린 것은 분명 아니고, 그렇다고 교수가 대리인 문제를 모를 리가 없고, 그렇다면 대체 뭐가 문제야? 왜 내 답변을 못 알아듣는 거지? 내 발음에 문제가 있는 건가? 어려운 발음을 포함한 단어도 없는데…. 분명히 똑똑하게 발음했는데….'

당황해 한 것은 비단 영훈뿐만이 아니었다. 교실에 있던 다른 카이스트 MBA들 역시 어안이 벙벙한 표정을 지었다. 다들 영훈의 말을 알아들었고, 무슨 의미로 얘기했는지 분명히 이해했기 때문이었다.

"아, 제 귀에 문제가 있어서 그럽니다. 미안하지만 다시 한 번 말해 줄래요?"

카터 교수가 미안한 표정을 지으며 영훈을 다시 바라보았다.

"에-이-전-시 프-라-블-럼."

영훈도 다시 용기를 내어 핵심 단어만을 또박 또박 분명하게 발음했다. 교수의 반응을 여전히 이해할 수 없었지만 일단 핵심 단어를 이해시킨 후에 대리인 문제에 대해 간단하게 설명할 계획을 하고 있었던 것이다.

그러나 다시 문제가 생겼다. 카터 교수가 여전히 영훈의 대답을 이해하지 못하는 표정을 지었다. 이번에는 오히려 카터 교수가 어쩔 줄을 몰라 했다. 순간 교실의 분위기가 회복할 수 없을 정도로 미묘해졌다. 카터 교수는 원활한 수업 시작을 위해 의례적인 질문을 던졌을 뿐이고, 영훈 역시 교과서적으로 간단하게 답을 했을 뿐인데 서로 전혀 의사 소통이 되지 않는 상황이 발생되자 누구라도 어떻게든 이 분위기를 수습해 주기만을 기다리는 상황이 된 것이다.

"He meant agency problem."

학생 참여도 평가를 위해 수업을 참관하고 있던 카이스트 비즈니스 스쿨의 베티 교수가 아무래도 안 되겠다 싶은지 입을 열었다.

"Oh, agency problem. I see. Sorry Young-hun."

카터 교수가 이제야 알았다는 듯이 고개를 끄덕이며 영훈에게 미안한 표정을 지었다. 영훈은 순간 머리를 쥐어뜯으며 고개를 떨구었다.

'맙소사. 1음절에 강세를 두지 않고 발음해서 교수가 'agency'를 이해하지 못 한 것이구나. 이미 콩글리쉬에 익숙한 베티 교수는 내 발음을 알아들은 거고.'

학교에서 이미 많은 과목을 영어로 수강했고, 영어에는 웬만큼 자신감도 있었던 영훈은 자존심이 이만 저만 상한 게 아니었다. 굴욕, 치욕, 수치 같은 단어가 계속 영훈의 머리를 맴돌았다. 중학교 1학년 때 배웠던 각 단어의 강세가 이렇게 의사소통에서 중요한 영향을 미칠 것이라고 미처 생각지 못했다. 영훈은 애써 수업에 집중하려고 노력했지만 'agency'란 단어가 머릿속에 맴 돌면서 심한 스트레스에 휩싸였다.

한국 사람에게 가장 스트레스를 주는 요소 중 하나가 영어라는 어느 통계 결과가 말해주듯 우리나라 국경만 벗어나면 영어 문제는 가장 직접적이고, 영향력 있는 문제로 대두되는 것이 현실이다. 단순히 여행을 목적으로 외국을 방문할 때는 큰 문제가 안 될지라도 사업상, 외교상 목적의 방문일 경우 영어는 말 그대로 권력이 된다.

권력의 속성은 그것을 가진 자와 갖지 못한 자를 갈라놓고 일방이 타방을 구속시키는 것이다. 국제무대에서 영어는 영어 의사소통 능력이 떨어지는 타방을 의미 없는 존재로 만들어버린다. 일정 기간 훈련을 거

처 영어 듣기에 대한 문제가 해결된다 하더라도 의사를 국어 수준으로 완전히 전달하기에는 역부족을 느끼게 되는 것이 많은 한국인들의 현실이다.

영어 교육산업이 세계에서 가장 큰 나라 중 하나이면서 정작 한국인들의 영어 능력이 다른 나라 국민들에 비해 떨어지는 것은 아이러니다. 근본적으로 한국어와 영어의 언어 구조의 차이가 가장 큰 문제겠지만, 언어 구조의 탓만 할 수도 없는 노릇이다.

일부에서 주장하는 영어 공용화만이 유일한 대안은 아닐지라도 공교육만으로는 영어 구사 능력을 적정 수준만큼 성장시킬 수 없다는 사실이 많은 사람을 서글프게 한다. 그러나 부인할 수 없는 사실은 영어가 적어도 국제무대에서는 경쟁력의 기본 조건이 되었다는 사실이다. 비록 영어를 모국어로 하는 사람들의 수준까지는 영어를 구사할 수 없을지라도 적어도 유럽인들이나 동남아시아인들 수준까지는 되야 글로벌 경쟁시대에 낙오자가 되지 않을 것이라 주장한다면 너무 심한 억지일까?

물론 모든 사람이 영어를 해야 할 필요는 없다. 모든 국민들이 영어에 매달리는 것은 오히려 국가경쟁력을 저하시킬 수도 있을 것이다. 그러나 가치 있는 이론과 기록물들의 대부분이 영어로 작성되어 있다는 사실과 한국을 벗어나 그 어느 국가를 가든 이미 영어가 사실상의 표준어라는 사실을 있어서는 안 될 것이다.

"영훈아, 너 이제 어디 가서 절대 영어 좀 한다는 소리 하지 마. 오늘 정말 창피하더라. '에-이-전-시'가 대체 뭐냐? 나 참. 앞으로는 좀 똑바로 해. UW에서 카이스트 MBA들 정말 우습게 보겠다."

수업을 마치고 나오는 길에 호영이 영훈을 놀려 댔다.

"그러게. 지금까지도 뒷머리가 당기는 느낌이야. 앞으로는 영어할 때 기본에도 정말 충실해야 되겠어. 엄청 창피했는데 그래도 오늘 큰 교훈을 얻은 걸로 위안을 삼아야지."

일탈의 유혹

"호영아, 이거 정말 흥미로운데. 블랙잭으로 통계학 박사 학위를 쓴 사람도 꽤 있는 모양인데. 이 것 좀 봐. 카지노에서 플레이어(Player)에게 유리한 게임은 블랙잭뿐이라는데, 카지노 승률이 49%고 플레이어 승률이 51% 정도야. 딜러(Dealer)가 가진 선택권은 카드를 더 받을 것인가, 말 것인가로 제한되지만 플레이어는 더블(Double)과 스필릿(Split), 포기(Surrender) 등 좀 더 많은 선택 대안이 있어서 플레이어가 유리하다는 논리야."

영훈이 구글 웹서핑을 통해 찾아낸 블랙잭 관련 논문 내용을 호영에게 전했다.

"어, 정말? 하긴 지난번에 카지노에 갔을 때도 돈 따는 사람들이 꽤 있긴 하던데. 우연이 지배하는 것보다 플레이어의 의사결정 역량에 따라 승패가 좌우되는 것이 맞는 것 같아. 어때 우리 한번 카지노나 정복

해볼까?" 호영도 영훈의 얘기에 한껏 들떠 있었다.

우연히 한국 식당 앞에서 골디스라는 카지노를 발견한 영훈과 호영은 알 수 없는 호기심과 탐구욕에 이끌려 지난 며칠 동안 발길을 끊지 않았다. 숙소에서 카지노까지 자동차로 5분 정도밖에 안 될 만큼 가까이 위치하고 있어서 학교를 마치고 저녁 식사를 한 후 잠시 찾기에 안성맞춤이었던 것이다.

카지노에 한 번도 가본 적이 없었던 둘에게 그곳은 호기심의 대상이 되기에 충분했고, 한국에서는 금기의 영역에 속한다는 사실이 둘을 끊임없이 유혹했던 것이다. 미국 문화체험이라는 그럴싸한 이유도 카지노 문턱을 쉽게 넘도록 만들었다.

첫날, 영훈과 호영은 블랙잭 테이블 옆에서 찬찬히 지켜 보면서 게임의 규칙에 대해 학습했고, 둘째 날이 되자, 각각 20달러를 환전하여 본격적으로 실전에 돌입했다. 전날 게임 규칙을 찬찬히 학습한 덕이었는지 2시간 정도가 지날 때까지 둘은 10달러를 추가한 30달러 정도까지 자산을 증식시킬 수 있었다. 그러나 결국 3시간째 접어들면서 30달러 전부를 날렸고, 추가로 20달러를 더 잃고 말았다.

도전에 실패한 후 영훈과 호영은 숙소에 틀어 박혀 블랙잭 필승 전략을 구상하게 되었다. 금요일 밤. 대부분의 시애틀 사람들이 캠핑을 떠나기 시작했고, 다른 학생들 역시 가까운 밴쿠버나 오리건으로 여행을 떠났지만 둘은 뭔가 새로운 도전 영역이 생겼다는 듯 집중 학습을 시작한 것이다.

블랙잭은 카드 게임의 일종으로 딜러와 플레이어가 두 장의 카드로 시작하여 추가로 받는 카드의 숫자를 조합하여 21을 만드는 게임이다. 가령 카드 3, 8, 10 석 장이 있을 경우 21이 되어 상대가 21을 만들지 못했을 경우 이길 수 있고, 설령 21을 만들지 못했더라도 21에 근접한 숫자를 만들 경우 상대는 패하게 된다.

게임의 규칙은 간단하지만, 사실 승패는 최초 두 장의 카드를 받고 계속 카드를 딜러로부터 받을 것인지 말 것인지의 의사결정에 달려 있다. 추가로 카드를 받아서 21에 가깝게 되거나 21이 되면 승산이 높아지지만, 만일 21이 넘게 된다면 딜러의 숫자에 상관없이 자동으로 패하게 된다. 결국 플레이어는 카드 추가 수령 여부를 결정할 때 추가로 받을 카드가 21이 넘을 확률이 어느 정도인가를 계산하여 결정해야 한다. 단순화시켜 계산할 경우 플레이어가 가진 두 장의 카드 숫자의 합이 16일 경우 그 다음 카드가 6 이상이 나올 확률이 14분의 9이므로 확률적으로는 더 이상 카드는 받지 않는 것이 현명한 의사결정일 수 있다. 물론 실전에서는 보다 많은 변수들을 고려해야 한다.

"호영아, 그리고 또 하나의 고무적 사실을 발견했어. 오래 전에 MIT 교수가 MIT에서 통계와 계량적 분석 능력이 뛰어난 4명의 학생들과 한 팀을 만들어서 라스베가스 카지노를 초토화시켰다는 거야. 확률을 정확하게 계산해 게임에 들어가면 언제나 플레이어가 이길 수 있다는 사실을 증명한 거야."

영훈은 새로운 진리를 발견한 양 뿌듯한 표정으로 호영을 바라보았다.

"MIT라…. 그럼 그 사람들 다 엄청난 거부가 됐겠네? 계속 그렇게 이기면 라스베가스 카지노는 문 닫았어야 되는 거 아냐?"

"아, 물론 나중에 라스베가스 카지노에서 MIT 팀의 얼굴을 다 파악하고 그들 5명을 블랙리스트에 등재하는 바람에 카지노 출입이 통제됐단다. 그래도 대단하지 않냐? 그런데 MIT 팀도 개인 단위로 게임을 하면 승산이 적어지는 것을 알고 항상 2~3명이 팀을 이뤄서 같은 테이블에서 게임을 했어. 확률계산을 담당하며 소극적으로 게임에 참여하는 사람과 적극적으로 게임 참여하는 사람을 구분하여 철저한 협업을 했대. 녀석들 아주 철두철미하게 준비해서 한 듯해. 이번엔 카이스트 MBA가 골디스 카지노를 정복해 보자구!"

호영과 영훈은 밤이 늦도록 인터넷에서 구한 블랙잭 통계 자료를 바탕으로 각 카드별 경우의 수에 대해 연구했다. 더불어 게임을 포기해야 할 경우, 베팅(Betting)을 두 배로 늘려야 할 때와 패를 분할하는 스플릿(Split)을 해야 할 최적의 시점 등에 대해서도 정리했다. 카지노에서 이미 얻어온 카드를 활용하여 둘은 모의 게임을 진행하여 꼭 필요한 게임의 규칙은 물론 게임을 진행할 구체적 전략도 구상하였다. 블랙잭이 새로운 프로젝트가 된 듯했다.

"어때, 이 정도면 완벽하지 않아? 마지막으로 아무리 확률 계산을 잘해도 결국 운이 억세게 나쁘면 승산이 희박해질 수밖에 없으니까 두 사람이 서로 그 부분을 체크해주기로 하자. 한 사람이 영 아니다 싶을 경우 그 사람은 그만 두고 다른 사람만 게임을 하는 거야. 어때? 이거 진짜 필승전략인 걸.”

호영은 마지막으로 상황대응전략(Contingency plan)까지 영훈에게 제시했다. 시간은 새벽 3시를 지나고 있었다.

“영훈아, 준비됐어. 어제 연마한 기술을 드디어 실전에 적용해볼 순간이 왔다. 이거 진짜 흥분되고 짜릿하네. 빨리 가자.”

다음 날 아침 호영은 영훈을 재촉하기 시작했다.

“알았어. 일단 배부터 채우자. 오늘 점심은 결전을 앞둔 순간이니까 한국 식당에 가서 진짜 먹는 거 먹어보자. 이거 오늘따라 시원한 김치찌개가 생각난다.”

골디스 건너편 한국관에서 점심을 든든히 먹고 난 뒤 영훈과 호영은 골디스를 찾았다. 토요일 오후 2시. 오히려 전날 밤보다 한산했다. 미성년자 여부를 확인하던 경비원이 오늘은 두 사람의 신분증 확인도 하지 않았다. 4일 연속 골디스에 출입했던 두 사람의 얼굴을 기억하는 듯했다.

‘Hi, guys. How’re you doing today?’ 바네싸란 명찰을 단 딜러 아가씨가 둘을 반갑게 아는 체 했다.

“호영아, 어때? 준비됐지. 심호흡 한번 할까? 우리가 짠 전략들 모두 다 기억하지. 아, 그리고 네가 말한 대로 서로 컨디션 확인해주면서 영운이 안 좋을 경우 한 사람은 좀 쉬다가 딜러가 바뀌고 나면 다시 게임 시작하는 거다. 자식들. 오늘 골디스는 망했다!"

"좋아. 일단 처음에는 조금씩 베팅하면서 분위기를 살피고 게임에 익숙해지면서 베팅의 강약을 조절하자구."

호영과 영훈이 나란히 블랙잭 테이블에 앉았다. 영훈의 오른쪽에는 60대 중반으로 보이는 노신사가 반바지 차림으로 자리를 잡았고, 호영의 왼쪽에는 20대 초반의 흑인 청년, 테이블 맨 큰 자리에는 40대 중반의 중국계 여성이 앉아있다. 딜러가 카드를 섞고 나서 플레이어들에게 돌리기 시작했다.

'아, 제발 에이스, 1이 나와라. 에이스, 에이스.'

영훈이 딜러의 손끝에 시선을 고정하고 자신이 받을 카드를 쳐다보았다. 하트 3이었다. 실망한 영훈이 고개를 떨어뜨리면서 한숨을 쉬었다. 반면 영훈이 기대하던 클로버 에이스가 호영에게 갔다.

영훈의 두 번째 카드는 스페이드 10이었다.

'총합 13이라. 제일 움직이기 불편한 수다. 딜러의 카드 합은 16. 원칙대로라면 딜러가 추가로 받은 카드가 6 이상일 확률이 훨씬 크니까 그냥 기다렸다가 딜러가 21이 넘기를 바라는 게 상책인데…. 그래 일단 처음이니까 교과서식으로 하자.'

영훈이 더 이상 받지 않는다는 뜻으로 손 등을 위로 보이며 좌우로 흔들었다. 이미 두 장의 카드 합이 20이 된 호영도 더 이상 카드를 받지 않겠다는 신호를 보냈다. 호영 뒤의 흑인 남자와 중국계 미국인도 딜러의 카드가 16임을 확인하고 손을 좌우로 흔들었다. 3명의 동양인과 한 명의 흑인과 백인, 열개의 눈동자가 딜러의 손끝으로 다시 모아졌다.

딜러의 다음 카드는 하트 7. 가장 이상적인 경우가 발생했다. 딜러 카드 숫자의 합은 23이 되어 플레이어들 모두 자기가 건 만큼의 돈을 받았다. 갑자기 다섯 명이 오랜 친구라도 된 듯 환호를 하며 손바닥을 마주치며 기뻐하기 시작했다. 호영도 영훈을 보며 흐뭇한 미소를 지었다. 전날 철저한 이론 공부를 한 덕택이라는 듯한 표정이다.

오후 5시 30분. 게임은 4시간째 진행되고 있었지만 영훈과 호영은 자리를 뜰 수 없었다. 몇 시간이 지났는지는 신경조차 쓰이지 않을 만큼 블랙잭에 몰두해 있었기 때문이다. 둘 다 100달러를 기초 자산으로 시작했는데, 호영은 150달러, 영훈은 130달러로 수익률이 그리 나쁘지 않았다.

알 수 없는 일이었다. 4시간 동안 같은 자리에 앉아 한 곳만 응시하면서 동일한 패턴의 행위만을 반복하는 작업을 지속할 수 있을 줄이야. 그런 집중력과 인내심의 근원이 어디인지 알 수 없었다. 도박 중에 뇌에서 엔돌핀과 엔케팔린이라는 호르몬이 분비되어 사람에게 쾌감을 준다는 이론을 증명하듯 둘은 알 수 쾌락에 빠져 게임에 몰입했다.

호영의 컨디션이 좋았다. 예측한 대로 게임이 진행되었고, 예기치 않은 변수들이 발생하지 않아 돈은 금세 200달러가 되었다. 반면, 영훈은 시간이 지나면서 난조를 보이기 시작했다. 확률 예측이 틀리기 시작했다. 예측이 틀리기 시작했다기보다는 '모든 예측은 틀린다' 는 진리를 체험하기 시작했다.

사실 확률이라는 것이 각 경우에 대한 시도 횟수를 무한대로 증가시킬 때 나타나는 기대 값이므로 단 몇 시간 동안 벌어진 예측의 오류가 오히려 통계적으로는 더 발생할 가능성이 높은지도 몰랐다.

딜러들이 수차례 바뀌면서 저녁 8시가 넘어 갔지만 둘 중 어느 누구도 숙소로 돌아가자는 얘기를 꺼내지 않았다. 배고프다는 호영의 제안에 음식까지 시켜 먹어가며 둘은 게임을 지속했다.

"호영아, 이거 진짜 재미있지? 내 돈이 걸려서 그런 건가? 가족들하고 고스톱 할 때하고 기분이 또 달라. 근데 게임이 자꾸 안 풀린다."

"그러게. 블랙잭이 이렇게 재미있을 줄은 진짜 몰랐다. 어제 우리가 집중적으로 준비한 전략들이 많이 적중하지 않았냐? 상황대응전략까지도 말야. 그런 의미에서 넌 잠깐 좀 쉬는 게 좋겠어. 패가 너무 안 좋아."

10시가 지나면서 서서히 피로감이 몰려오기 시작했다. 그때 문제가 발생했다. 10시 경에 새로 테이블에 자리 잡은 짧은 머리의 20대 초반쯤 되어 보이는 남자가 게임의 흐름을 망치기 시작했다. 카드를 받지 말아야 할 때 받고, 받아야 할 때 받지 않는 바람에 딜러에게 유리한 결과가 계속 만들어졌고, 결국 다른 플레이어들까지 계속 피해를 입게 되었다. 전형적인 네트워크의 외부효과였다.

한 사람의 그릇된 의사결정에 의해 그 사람과 관계없는 다른 사람이 피해를 입을 경우 어떻게 대처해야 할 것인가? 문제는 그 한 사람은 자신에게 부여된 권리에 따라 적법하게 행동했으며, 피해자들은 인상을 쓰는 것 말고는 그 사람의 행위에 대해 제재할 방법이 아무것도 없었다는 데 있었다.

공해에 개입하는 정부의 역할을 해 줄 사람이 아무도 없었다. 난감했다.

영훈과 호영은 새로 들어온 불청객의 행위에 민감해졌다. 스스로 세운 게임의 법칙을 하나, 둘 어기면서 순식간에 이성에 의한 의사결정 프로세스를 몰아내고 감정적 대응을 택하기 시작했다. 베팅 금액도 조절하지 못했고, 감정도 다스리지 못했다. 결국 영훈과 호영은 순식간에 가진 자산을 전부를 날리고 말았다. 호영은 마지막 남은 20달러를 한번에 걸었는데 딜러에게 빼앗기고 말았고, 영훈은 남은 15달러를 3달러씩 5번에 걸쳐 딜러에게 넘겨주었다.

"영훈아, 마지막 30분은 정말 엄청났다. 순식간에 어떻게 그렇게 돈을 잃을 수 있지?"

"그러게 말이다. 갑자기 맨 끝에 끼어든 아저씨 때문에 전략이고 뭐고 다 끝나고 말았어. 그 아저씨가 사고를 치기 시작했을 때 그냥 자리 일어설 걸 그랬나?"

"그럴지도 몰라. 근데 진짜 아쉽네. 그 돈이면 건호 형이랑, 우리 모두 남은 시간 동안 미국에서 아주 여유 있게 생활할 수 있었을 텐데."

호영도 아쉬운 듯 한숨을 내쉬었다.

"우리 전략과 특별 훈련이 유효했는데, 기본 가정에 문제가 있었나 봐. 모든 플레이어가 게임의 규칙을 정확하게 알고, 합리적으로 의사결정 한다고 가정했잖아. 그게 문제였어. 그 아저씨는 전혀 그렇지 않았으니까. 그냥 한 대 콱…."

영훈이 새로운 불청객에게 패배의 원인을 돌렸다.

누구나 금기시된 것들에 대한 유혹을 느끼기 마련이다. 아무리 반듯한 생활을 지속하는 사람이라도 일탈의 충동을 경험한다. 문화와 처한 상황에 따라 금기에 대한 기준도 달라진다. 중요한 것은 결과에 대한 책임이며, 해석이다. 세상을 살다 보면 공짜로 얻는 것도 있지만, 어떤 것들은 값을 지불해야만 배우는 것들도 있다.

World class MBA

약 2개월간의 미국 생활을 마치고, 카이스트 MBA들이 다시 귀국길에 올랐다. 드넓은 워싱턴 호수의 넉넉함과 도시 곳곳에 뿌려져 있는 푸른 공원들, 따뜻하고 여유로운 시애틀 사람들의 푸근함을 머지않아 그리워하게 될지도 모른다.

공항은 사람을 상념에 잠기게 한다. 시간을 추억하게 하고, 다시 다가올 미래에 대해 상상하게 만드는 것이다. 탑승 수속을 마치고 영훈은 비행기에 올라탔다. 좁은 이코노미 좌석임에도 불편함을 느낄 겨를 없이 영훈은 짧은 미국 생활에 대한 생각에 잠겼다.

이번 여행을 통해 얻은 것은 무엇인가? UW 수업이 시작되기 전 복잡한 마음이었다. MBA의 근원지인 미국에서 수업을 받는다는 설레임과 더불어 긴장과 불안 또한 있었다. 미국에서도 수준 높은 MBA로 구분되는 UW에서 한국 MBA들이 무시를 받지 않을까하는 두려움과 카이스트 MBA에 대한 자부심이 미국에서 신산조각 나면 어쩌나 하는 우려를 부인하기 힘들었다. MBA 스쿨의 역사가 일천하고 시장 자체도 협소한 우리나라의 MBA가 세계의 벽 앞에서 좌절하게 되는 것은 아닐까라는 걱정이 기우가 되기를 빌었다.

그러나 첫 수업을 받은 후부터 걱정이 기우였다는 사실을 깨닫기 시작했다. UW의 교수들은 훌륭했다. 강의 준비도 철저했고, 가르치는 방법도 탁월했다. 탁월한 화술을 자랑하는 미국의 정치인들처럼 교수들의 언변도 뛰어났다. 리더십, 협상전략, 마케팅, 글로벌전략, 혁신전략 등 다양한 과목의 교수들이 이론과 사례를 적절히 조합하여 수업을 다채롭게 이끌었고, 활발한 토론을 유도하는 능력도 뛰어났다. 하지만 우리의 기대수준을 뛰어넘지는 못했다. 어쩌면 그 기대수준이 비현실적으로 높았는지도 몰랐다. 적어도 카이스트 MBA 수준보다 높아야 감흥이 있었을 것이다.

하지만 결과는 그렇지 못했다. 카이스트에서 3학기를 거치면서 다양한 과목들을 수강하고 혹독한 훈련을 받아서 그런지 UW의 수업에서 새로운 내용을 찾기는 힘들었다. 복습하는 기분으로 정리하는 의미는 있었지만 더 이상 새로운 관점이나 깨닫지 못했던 통찰력을 얻지 못했다. 아침 8시 30분부터 오후 5시까지 지속되는 수업 시간이 사람을 지치게 만들었는데, 그것은 수업의 지속 시간의 문제가 아니라 새로운 지적 호기심을 유발하지 못한 데 문제가 있었다.

UW의 수준을 평가절하하고 싶은 생각은 추호도 없다. 다만, 다시 확인한 것은 카이스트 MBA에 대한 자부심이었다. 10년의 짧은 역사를 가진 학교가 100년에 가까운 역사를 자랑하는 학교와 어깨를 나란히 할 수 있다는 뿌듯함이었다.

어쩌면 카이스트 MBA에 대한 자부심이 아니라, 낙후된 교육의 질로 의기소침해 있는 대한민국 교육에 대한 가능성을 발견한 데서 비롯된 기쁨이었는지 모른다. 척박한 한국의 MBA가 세계의 MBA와 당당하게 겨룰 수준이 되었다는 것은 단지 카이스트 MBA라는 특정 학교에 대한 것만은 아니었다.

물론 다양한 국적 분포, 재학생들의 화려한 경력, 졸업 후 연봉수준, 학교의 규모 등의 측면에서 카이스트는 여전히 미국 최고 MBA들에 뒤지는 측면이 있다. 그러나 역사와 전통이 깊은 수많은 MBA 스쿨들이 경쟁하고 있는 미국의 상황을 생각하면 대한민국 MBA가 새로운 지평을 열어 가고 있는 것임에 틀림없다.

UW 교직원들의 프로정신은 배울 만했다. 프로그램의 작은 부분에까지 섬세하게 신경 쓰고 철저하게 준비하는 모습을 통해 행정의 가치를 새삼 확인할 수 있었다. 그러한 높은 수준의 행정 역량이 UW MBA의 가치를 더욱 높게 만드는 것임에 틀림없었다.

　모든 것이 예측 가능하도록 시스템화된 사회 전반의 제도와 인프라는 미국의 저력을 다시 한 번 실감나게 한 것이었다. 시애틀에 도착한 지 단 하루 만에 어디든 운전하고 다닐 수 있을 정도로 과학적으로 설계된 도로교통망은 그 좋은 예였다. 특히, 아이젠하워 대통령이 주도하여 1950년대에 만들었다는 주간 고속도로(Interstate-highway)는 미국 동서와 남북 대륙을 촘촘하게 엮고 있어서 미국 물류와 유통 발전의 근간이 되고 있었다.

　워싱턴 주를 남북으로 연결하고 있는 I-5(Interstate-highway 5번)는 북쪽으로는 캐나다 밴쿠버까지 닿아 있고, 남쪽으로는 오리건 주를 거쳐 캘리포니아 주까지 연결되어 있어 지도 한 장만 있으면 외국인들도 손쉽게 여행이 가능했다.

　가령 UW에서 숙소로 가기 위해서는 I-5 북쪽 방향으로 가다가 174번 출구로 나간다고 설명하면 될 정도로 이용자 중심으로 설계된 도로 시스템은 이동에 대한 사회적 비용을 최소화해 주었다. 서울의 강변북로와 올림픽대로가 물리적으로 잘 만들어진 도로임에도 불구하고, 한강의 남과 북을 연결하는 각 대교의 진·출입로에 대한 일관된 규칙이 없이 만들어져 운전자들의 불편을 초래하는 것과는 대조적인 모습이었다.

　도로인프라가 단순히 사회적 거래비용에 영향을 미치는 것뿐 아니라 도로이용자의 스트레스 지수에도 막대한 영향을 주는 것을 감안하면 미국의 도로시스템은 국민들의 행복지수 상승에도 기여하고 있음에 틀림없었다.

다양하게 발달된 유통채널은 시장이 발달된 미국의 단면을 보여주었다. 고급 백화점, 중저급 백화점, 고급 아웃렛, 중급아웃렛, 저급아웃렛 등 다양한 층의 유통채널이 같은 브랜드의 제품이라도 출시시기에 따라 가격을 차별화하여 상품의 회전율을 높였고, 고객들은 다양한 선택권을 누릴 수 있었다.

사회복지제도 측면에서는 미국이 캐나다에 비해 열위에 있다고 볼 수도 있지만, 이러한 상품 유통 채널의 발전이 사회 소외계층의 기본 의식주 문제 해결에는 상당한 기여를 하고 있는 듯했다.

학교에서 케이스로만 다루던 많은 기업들을 눈으로 보고, 체험할 수 있었다는 점도 미국에서의 경험이 주는 매력 중 하나였다. 고객만족과 서비스에 대한 품질로 유명한 노스트롬(Nordstrom)에 대한 케이스를 다룰 때 피상적이었던 노스트롬의 서비스를 직접 경험할 수 있었고, 우리나라와는 다른 미국 월마트의 원가우위 전략의 유효성도 확인할 수 있었다.

스타벅스 본사에서는 현재 스타벅스 커피의 사업모델을 만든 하워드 슐츠의 기업가 정신의 모태를 보았고, 보잉 본사에서는 항공기의 다양한 부품을 아웃소싱하고 자신은 핵심 부품에만 주력하는 사업 모델의 우월성도 느낄 수 있었다. 좁은 땅에서 고층으로 건물을 올릴 수밖에 없는 우리의 현실과는 너무 대조적이었던 마이크로소프트의 대학 캠퍼스같이 넓게 분산된 본사 건물들을 보면서 IBM의 하청업체에 불과했던 회사가 세계 IT 시장의 핵심 위치를 차지하는 경이적 역사를 보는 듯했다.

시애틀 전역에 골고루 분산된 호수와 공원, 주말이면 픽업트럭에 보트를 매달고 캠핑을 떠나는 것이 일상이 된 사람들의 생활은 분명 우리의 그것과는 많이 달랐다. 그들이 가진 풍부한 자원과 경제력만이 그런 여유의 원천인 것인지, 아니면 또 다른 무엇이 있는 것인지 파악하기에는 너무 짧은 기간이었지만 좋은 경험이 되었다. 한국에 도착하여 여행의 짐을 풀 때는 카이스트의 마지막 학기를 맞게 되리라.

카 이 스 트

중 국 을

품 다

103호 교실의 불이 모두 꺼졌다. 낮 1시였지만 강의실 안은 어둑했다.

'아니 갑자기 왜 불을 전부 끄는 거야? 수업 시작해야 하는데.'

지수는 수업을 앞두고 교실 불이 꺼진 이유에 대해 의아해 했다. 유승현 교수의 중국체제분석 수업 시간이다. 이 수업은 정치와 경제 등 중국 사회와 시장에 대한 이해도를 높여 중국 시장에서 기업이 경쟁우위를 창출하고 유지하기 위한 방안을 모색하기 위한 시간이다.

유 교수는 중국어 동시통역사로 활동하다가 북경대학에서 국제정치로 박사 학위를 받았고, 한국과 중국 간 비즈니스 실무 경험도 풍부하여 중국에 관한 한 자타가 공인하는 전문가였다. 유 교수는 매 수업시간마다 자신이 배우고 경험한 중국을 학생들에게 제대로 알리기 위해 열정을 다하는 교수로 유명했다. 중국에 문외한인 사람도 유 교수의 수업을 듣다 보면 중국의 가치에 대해 다시 생각하게 되는 경우가 많았다.

세계에서 가장 많은 인구와 가파른 경제성장률에 대해 언급하지 않더라도 이미 중국은 우리나라의 최대 교역국으로 수출의 20% 이상을 차지하고 있어 전략적으로 가장 중요한 국가임에 틀림없다. 국내 기업의 경우 중소기업을 포함하여 이미 4만여 개 이상의 기업이 중국에 진출했고, 〈포천〉 500대 기업 중 400여 개의 기업이 중국에 진출했다는 사실은 중국의 전략적 가치를 재확인시켜주는 사례이다.

다만, 문제는 국내의 대다수 기업들이 13억 인구의 시장 크기만 믿고 중국에 진출했다가 낭패를 보는 경우가 많다는 것이다. 공산당 독재와 시장경제가 절묘하게 얽혀 움직이는 중국체제의 특수성과 문화적 차이 등이 기업들의 시행착오와 실패를 거듭하게 만드는 요인 중 하나일 것이다.

개인 차원에서는 중국어와 비즈니스 전문역량 두 가지를 제대로 갖추고 있는 사람이 드물다는 점 또한 경쟁력을 약화시키는 요인이다.

"자. 갑자기 제가 불을 다 꺼서 놀라셨죠? 오늘은 영화를 한 편 볼까 합니다. 장예모 감독의 〈인생〉이라는 영화인데요, 보신 분들 계시나요? 그동안 우리가 중국의 철학과 역사를 쭉 살펴봤는데, 오늘 영화는 중국의 근현대사에 대한 영화에요. 영화 속 두 부부의 눈을 통해 1940년대 이후 지금의 중국이 어떻게 형성되었는지에 대해 이해할 수 있을 겁니다. 중국에서는 상영금지까지 되었던 영화인데요, 중국 현대사와 공산주의에 대해 객관적으로 잘 표현해냈다는 평을 받고 있습니다. 격변의 중국 현대사 속에서 공산당과 국민당의 국공내전, 홍위병과 대장정, 문화대혁명이 실질적으로 어떤 의미를 남겼는지도 간접적으로 느낄 수 있을 거예요. 제가 그동안 누누이 말씀드린 바와 같이 중국 시장에서 생존하고, 성공하기 위해서는 그들의 문화와 역사를 제대로 이해하는 것이 필수입니다. 여러분들이 나중에 중국인들과 거래를 하게 되면 지금 제가 하는 이야기가 얼마나 중요한 것인지 알 수 있을 겁니다. 자신들의 역사를 이해하고 접근하는 사람과 그렇지 않은 사람을 중국인들은 다르게 대우합니다."

유 교수는 다시 말을 이었다.

"많은 사람들이 '꽌시(관계)'가 중국 비즈니스 성공의 핵심요소라고 말하는데 그 의미를 제대로 이해하고 있는 사람은 드문 편입니다. 우리나라에서도 기업 경영에서 외부와의 관계가 중요한데, 왜 유독 중국 시장을 말할 때 '꽌시'를 강조하는 걸까요? 중국인들은 서로를 잘 믿지 못하기 때문에 이미 관계가 잘 형성되어 자신들의 편이라고 믿는 사람들에게만 특별하게 대우를 해야 자신에게도 좋다고 믿기 때문입니다. 그런데 그건 또 왜 그런 걸까요? 서설이 너무 길어지네요. 일단 오늘 영화 잘 보시면 중국인들의 역사와 문화에 대해 좀 더 이해할 수 있을 것입니다."

교실은 조용해졌다. 중국 역사와 문화라는 두 단어를 생각하면서 학생들은 영화에 몰입하기 시작했다.

1940년 중반부터 1970년대까지를 다루고 있는 영화는 비극으로 점철된 가족사를 통해 국공내전과 중국사회주의 혁명, 문화대혁명이 일반 국민들에게 어떤 영향을 미쳤는지를 보여주었다. 부귀라는 주인공의 인생이 중국 현대사의 전개에 따라 운명이 송두리째 뒤틀리는 과정이 반복되었다.

도박에 중독되어 집까지 잃었는데, 그것이 오히려 사회주의 혁명 이후 목숨을 보전하게 해주고, 공산당에게 잘 보이려는 노력의 결과 아들까지 잃게 되는 과정은 거대한 사회 체제의 변화 앞에 민초의 삶이 얼마나 무력할 수밖에 없는가를 보여주었다. 문화대혁명 때문에 발생한 의료계의 부실화로 부귀는 결국 딸까지 잃고 말았다.

'한국과 중국이 수교한 지 15년이나 지났는데 중국 역사에 대해 내가 이렇게 무지했다니. 중국이 이렇게 혹독한 역사의 격변을 겪었는지 몰랐는 걸. 문화대혁명 이후 왜 중국이 흑묘백묘(黑猫白猫, 등소평의 정책으로, 검은 고양이든 하얀 고양이든 쥐를 잘 잡는 고양이가 좋은 고양이라는 말. 이념보다 실리를 추구하겠다는 의미)를 내세우며 실용주의 노선을 채택했는지 이제 좀 알 것 같다.'

지수는 잠시 눈을 감고 격변의 중국 근현대사를 생각하였다. 중국이 유교문화권임에도 불구하고 왜 여성의 지위가 높고, 외식산업이 발달하게 되었는지도 알 수 있었다.

기업의 해외진출 전략의 핵심은 기존 국내 시장의 경쟁우위를 현지 시장에 얼마나 잘 이전할 수 있는가와 현지 시장에 대한 이해도가 얼마나 높은가에 따라 좌우된다고 해도 과언이 아닐 것이다.

무한한 가능성이 있는 중국 시장이 우리나라의 지척에 있다는 사실이 큰 기회 요인임은 분명하다. 그러나 그 기회를 현실화하기 위해서는 중국에 대한 피상적 이해에서 벗어나 근본에 대한 이해를 추구하여 기업 경쟁에 필요한 역량을 구축해야 할 것이다.

중국어 수업

언어는 단순히 의사소통의 수단만이 아니다. 특정 언어를 잘 구사할 수 있다는 것은 그 국가의 문화와 사고방식을 상당 수준 이해하고 있음을 전제로 한다. 이는 언어가 특정 문화 현상의 총체적 결과이고 원인이기 때문이다.

이런 의미에서 중국 시장의 전략적 중요성을 인식하고 있는 카이스트가 중국어 수업을 개설한 것은 당연한 일이었다. 사실 정규 수업의 학습 분량만으로도 학생들의 일상을 부담감으로 채우기 충분했지만, 중국 시장을 무시할 수도 없는 노릇이었다.

"요즘 들어서 중국어 연습을 잘 안하고 있는 것 같아요."

유승현 교수는 학생들의 중국어 학습에 대한 열의가 식어가는 것 같아 염려스러웠다. 2005년부터 카이스트 비즈니스 스쿨의 중국관련 수업을 도맡아 하면서 중국 시장과 중국어의 중요성을 강조해왔지만, 학생들의 중국어에 대한 투자는 유 교수의 기대에 미치지 못한 것이 사실이다.

학기 시작 때는 빽빽하게 좌석을 꽉 채우던 학생들이 시간이 지나면서 하나둘씩 결석을 하기 시작했고 심지어 중간에 수강을 취소하는 학생들도 있었다. 중국어에 대한 관심들은 많았지만 전공과목들에 집중하다 보면 중국어에 소홀해지기가 쉬웠다. 복습을 제대로 하지 않고 2~3주가 지나면 수업 진도를 따라가는 것도 힘들어지기 십상이었다.

"영훈이 형. 요즘 중국어 연습 모임에 잘 안 나오던데. 많이 바쁜가 봐요?"

종석이 요즘 들어 중국어 연습 시간에 나오지 않는 영훈을 나무랐다. 영훈과 지수, 종석은 중국어 고급반 수업의 같은 연습팀이었다. 중국어 수업 시작 1시간 전에 모여 전 시간에 배운 내용을 복습하라는 취지로 유 교수가 수강생들에게 연습팀을 구성해 주었기 때문이다. 하지만 요즘 들어 영훈의 출석률은 상당히 저조했다.

"미안. 시간을 내려고 하는데 그게 쉽지 않다야. 마지막 학기 과목들이 쉽지 않아. 이거 뭐 복습을 안 하고 있으니 매 시간마다 학습 능력도 점점 떨어지고 아주 골치 아파. 그렇다고 지난 학기처럼 수강을 취소할 수도 없고…."

지수 역시 영훈의 말이 남 이야기 같지 않았다. 지난해부터 중국어를 시작했는데, 최근 들어 중국어 실력이 늘어가는 기색이 전혀 보이지 않

公司职员：小姐，您好，这是我们公司免费赠送的产品。
顾　　　客：谢谢。
公司职员：能耽误您两分钟吗？我们公司正在进行市场调查，
　　　　　轻轻您回答几个问题，可以吗？
顾　　　客：你说吧。
公司职员：您知道这个产品的品牌吗？以前使用过吗？
顾　　　客：知道，使用过。
公司职员：您觉得这个品牌的产品质量如何？
顾　　　客：质量不错。
公司职员：您觉得使用效果怎么样？

았다. 복습이 이루어지지 않으니 언제나 제자리걸음이었다.

옆에서 지수와 종석, 영훈의 대화 연습을 듣고 있던 유 교수는 더듬거리며 말하는 지수를 쳐다보았다.

"지수씨. 복습 안 했어요? 기억을 하나도 못하네? 지수씨는 작년부터 내 중국어 시간에 들어왔는데, 아직도 제자리인 것 같아. 조금만 더 열심히 하면 실력이 급상승할 수 있는데, 처음 저를 만났을 때와 큰 차이가 없어요. 좀 더 분발했으면 좋겠어요."

유 교수는 안타까운 심정으로 중국어 학습을 독려했다. 학생들 졸업 이전에 중국어 학습에 대한 기반을 만들어줘야겠다는 욕심이 있어서 그런지 졸업을 앞둔 2년 차 학생들에 대한 안타까운 심정은 더 큰 듯했다. 졸업하고 기업 현장에 나가면 중국어 학습에 집중적으로 시간을 투자한다는 것이 더욱 힘들 것이 분명했기 때문에 그 전에 중국어 실력을 가능한 한 올려놓아야 했다.

"네. 교수님. 정말 면목이 없어요. 매번 처음엔 열심히 할 깃처럼 책도 사고 예습과 복습도 열심히 하는데 시간이 지나면서 잘 안 되네요. 바쁜 것도 사실이지만 중국어의 중요성에 비해 제가 자원배분을 잘 못하는 것 같아 속상해요. 저도 진짜 잘 하고 싶은데."

지수는 강의실에 앉아 있는 다른 학생들을 돌아보았다. 수강생은 모두 7명에 불과했지만 초급부터 시작해 고급반까지 올라온 학생들이었다. 초급반은 교실 꽉 찰 정도로 학생들이 많았지만 고급반까지 생존한 학생들은 많지 않았다.

지수는 입학 전에 중국어를 공부했기 때문에 다른 학생들보다 실력면에서 우월한 입장이었지만, 이제는 더 이상 다른 학생들보다 잘 하는 수준이 아니었다. 유창하게 대화를 하는 학생들도 더러 눈에 띄었다.

"종석 오빠. 진짜 저 사람들 대단하다. 난 단지 중국어 수업시간 빠지지 않는 것도 어려운데 언제 저렇게 중국어까지 연습할까? 졸업할 때 되면 다들 원어민 수준으로 하겠는 걸. 오빠도 원래 기본기까지 튼튼한 데다가 이렇게 열심히 하니. 아, 좀 더 열심히 할 걸. 지금 와서 후회하면 뭐 해."

"그래도 하려고 하는 의지만 잃지 않으면 되지. 나중에 취직하고 나

王　　光：我们两年的代理合同已经到期了。
代理商：是啊，我们希望与贵方继续合作。
王　　光：非常遗憾，我们恐怕不能再跟贵方签合同了。
代理商：为什么会这样？
王　　光：公司已经作出决定，在这个地区不再采用代理的方式。
代理商：怎么会这样？能不能在商量商量？
王　　光：没有什么可商量的，这是公司的决定。
代理商：你知道，我们一直都很努力。

서도 꾸준히 연습해야지. 요즘 들어 학교에 중국 출신 학생들도 많이 보이던데 그 친구들 만나서 말하는 연습도 하면 좋겠네. 중국어 잘 하는 것도 확실한 경쟁우위가 될 거야. 이제는.”

“네, 오빠. 졸업하고 나서도 꾸준히 해야죠. 그럼 그런 의미에서 다시 연습 시작합시다!”

학점으로 인정되지 않는 중국어 수업에 시간과 노력을 투자하는 학생들은 새로운 외국어 한 가지를 더 배우려는 목적이 아니었다. 자신들이 배운 경영이론과 훈련을 중국이라는 시장에서 제대로 적용하기 위한 수단으로 중국어를 배우는 것이었다.

MBA 첫 학기에는 중국어의 가장 기초인 4성을 배우고 2학기, 3학기,

4학기를 거치면서 기본 회화와 비즈니스를 위한 중급, 고급 수준의 중
국어를 구사할 무렵, 카이스트 MBA들은 세계에서 가장 유망한 시장의
하나로 꼽히는 중국 시장에 진출할 준비가 되는 것이다.

대장정

45명의 카이스트 MBA들을 태운 버스가 상해 포동지구에 다가서자
여기저기서 탄성이 쏟아졌다.

"우와, 여기가 중국 맞아? 포동지구가 유명한 것은 알았지만, 이 정도
라고는 상상도 못했어."

"저 건물들 좀 봐. 40층, 50층은 기본인데. 저 독특한 디자인의 건물
들 좀 보라구! 정말 믿기지 않는 걸."

중국 개혁, 개방 정책의 대표적 상징이면서 중국의 현재와 미래라 불
리는 상해 포동지구는 그 유명세만큼이나 화려하고 기품이 있었다. 건
물의 높이와 수려한 디자인, 조화롭게 배치된 각 건물들은 보는 이들을
기죽이기에 충분했다.

높이 468미터의 동방명주와 88층 높이를 자랑하는 진마오 빌딩을 비
롯해서 황포강 동쪽을 위용 넘치게 수놓은 마천루는 미국 뉴욕의 화려
한 금융가를 이미 압도하고 있었고, 포동지구 건너편의 외탄지역은 프
랑스 파리 샹제리제 거리의 낭만과 아름다움을 제압하는 듯 했다. 동방
명주 263미터 전망대에서 바라본 포동지구의 모습은 마치 어느 미래 도

시의 모습을 연상시킬 만큼 정연함과 다양함이 기막히게 조화되어 있었다.

공산주의의 획일성은 포동지구 어디서도 찾아볼 수 없었고, 이상적으로 그려진 도시계획의 조감도를 보는 듯했다. 2003년 노무현 대통령이 포동지구를 방문하고서 "우리에게도 배울 대상이 생겼다"고 언급한 이유를 알 수 있었고 북한 김정일 위원장이 "천지개벽이다"라고 표현했다는 이유를 충분히 공감할 수 있었다.

"형, 우리나라 송도국제도시는 다양한 이해관계자들 사이의 의견충돌 때문에 아직도 개발 일정이 불투명한데, 여길 봐. 심양에서 중국은 아직 멀었다는 생각을 했는데, 포동지구를 보니까 이젠 정말 중국이 두렵기까지 해."

준헌이 포동지구의 발전상을 보면서 충격을 받은 모양이었다.

"나도 공감이야. 나도 이젠 중국이 두렵다. 세상에 1995년부터 본격적으로 개발이 시작되었다는데 어떻게 개발된 지 10년도 채 안 된 도시가 이런 모습을 하고 있을까? 우리나라 여의도 금융가가 오히려 초라하게 느껴지는 걸."

영훈 역시 동방명주에서 황포강의 동서를 바라보는 얼굴이 심각해지기 시작했다.

"왜 다국적 기업들이 아시아 본부를 포동에 두는지 이제 이해할 것 같아. 우리나라가 동북아 경제허브를 꿈꾼다는데 그게 과연 가능할까? 이건 싱가폴과도 비교할 수 없어. 저 아래를 봐. 황포강 동서 연안을 신축 중인 건축물들이 채우고 있어. 앞으로 2~3년만 지나도 포동지구는 지금보다 훨씬 발전될 것 같은데. 중국 진짜 무섭다.”

호영은 포동지구의 현재뿐 아니라 가까운 장래의 더욱 발전될 모습까지 생각하면서 고개를 설레설레 저었다. 단순히 화려한 고층 건물들의 외관에 압도된 것이 아니었다. 세계가 놀랄 정도로 초단기간에 세세 어디에 내놓아도 손색이 없을 정도의 대규모 경제 개발 특구를 건설한 중국의 전략과 실행력에 놀란 것이었다.

포동의 위세는 건축 기술의 힘이 아니라, 엄청난 해외직접투자(FDI)를 단기간에 유치한 중국정부의 역량 덕분인 것이다. 민주주의라는 체제가 역사상 존재했던 그 어떤 정치체제보다 우월한 것임은 틀림이 없지만 중국 공산당이 일관되게 추진한 도시 개발의 성과는 부러움의 대상이 되기에 충분했다.

중국을 배우고, 중국에 진출한 한국 기업들의 전략과 고민을 이해하기 위한 15박 16일이라는 긴 중국 여정의 절반이 지났다. 중국 정치의 중심지인 북경에서 5박 6일간 체류하면서 방문한 북경현대자동차와 북경만도, 현대모비스, SK커뮤니케이션스 관계자들로부터 생산기지와 사업기지로서 중국의 전략적 중요성을 절감할 수 있었다.

우리나라 서울과 경기를 합한 면적이라는 북경을 보면서 중국의 스케일을 실감할 수 있었다. 비록 북경에는 낡은 건물들이 많았고, 여전히 낙후된 지역이 많음을 확인했지만, 정연하게 정비된 대규모의 도로망은 북경의 미래발전을 지지할 훌륭한 인프라가 되기에 충분했다.

북경에서 장장 10시간 동안 기차를 타고 도착한 심양은 1970년대 우리나라의 모습을 연상시켰다. 심양을 거쳐 왔기 때문에 상해의 발전상에 대한 인상이 깊었는지도 모르겠다. 심양의 농심 공장 총경리가 설명해 준 농심의 중국 사업 전략은 카이스트 MBA들에게 중국 시장의 가치와 기업의 성공 전략에 대해 많은 것을 시사해 주었다.

10명이 채 안 되는 한국 직원들이 400여 명의 중국 현지 직원들과 함께 중국에 한국의 라면 문화를 심겠다는 초기의 구상이 서서히 뿌리내리기 시작하고 있다는 소식은 고무적이었다.

중국 시장에 대해 피상적인 전략으로 접근한 것이 아니라, 심양을 중심으로 한 동북 3성 지역을 발로 뛰며 신라면을 중국인에게 시식하게 하여 차츰 한국 라면의 강점을 직접 체험하게 했다는 부분은 많은 학생들에게 깊은 인상을 심어 주었다. 그 어떤 상품보다 음식 상품은 특정 국가 문화와의 연관성이 크기 때문에 현지화도 쉽지 않을 뿐더러 본국 시장의 경쟁력을 쉽게 이전하기 어렵기 때문이다.

표준화와 현지화에 대한 갈등을 현지 고객들과 직접 부대끼며 해결해 나가는 모습은 많은 중국 진출 기업들이 반드시 참고해야 할 대목이었다. 라면이 저급한 식품이 아니라며 라면을 홀대하지 말라는 심양 공장 총경리의 자기 상품에 대한 자신감과 당당함 역시 근본적인 고객가치에 충실해야 함을 역설해 주는 것이다.

15박 16일의 중국 대장정. 북경과 심양을 거쳐 상해에 이른 지금 카이스트 MBA들은 여전히 가흥, 소주, 무석과 남경 방문을 앞두고 있다. 남은 7박 8일의 중국 여정이 중국에 대해, 중국 진출 기업들의 성공 전략에 대해 어떤 메시지를 줄지는 아직 알 수 없다.

그러나 분명한 것은 서울을 출발한 45명의 카이스트 MBA들이 중국을 다시 보게 되었다는 것이다. 여전히 극심한 빈부격차와 지역 간 발전의 불균형, 높은 문맹률 등 많은 문제점에도 불구하고 중국은 더 이상 무시할 수 있는 국가가 아니었다. 오히려 많은 점을 본받아야 할 국가였다. 대부분의 산업 영역에 있어서 중국을 변수로 고려하지 않고는 기업의 지속 성장을 보장할 수 없는 시대가 도래한 것을 실감한 것이다.

스웨덴 친구,
샬롯

매 학기 적지 않은 외국 교환학생들이 카이스트 비즈니스 스쿨을 찾는다. 특히 유럽과 아시아 지역 학생들이 많이 찾는 편이다. 한국을 선택한 이유도 다양하다. 한국 영화나 드라마를 보고 한국에 관심이 생겨 왔거나, IT 강국 한국에서 뭔가를 배우기 위해 왔다는 학생들이다.

일부는 한국을 아시아의 거점 국가로 생각하고 카이스트에 와서 주말을 이용해 일본과 중국 등을 방문하기도 한다. 어떤 학생들은 머지않아 세계 경제의 축이 아시아로 완전하게 이동할 것이기 때문에 미리 아시아를 배우기 위해 왔다고 거창하게 말하기도 한다.

학교에서는 이들 교환학생들의 빠른 적응을 돕기 위해 멘토(Mentor) 프로그램을 운영하고 있다. 멘토의 주된 역할이 교환학생들을 돕는 것이지만, 이들을 돕는 과정에서 자연스럽게 외국의 문화와 가치를 배우는 부가 효과 등이 있어서 늘 멘토 지원자가 많은 편이다.

공항에서의 만남

독일 교환학생 시절 현지 학생들로부터 많은 도움을 받은 지수 역시 멘토 프로그램에 자원했다.

"지수씨, 이번에 스웨덴에서 오는 여학생이 지수씨의 멘티(Mentee)에요. 이번 주 금요일 공항에 도착하는데 지수씨가 데리러 갈 수 있어요? 아니면 학교로 찾아오는 방법을 설명해 주면 그 친구 혼자 찾아 올 수도 있겠죠."

"네? 어떻게 혼자 여기를 찾아와요? 택시 탈 줄도 모를 텐데요. 그 많은 짐을 들고 낯선 곳에서 길을 찾는다는 건 생각만 해도…. 제가 공항으로 데리러 나갈게요. 그 친구 이메일 주소 좀 주세요. 공항에 데리러 나간다고 미리 연락을 해 놓아야죠. 비행기 편 명도 알아야 하고요."

국제협력센터의 존(John)은 마중 나가겠다는 지수의 반응을 반기며 활짝 웃었다.

'어? 저기 나오는 저 친구인가?'

많은 아시아인들 사이에서 금발의 여학생이 주변을 두리번거리며 인천 공항 문을 빠져 나오고 있었다. 서로 처음 본 사이였지만 눈빛을 보며 상대방이 누구인지 알 수 있었다.

"혹시, 샬롯?"

"응. 네가 지수?"

"응, 맞아. 오는데 힘들지는 않았니? 스웨덴에서 직항으로 온 거니?"

"아니 괜찮아. 쿠알라룸프르 들렀다가 왔어. 일주일 정도 휴가 갔었거든. 근데 이렇게 마중 나와 주어서 너무 고맙다. 혼자 어떻게 찾아가나 했거든."

"무슨 소리야. 당연히 마중 나와야지. 생각보다 짐이 많지는 않네? 내가 운전을 잘 못해서 공항 리무진을 타고 학교를 가야 할 것 같은데, 괜찮지?"

1미터 70센티미터 정도 신장의 샬롯은 금발에 푸른 눈을 가진 전형적인 북유럽 미인이었다. 어려 보이는 외모여서 그런지 멀리 한국을 혼자 찾아 온 것이 대견하게만 보였다. 앞으로 5개월간 한국에서 펼쳐질 일들을 상상하며 지수와 샬롯은 공항 입구를 빠른 걸음으로 빠져 나오고 있었다.

샬롯의 고민

"샬롯. 요즘 생활은 어때? 수업은 할 만하니?"

지수는 오랜만에 샬롯과 점심 식사를 하였다. 지수가 샬롯의 멘토이긴 했지만 지수도 정신없이 바쁘다 보니 많은 부분을 챙겨 주지 못했다.

"어. 괜찮아. 하지만 생각보다 너무 바빠. 3과목 수강 신청했는데 지금 한 과목을 취소할까 생각 중이야. 전략 경영을 취소하고 싶은데. CRM과 전략 경영을 함께 수강하니까 너무 힘들더라고. CRM의 경우는 매번 수업시간마다 케이스 하나에 논문 한 편을 읽어 가야 하고, 또 매주 팀 미팅을 해야 하고, 퀴즈도 있잖아. 아. 다음 주에는 우리 조 발표도 있어. 우리 학교에서 이 정도의 수업 강도였으면 아마 다들 3과목 수강하는 것조차도 힘들어 했을 거야. 휴우."

사실 샬롯은 한국 여행도 하면서 한국에 대해 배우고, 특히 관심 있는 IT 분야에 대해서 공부해 보고 싶었다. 한국이 IT 강국이라는 사실 때문에 한국에 교환학생으로 오게 된 것이기도 했다. 하지만 매일매일 수업 준비에 시간이 쫓기기가 일수였다.

"그래? 그래도 최소 3과목은 듣는 게 원칙이잖아. 힘들더라도 시간 관리를 잘 해서 하면 되지 않을까? 팀원들도 많이 도와줄 테고."

교환학생은 카이스트 MBA에서 최소 3과목을 수강해야 했다. 5과목을 듣는 카이스트 비즈니스 스쿨 학생들보다는 좀 나은 상황일 텐데 지수는 3과목에 힘들어 하는 샬롯이 이해가 되지 않았다.

"팀 미팅을 할 때도 팀원들에게 미안할 때가 한두 번이 아니야. 이번 CRM 발표가 우리 팀이잖아. 근데 어제는 12시가 넘어도 팀 미팅이 안 끝나더라고. 나는 12시 넘어서까지 팀 미팅을 한다는 게 이해가 안 갔어. 비효율적이라고 생각했고 그냥 오늘 이어서 하는 것이 나을 것이라고 생각했거든. 그 늦은 밤에 얼마나 많이 생각이 날까하는 생각에. 근데 다들 토론을 끝내지 않는 거야. 그래서 그냥 혼자 나왔지."

"그래? 그럼 네가 잘 이야기해서 다음날 하자고 팀원들을 설득하지 그랬어. 교환학생도 있으니 다들 상황을 이해하지 않았을까? 네가 아직 카이스트 MBA 생활에 적응이 안 된 상황이라서 그럴 수도 있다고 이해할 텐데."

"모르겠어. 아무튼 그래서 2과목으로 줄이려고 생각 중이야. 수강 취소 마감 날이 이번 주 금요일까지지?"

"그런데 적어도 3과목 이상은 들어야 할 텐데. 나중에 스웨덴으로 돌아가서 문제가 되면 어떡하려고."

지수는 한 과목을 취소한다는 샬롯을 설득시켜야 했다. 3과목을 기본으로 수강해야 하는데 한 과목을 취소한다면 본국에서 문제될 것은 뻔한 일이었다.

"학교 담당자에게 이메일 보내 놓은 상태야. 이해해 주길 바랄 뿐이지. 정 안 되면… 나도 그 다음은 모르겠다."

물론 샬롯에게는 카이스트에서의 수업도 중요하지만 한국에서의 다양한 경험과 IT 분야에 대한 공부가 더 중요할 수도 있다. 하지만 지수는 샬롯이 중간에 수업을 포기하게 만들고 싶지 않았다.

"샬롯. 우선 3 과목을 듣고 많이 힘든 경우는 팀원들에게 도와달라고 요청을 하는 것이 나을 것 같아. 팀이라는 게 함께 도울 수 있어서 좋은 거잖니. 그러면 좀 여유가 생길 것이고 그때 네가 하고자 했던 다양한 경험과 IT 분야에 대한 공부를 하면 되지 않을까?"

"그래. 지수. 좀 더 생각해 볼게. 밥 먹으면서 더 스트레스 받으면 안 되니까 일단 밥이나 맛있게 먹자구."

"이건 어떤 음식이야?"

세바스찬이 마지막 음식으로 나온 김치말이 국수를 보며 말했다. 오늘은 지수와 영훈, 승욱이 저녁 식사에 교환학생을 초대한 날이다. 승욱의 제안으로 외국 학생들에게 한국 음식을 선보이기로 하였다. 샬롯, 독일에서 온 세바스찬, 덴마크 출신의 마즈가 흔쾌히 이들의 초대를 받아들였고, 이들은 인사동에 있는 한국 식당에서 떡갈비, 파전, 빈대떡, 두부김치 등을 먹고 있었다.

"아. 그건 국수인데. 김치를 넣어서 만든 김치말이 국수야. 하지만 그렇게 맵지는 않아. 왜? 이상하니?"

"아니야. 단지 내가 생선에 알레르기가 있거든. 혹시 생선이 들어갔나 해서."

세바스찬은 건강이 그리 좋은 친구가 아니었다. 특히 생선 음식에 알레르기가 있어 항상 조심하는 터였다. 외국 친구들은 한국 음식에 대해 시도해 보는 것을 주저하지 않았다. 매운 김치라도 서로가 새로운 경험에 도전하겠다며 좋아하였다. 한국에 온 지 한 달도 안 되었는데 벌써 자장면, 불고기, 삼겹살, 돌솥비빔밥, 된장찌개 등 안 먹어 본 음식이 없어 보였다. 하지만 세바스찬의 경우는 좀 달랐다. 먹을 수 없는 음식이 생각보다 많았다.

"흐음. 이건 멸치를 이용해서 국물을 만든 건데. 혹시 모르니 세바스찬은 먹지 않는 것이 좋겠다.”

승욱은 세바스찬이 김치말이 국수를 먹지 못하는 것이 아쉬웠지만 그의 건강이 더 걱정이었다.

“자. 다들 마무리 음식을 먹고 차 마시러 가자고.”

“이야, 분위기 정말 좋은 걸?”

식사 후 모두는 인사동의 한 카페를 찾았다. 야외 테라스에 자리를 잡았는데 야외 조명과 테이블의 촛불이 멋진 모습을 연출하고 있었다.

“나도 우리나라에 이런 카페를 만들고 싶다.”

샬롯이 테이블 위의 촛불을 보며 나지막이 말했다.

“정말? 나도 이런 카페 하나 갖는 게 소원인데. 우리 체인점 할까?”

“그럼 나중에 지수랑 샬롯이랑 카페 이름도 만들어 보고 콘셉트 기획도 하고 바쁘겠네? 난 매니저 시켜 줘라. 스웨덴과 한국을 왔다 갔다 하는 거야.”

영훈이 우스갯소리로 이들의 의견에 맞장구쳤다.

“그런데 너희들은 왜 교환학교로 한국을 선택한 거야? 내가 알기로는 이 교환학생 프로그램에 전 세계적으로 여러 학교가 연합(Union)하여 서로의 학생들을 교환 유치하는 것으로 알고 있는데. 그 연합에는 한국의 카이스트 MBA도 있지만 미국도 있고, 다른 아시아 국가들도 있을 텐데 말이야.”

승욱은 예전부터 이 점이 궁금하였다. 모든 수업이 영어로 진행되는 것도 아니어서 수업 선택의 폭이 넓은 것도 아니었다. 마즈가 말했다.

"음. 내가 현재 공부하고 있는 분야가 인사관리거든. 내가 일하고 있는 회사에서는 아시아에 대한 진출 계획이 점점 늘어나고 있고 만나는 아시아 사람들도 점점 많아지는 추세지. 이러한 상황에서 인사관리를 잘 하려면 아시아 문화도 알고 사람들의 성향도 알아야 할 것이라고 판단했어. 예전에 중국과 일본은 여행으로나마 가봤는데 한국은 경험이 없어서 이렇게 교환학생으로 선택해서 오게 된 것이지."

마즈는 인사관리를 하기 위해서는 무엇보다도 사람에 대한 이해가 필요하다고 생각했다. 조직적인 부분도 중요하지만 사람을 이해해야 좋은 커뮤니케이션이 이루어지고 이로 인해 효율성을 높일 수 있기 때문이다.

"난 전자제품에 관심이 많은데 전 세계적으로 인정을 받고 있는 그룹이 한국에 있잖아. 특히 삼성과 엘지 기업에 대해서 알고 싶었거든. 다행히 학교에 삼성에서 온 사람들이 많더라고. 요즘 그들과의 대화를 통해서 많이 배우고 있지."

세바스찬 역시 한국을 선택한 이유가 분명했다. 자신이 알고 싶은 것이 구체적이지는 않았지만 학교에 있는 학생들을 통해서 점점 더 궁금한 것이 많아지고 있었다.

"그래? 다들 한국을 선택한 이유가 다들 있구나. 아무쪼록 너희들이 원하는 것들을 많이 배워 갔으면 좋겠다. 우리나라에 대한 좋은 추억들도 많이 만들고. 우리가 많이 도와줄게."

"고마워, 승욱. 그건 걱정하지 말라고. 지금도 학교 친구들이 너무나 많이 도와주고 있고 우리가 알지 못하는 색다른 경험도 예상보다 많던데. 수업도 재미있고 말이야. 너희들 나중에 덴마크나 독일, 스웨덴에 오게 되면 꼭 우리한테 연락해! 이 고마움을 잊지 않을 테니!"

마즈는 자신들을 생각해주는 한국 친구들이 너무 고마웠다.

"자자. 우리 기념으로 건배 한번 하자고. 치어스(Cheers)!"

"치어스!!"

다들 병맥주를 서로 부딪쳐 가며 서로에게 미소를 보냈다.

교환학생들이 본 카이스트 MBA

"카이스트 MBA의 경쟁력에 대해서 조사해 본 결과…"

CRM 과목의 마지막 텀 프로젝트(학기말 프로젝트)로 샬롯, 마젝(폴란드), 싱야(대만)로 이루어진 교환학생 팀은 카이스트 비즈니스 스쿨의 CRM 전략에 대해서 발표하였다. 학생들은 아주 흥미로운 눈빛으로 샬롯 팀의 발표를 경청했다. 자신들과 직접 관련된 이야기였고, 또한 외국 학생들은 카이스트를 어떻게 평가하고 있는지 궁금했기 때문이다. 발표 중간중간 웃음소리도 들렸고, 외국 학생들의 날카로운 지적에 고개를 끄덕이는 친구들도 있었다.

"이야! 샬롯. 오늘 발표 너무 잘했어. 힘들어 하더니 언제 그렇게 준비한 거야?" 영훈은 발표를 끝낸 샬롯에게 다가가 말을 건넸다.

"고마워. 사실 이 곳에 오기 전에는 카이스트 MBA에 대해서 잘 몰랐었거든. 하지만 이번에 직접 경험해 보니까 좋은 점도 많고 또 아쉬운 점도 있어서 기말 발표 주제로 정한 건데 괜찮았다니 다행이다. 우리 팀 발표 평가 좋게 주는 거지?"

마지막 팀 프로젝트 발표의 평가는 모든 학생들이 실시한다. 한 팀이 발표를 마치면 그 발표를 들은 모든 학생들이 평가 용지에 자신들이 생각한 점수를 적어 교수에게 전달한다. 교수는 학생들의 평가를 기준으로 발표 팀의 성적을 평가하는 것이다.

"카이스트 수업의 질은 상당히 높은 것 같아. 여느 학교와 비교해도 뒤지지 않을 정도로. 학생들의 열의 또한 대단하고. 하지만 영어를 좀 더 활발하게 사용하면 좋을 것 같다는 아쉬움이 들어. 이제 글로벌 시대인데 세계 톱클래스(Top class)의 비즈니스 스쿨과 경쟁해야 하지 않을까?"

지수는 샬롯의 말에 고개가 끄덕여졌다.

"맞아. 영어가 가장 큰 문제이긴 하지. 교환학생들을 위해서는 영어로 개설되는 과목이 더 늘어나야 할 필요성이 있어. 문제는 카이스트 MBA 학생의 90% 정도가 한국 학생이기 때문에 영어로 개설된 과목 수가 어느 정도여야 적당할지는 모르겠다는 거야."

카이스트 비즈니스 스쿨에서는 영어로 과목을 개설하여 일정 수의 영어 과목을 필수적으로 듣게 하는 제도가 있다. 또한 영어가 일정 수준에 도달하지 않으면 졸업을 할 수도 없다. 다만, 이러한 제도에도 불

구하고 학교에서 영어를 공용어로 사용하지 않기 때문에 학생들의 영
어 능력 향상에는 분명한 한계가 있었다.

"교환학생과 수업을 하다 보면 토론을 주도하는 학생의 대부분이
교환학생들인 경우가 많지. 수업 시간에 교환학생 친구들 이야기하는
거 듣다 보면 다 아는 내용이거나 어쩔 때는 별 이야기 아닌 것 같은데
나는 그것조차 제대로 전달하지 못할 때가 있었거든. 무언가 말을 해
야지라고 생각하면 이미 누군가 손을 들어 이야기를 해버리는 경우도
많았고."

"나도 그래요. 영훈 오빠. 하지만 영어를 현지인 수준으로 끌어 올린
다는 것은 앞으로 우리가 더 노력해야 할 부분인 것 같아. 그래도 이제
는 글로벌 경쟁 시대니까. 그래서 요즘에 친구들 몇 명이 모여서 점심
시간마다 한 가지 주제를 가지고 영어로 토의하는 모임을 가지고 있는
데. 오빠도 함께 할래? 샬롯, 너도 가끔 와서 이야기하지 않을래?"

"그래, 그거 좋은 생각인데? 모임이 있을 때마다 연락 줘. 시간 나면
참석할게."

글로벌 경쟁 시대. 한국인으로서 가장 힘든 부분이 언어일지도 모른
다. 카이스트에는 뛰어난 학생들이 많았다. 천재 수준의 수리계량 능력
을 보유한 학생, 탁월한 전략가, 뛰어난 문제해결 능력 보유자들이 한
국의 대표적 MBA 스쿨의 모습이 어떤가를 보여주었다.

하지만 이들의 능력이 국제무대에서도 제대로 발휘되기 위해서는 영

I can't thank you enough for welcoming me so nicely in Korea! I have had one of the best semesters in my life and will miss Seoul and everyone at KAIST Business School a lot.

Take care and please keep me updated on your life!

- Charlotte

〈샬롯의 작별 편지 중에서〉

어 능력은 반드시 필요한 역량이었다. 아무리 지식이 많을 지라도 상대방에게 제대로 표현하지 못하면 의미가 없기 때문이다. 이는 카이스트 MBA뿐 아니라 우리나라가 앞으로 풀어야 할 과제일지도 모른다.

폴 란 드 에 서
날 아 온
편 지

  영훈이 형, 오랜만이에요. 요즘도 다들 정신없이 바쁘시겠죠. 1학기 내내 카이스트에서 정신없이 살았는데 폴란드에 와서는 좀 여유가 생겼어요.

  여기 바르샤바경제대학(Warsaw School of Economics)은 1989년, 공산정권에서 시장경제체제로 바뀌면서 폴란드의 경제개혁을 주도한 교수님들이 이끌고 있는 학교에요. 물론 바르샤바대학에도 경영학 관련학과가 있는데 카이스트가 이론 중심이라면 여기는 실용주의 학풍입니다. 교수님들도 기업의 외부 감사 역할도 많이 하시고, 학교도 취업 관련한 실용과목을 많이 중시하는 편입니다.

  바르샤바는 크게 바르샤바대학과 폴리테크니카(공대 중심) 그리고 여기 바르샤바경제대학(경영경제 중심)이 유명합니다. 여기 학교 수준에 대해서는 사실 교환학생으로 오기 전에는 저도 잘 몰랐어요. IMD에서 매년 세계 국가경쟁력 보고서를 만들 때 폴란드 자료는 이 학교에서 제공을 받는다고 하는데, 그만큼 국제적 명성이 있는 학교 같습니다.

3주 전에는 앨빈 토플러가 학교에 왔었습니다. 올해가 학교 생긴 지 100년이 되는 해라서 그런지 EC(European Commission) 대표가 와서 연설도 했습니다.

폴란드에 와서 보니까 한국이란 나라가 얼마나 작은 나라인지 생각하게 되었어요. 한국에서는 좁은 곳에서 아웅다웅하면서 무역 대국이니 IT 강국이니 하면서 지내고 있지만, 폴란드를 비롯한 대부분의 유럽 국가들에게 아시아 국가는 일본과 중국밖에 없는 듯합니다.

제가 듣는 과목 중에 국제경쟁력(International competitiveness)이란 과목이 있는데 항상 아시아 관련해서는 일본과 중국입니다. 일본의 경제력과 중국의 성장가능성이 유럽 사람들의 관심사의 대부분이라 해도 과언이 아닐 정도에요. 한국은 제가 얘기해 주지 않으면 모를 정도입니다.

그들의 무식함을 탓해야 할지도 모르지만, 그보다는 우리나라의 국제적 위상에 대해 다시금 생각하게 만들어요. 삼성이나 LG, 그리고 현대 등 우리나라의 글로벌 기업들이 사람들의 인식 속에 각인되어 있다고 하여도 그것은 기업의 이름으로 인식될 뿐 한국이라는 국가와 연관시켜 생각하는 것 같진 않습니다.

정말 한국 사람으로서 세계를 향해 뛰는 것이 무엇인가 다시 한 번 생각해 봅니다. 여전히 변방국인 한국. 서글퍼질 때가 많아요. 확실히 유럽 사람들은 생각하는 것이 세계적인 듯합니다.

제가 한국에서 공부하며 어느 회사를 가서 어떻게 인생을 살아야 할까. 결혼은 언제, 누구랑 하며, 학교 졸업 후 나의 삶은 어떻게 될까에 대해 고민할 때 유럽 친구들은 그 고민을 세계라는 무대 위에 두고 생각한다는 느낌을 많이 받았어요.

제 룸메이트는 독일 친구인데 포르쉐와 알리안츠에서 인턴을 했고요, 폴카라는 친구는 유러피언 컨설팅 동아리 회장이었고, 폴란드 친구 중 하나는 다국적으로 구성된 학생 컨설팅 동아리를 만들어서 벌써 사업을 시작했습니다. 세계적인 기업에서 인턴 경험을 안 한 친구들이 한 명도 없는데, 문제는 그 친구들이 대부분 23살이나 24살이라는 겁니다. 우리나라 대학생들의 모습과 너무 대비되는 모습이죠. 가치관이나 세계관의 차이에서 비롯되었는지는 모르지만 부럽다는 생각이 끊이질 않습니다.

수업 시간에 보여주는 모습도 너무 인상적입니다. 어릴 때부터 토론식 교육이 이루어지다 보니 수업 중 학생들의 질문 수준과 교수님의 답변도 우리가 생각하는 토론과는 조금 다릅니다. 조직행태와 조직설계(Organizational behavior and Organizational design) 수업 시간에 교수님께서 사회 트렌드의 변화를 설명하시면서 직원들의 충성도(Loyalty)가 낮아지고 있다고 설명한 적이 있었습니다. 그래서 저는 속으로 '당연하지' 라고 생각했는데 네덜란드에서 온 친구가 갑자기 충성도의 정의를 물었는데 이게 토론에서 토론으로 이어졌어요. 과연 충성도를 어떻게 정의했기에 충성도가 낮아지느냐 하는 것이 토론의 핵심이었어요. 사람들이 직업을 선택하는 그리고 직업을 바꾸는 기준과 상황이 바뀌고 있는 상황에서 그것이 충성도의 저하와 관련 지어 설명할 수 있느냐고 반박하는데, 생각해 보니 그 말도 맞는 얘기였어요.

우리나라에서는 같은 상황에서 당연히 그렇다고 전제하고 다른 내용에 대해 토론했을 것 같은데 이 친구들의 비판적 사고력이 대단했어요. 그리고 정말 생각이 다양하고 유연하다는 느낌이었습니다. 핀란드에서 온 친구는 수업 시간에 만날 교수님이랑 싸웁니다. 우리나라에서는 몇 번 반박하다가 수업을 독점하거나 망친다고 생각하여 스스로 그만두거나, 다른 사람의 눈총을 받으며 불가피하게 주장을 멈추는 경우가 일반적입니다. 그러나 여기는 마치 끝장토론 식으로 자기주장을 전개하는 것이 일반적으로 보여요.

제게는 문화적 충격이었고, 한편으로는 옳건 그르건 자기의 사고를 논리적으로 말하고 그것이 무엇이든 포용해주는 지적 풍토에 질투심까지 생길 정도였어요.

물론 제가 가진 지식이 짧은 탓도 있을 수 있다고 생각해요. 우리 학교에서도 토론이 활발히 이루어지기는 하는데 여기 학교하고 비교하면 뭔가 좀 다른 듯해요. 그건 아마 우리가 자라온 교육 환경, 토론 문화의 부재, 지적 토양의 빈약함 때문이겠지요.

언어 문제도 마찬가지입니다. 유럽 친구들은 영어가 문제가 아닙니다. 영어를 모국어 수준으로 활용하는 것은 기본이고, 스페인어, 독일어, 프랑스어 이탈리아어 등 몇 개 언어를 구사하느냐가 관심인 듯합니다.

우리나라의 국제화가 어떻게 진행되고 있는지는 모르겠지만, 과연 우리나라에서 공부하는 학생들이 이런 토양에서 성장한 친구들을 상대로 세계무대에서 어떻게 경쟁하고 실력을 발휘할 수 있을지 걱정도 되었습니다. 물론 제 기준에서 평가하는 것입니다.

하여간 요즘은 정말 모르겠어요. 제가 한국인으로서 한국을 사랑하고 한국에서 살아간다는 것이 어떤 의미를 가지는 것인지…. 유럽 친구들은 세계가 무대로 생각하며 꿈을 꾸는데, 저는 한국 그것도 서울에서만 살면서 인생을 너무 단편적으로 생각하는 것은 아닌지 모르겠어요.

물론 우리나라에 돌아가면 다시 한국 생활에 젖어 들겠죠. 그러면서 또 세계가 변하고 있다는 것을 인터넷에서 흘러나오는 뉴스를 통해서 듣게 되겠죠. 의도적으로 세계로 쏠리는 관심을 애써 무시하면서, 어떻게 하면 내 집을 마련할 수 있을까, 재테크는 어떻게 하는 것이 좋을까, 회사는 어디를 가야 하며. 퇴직 후에는 무슨 일을 하고 살까에 사로 잡혀서 일상과 싸우기 시작하겠죠.

어떤 의미에서는 한국에서 다시 공부를 시작하는 것 자체가 참 무의미하게 느껴지기도 합니다. 카이스트에서 MBA를 했다는 것, 그리고 거기서 배운 지식이 세계적으로 어떤 의미가 있는지 문득 의문이 들어

요. 유럽 친구들이 보고, 듣고, 느끼는 것들의 폭과 깊이를 과연 따라갈
수 있을지 자신이 없어요.

물론 카이스트에서 단지 한 학기만 보내고 이런 평가를 하는 것이 속
단일 수 있다고 생각합니다. 이런 제 생각에 대해 학교에서 2년을 보내
고 있는 형의 의견도 궁금해요. 물론 그러기에 앞서 내 자신을 일으켜
야겠죠. 더 공부하고 더 익히고 더 경험해야겠습니다.

참, 최근에 한국의 국가경쟁력 보고서를 보니까 정부효율성 부분이
정말 약하더군요. 한국의 국가경쟁력도 점점 떨어지고 있구요. 말레이
시아, 타이완보다 뒤처져 있는 것을 보고 충격에 빠졌습니다.

얼마 전 수업 시간에 이제 국가경쟁력은 기술 중심에서 정부의 효율
성 및 조직관리 능력에 의해 좌우되고 있다는 이야기를 들었습니다. 기
술이야 사오던가 로열티를 지불해서 사용하면 되지만, 정부의 효율과
조직관리 능력은 국가의 잠재력에서부터 출발하기 때문에 단기간에 그
런 역량을 획득하기 힘들다는 게 주요 논지였습니다.

그러면서 우리나라에서 요즘 불고 있는 공무원 시험 열풍에 대해 생
각해 봤어요. 한국에 있을 때는 공무원시험 준비하는 친구들을 보고
'에구, 한심한 놈들' 하고 생각했는데, 이제는 우리나라 정부의 기본 역
량 향상을 위해 좋은 자원이 필요하겠구나라는 생각이 들어요.

1970~1980년대, 기술 중심으로 우리나라가 경제 발전을 이룩했다면
이제는 정부에서 일하는 사람들이 훌륭한 자원들로 채워져서 국가를

효율적으로 운영할 때 국가경쟁력이 커질 수 있을 것 같습니다. 물론 시장 중심주의를 지향하는 미국식 이론으로 보면 다르게 바라볼 여지도 있겠죠.

두서없이 얘기가 너무 길어지고 있네요. 느낀 것들이 많다 보니, 잔이 넘치네요. 물론 지금 느끼고 생각하는 것들이 시간이 지나면서 좀 더 구체적인 대안으로 만들어지겠지요. 세계에서 일어나는 현상들에 대해서 좀 더 개인적으로 의미를 부여하고 해석할 수 있을 때 제가 당당한 세계인으로 설 수 있겠지요. 유럽에 와서 한국인이 아닌 세계인이 되어 간다는 것의 의미가 무엇인지 깨닫게 된 것이 가장 큰 성과인 것 같습니다.

그 전에는 몰랐던 몰도바, 알바니아, 사이프러스 등이 유럽 국가라는 사실을 알게 된 것도, 그리고 터키의 유럽연합 가입이 왜 쟁점이 되는지, 동유럽의 에스토니아가 가진 국가경쟁력이 엄청 나다는 것을 알게 된 것도 저를 지구촌의 진정한 구성원으로 만들어 주는 데 한몫 하고 있습니다.

마지막 학기 마무리 잘 하시고 종종 연락드리겠습니다. 학교에서 일어나는 소식들, 수업 내용 중에 흥미가 있거나 가치 있는 내용들이 있으면 보내주세요. 여전히 원형광장과 아트리움이 그립고, 랩 229호가 생각나고, 카이스트에서의 열띤 새벽이 눈에 선합니다.

바르샤바에서 영현 드림

5장

도전의 시작

수업을 종강했다고 수업이 끝난 것으로 생각하지 마라. 이제부터는 곱씹는 과정이 중요하다. 한 학기 동안 수많은 사례와 이론들을 다뤘지만 그것들을 얼마나 제대로 이해했고, 여러분들 것으로 만들었는가? 졸업 후에도 배운 내용들을 계속 생각하고 음미해 봐라. 그때 비로소 수업 내용이 여러분들 것이 될 것이다.

- 이제호 교수, 하이테크 전략 수업 중

가 수 를
위 한
컨 설 팅

"오늘 어땠어?"

원형광장의 벤치에 누운 채 밤하늘의 별을 바라보던 영훈이 말했다. 바쁜 일상에 치여 하늘 한 번 제대로 보지 못했던 영훈과 승욱은 간만에 여유를 느끼려 하고 있었다. 호젓한 원형광장의 평화가 지친 둘을 포근하게 감싸 안았다.

"형, 가수에 대해서 좀 알아? 오늘 한 시간 동안 컨설턴트랑 1대1로 케이스 인터뷰를 했거든. 근데 예상과 전혀 다르게 가수에 대한 얘기를 하더라고. 평소에 전혀 생각지 못했던 분야라 어찌나 당황스럽던지."

"가수? 그게 웬 뚱딴지 같은 소리냐? 맥킨지에서 대체 무슨 가수에 대해 물었다는 거야? 너 오늘 케이스 인터뷰하고 온 것 아냐?"

맥킨지에서 면접을 치른 승욱은 영훈에게 면접에 대해 얘기하기 시작했다. 평소 컨설팅 분야에 관심이 있던 승욱이 고대하던 인터뷰였다.

맥킨지는 컨설팅 업계에서 가장 탁월한 기업으로 꼽히고 있어, 많은 MBA들이 선망하는 직장 중 하나였다. 승욱 역시 예외가 아니었다. 학교에서 지겨우리만큼 지속되었던 논리훈련과 문제해결 역량을 직접적으로 활용할 수 있고, 고객이 가진 문제에 대한 해결책을 제시해 주는 컨설팅 분야의 유혹을 뿌리치기 힘들었다. 평소 팀원들과 팀 프로젝트를 하며 합리적인 답을 찾아가는 과정에서 왠지 모를 짜릿함과 보람을 느끼던 승욱이었다.

컨설팅 업체에 들어가기 위해서는 까다로운 절차를 거친다. 특히 인터뷰 때에는 비즈니스 케이스를 주고 주어진 시간 안에 그것을 해결하는 과정을 보면서 입사여부를 결정한다. 입사에 무엇보다 중요한 보는 기준은, 문제를 MECE(Mutually Exclusive, Collectively Exhaustive)하게 바라보고, 논리적으로 답안을 도출하는 과정이다.

MECE란 주어진 정보들을 겹치는 부분도 없고, 남는 부분도 없이 체계적으로 분류하여 생각하는 것을 의미한다. 이렇게 분석된 내용을 바탕으로 가장 논리적인 방법으로 합리적인 해결책을 찾아가는 것이 필요하다. 현재 회사를 휴직하고 있는 상태인 영훈은 취업에 대한 고민은 없었지만, 그 역시 컨설팅 분야에 대한 관심이 컸다. 승욱의 케이스 인터뷰에 호기심이 생긴 것은 당연한 일이었다.

"하여튼 각설하고, 오늘 케이스 인터뷰에서 대체 뭐 한 거야? 지금 문제들 기억할 수 있으면 나도 한번 해보고 싶은데…"

"당연히 기억하지. 답까지 다 아는데. 좋아, 그럼 내가 당한 기분을 형도 느끼게 해주지. 장난이 아닌, 정말 진지하게 진짜 케이스 인터뷰하는 것처럼 해보자고. 난 컨설턴트로서 면접관이 되고, 형은 면접을 보러 온 지원자야. 어때?"

승욱이 말했다.

"오호. 그거 좋지. 평소 케이스 인터뷰는 어떻게 하는지 진짜 궁금했는데, 한번 해 보자."

컨설턴트의 친구는 한국에서 가수를 하고 있다. 발라드 가수로, 가수를 시작한 지는 5년째 되었고, 그동안 총 3장의 앨범을 냈다. 앨범 하나당 총 판매량은 10만 장이고, 앞으로 3년 동안 앨범을 내면 앨범당 10만 장의 판매량을 얻을 것으로 가정한다.

그런데 그 가수는 노래는 그럭저럭 하는데 다른 특이한 재주는 없고, 외모도 아주 잘 생긴 것은 아니어서, 가수는 자기가 앞으로 3년 동안만 더 가수생활을 할 수 있을 것이라 생각한다. 그 이후로는 현재 확보한 팬들도 다 떠나갈 것으로 생각했다. 그래서 3년 이후를 위해서 돈을 벌어야 되는데, 3년 동안 가수로서 벌 수 있는 수익은 거의 정해져 있다.

앞으로 3년을 어떻게 보내면 향후의 미래생활을 편안하게 즐길 수 있을 것인가? 이 문제를 해결하기 위해 가수는 컨설턴트인 친구를 찾았다. 참고로 CD 한 장은 1만 원으로 판매된다. 컨설턴트는 가수에게 어떤 해결책을 제시해야 하는가?

케이스는 문제 해결의 시작점이고, 이후 면접관과의 상호작용을 통해 추가적인 정보를 더 알아내야 한다. 승욱이가 제시한 케이스를 들었지만 케이스 인터뷰에 대해 전혀 준비해 보지 못한 영훈은 무엇부터 시작해야 될지 머뭇거렸다.

"흠, CD 한 장을 팔면 가수는 얼마를 받게 되냐?"

"판매가의 5%."

"그럼 3년 동안 몇 장의 CD를 낼 수 있는 거야?"

"가수는 이전과 같이 3년 동안 총 3장의 CD를 낼 수 있어."

영훈은 잠시 3장의 앨범으로 벌 수 있는 수입에 대해 계산해 보았다. CD 한 장 당 500원의 수입이 있고, 3년 동안 총 30만 장을 팔 수 있을 테니 가수가 벌어들일 수입은 총 1억 5,000만 원이었다. 이 돈으로는 어림도 없었다.

"혹시 자신이 부른 노래를 음원으로 인터넷이나 모바일인터넷 등에서 추가적인 수입이 생길 것 같은데, 그런 수익은 있나?"

"그런 수익은 미미할 것 같은데. 고려사항 아님."

"그 가수 외모는 어때? 개인기는? 사람들을 즐겁게 해주는 장기가 있나? 있으면 토크쇼 등의 TV 프로그램에 나갈 수 있지 않을까?"

"아까 그런 장기 없다고 말한 것 같은데. 그 가수는 노래만 잘해. 다른 분야는 별로 경쟁력 없고."

"아니면 현재 버는 돈으로 부동산 투자는 어떨까?"

"형! 좀 더 진지하게 고민할 수 없어? 참, 평소 컨설팅에 관심이 많다

더니 그렇게 하면 절대 케이스 인터뷰에 합격할 수 없어.”

영훈은 고민에 빠졌다. 케이스 인터뷰도 생소했지만 가수라는 직업에 대해서는 더더욱 정보가 없기 때문이다. 계속 헤매는 사이 시간은 벌써 15분이 지났다.

“시간 참 잘 가네. 형은 아직 실마리를 찾지도 못했는데. 내가 오늘 낮에 면접 볼 때, 면접관도 지금 내가 형을 보는 것과 비슷한 생각을 했을까? 형, 좀 더 분발해야 될 것 같은데. 카이스트 MBA 체면 구겨진다.” 승욱이 말했다.

영훈은 다시 질문을 시작했다.

“그럼 다시 시작해 보자구! 가수는 얼마를 벌어야 만족해 하지? 목표로 하는 금액이 있니?”

영훈이 드디어 제정신을 차린 모양이다. 이전의 질문과는 사뭇 다른 방향으로 진행되기 시작했다.

“가수는 3년간 적어도 10억에서 15억 정도를 벌면 이후 충분히 편안하게 먹고 살 수 있어.”

“CD판매 말고 다른 수입원이 있니?”

“CD판매 이외에 다른 3가지가 더 있죠. 첫째는 콘서트 수입으로 연간 1,000만 원의 수입이 있고, 두번째는 CF 수입으로 역시 1,000만 원의 연간 수입이 있어요. 마지막으로 기념품에 자기 이름을 넣고 파는 것의 일정부분을 받는데, 그것의 연간 수입은 500만 원이에요.”

가수의 주된 수입원이 CD밖에 없을 것이라는 영훈의 생각은 여지없이 빛나갔다. 평소 가수에 대한 선입견이 영훈의 사고를 가로막고 있었다. 회사로 치면 하나의 상품만으로 매출을 달성하지 않는 것이 보통이고, 적어도 두 개 이상의 상품이 있는 것이 일반적이다. 가수를 하나의 회사로 생각해 나가기 시작하자 영훈의 머리는 빠르게 회전했다.

"CD판매로 인한 수입은 한 번 CD를 레코딩하면 계속적으로 발생하는 것이라 이후 추가적이 노력이 필요 없을 것 같은데, 콘서트와 CF에서 가수가 추가적으로 일할 수 있는 시간자원이 있어?"

"CD에는 추가적인 노력이 필요 없고, 콘서트와 CF에 추가적으로 사용할 시간자원도 없어."

"그럼 기념품 사업은 어때? 자신이 직접 회사를 차려서 동료 가수들의 기념품 사업을 대행해주고 수수료를 받는 방법은?"

"자신이 연간 버는 수입이 500만 원에 불과하고, 기념품 사업을 키워 매출을 늘릴 수는 있는데, 그것으로 인한 수입은 그리 크지 않을 걸."

"앨범을 더 낼 수는 없니?"

"현재 가수의 인기나 여력으로는 더 내기 힘들어요."

"…"

영훈은 잠시 주춤했다. CD에서 버는 수입은 1억 5,000만 원이고, 다른 수입원에서는 추가적으로 벌 수 있는 수입이 거의 없기 때문이다. 당장은 뾰족한 방법이 없을 것 같다. 컨설턴트라면 이러한 고객의 문제를 진단하고 고객이 원하는 해결안을 제시할 수 있어야 할 텐데, 빠르게 회전하던 영훈의 머리도 잠시 멈춘 듯했다. 어느덧 시간은 40분이 흐른 상태다.

'아냐, 해결안은 분명히 있을 거야. 좀 더 구체적인 정보가 필요해.'

영훈은 속으로 되뇌였다.

"그럼 가수가 앨범을 직접 제작한 경우가 있어?"

"예, 있습니다."

"앨범의 최초 제작부터 최종 소비자까지 공급사슬(Supply chain)이 어떻게 구성되지?"

"앨범을 만들기 위해서는 원음 녹음(Recording), 제작 및 마케팅, 도매상, 소매상, 그리고 소비자로 공급사슬이 형성되어 있어. 그리고 원음을 녹음하는 데에는 앨범 하나당 1억 9,000만 원이 필요하고. CD 한 개당 제작비는 100원이고, 앨범당 마케팅은 아웃소싱(Outsourcing)으로 4,000만 원이 소요돼. 참고로 앨범의 공급사슬에서 물류비용은 없는 것으로 가정해. 또한 제작사에서 도매상으로는 CD 한 장이 8,000원에 공급되고, 도매상에서 소매상으로는 9,000원에 공급돼. 이것을 소비자가 1만 원에 구입하는 거지."

한꺼번에 너무나도 많은 정보를 얻었다. 이 정보를 얻기 위해 영훈은 40분 이상을 소비한 셈이다. 이 정보를 이용하면 가능성이 있어 보였다. 가수를 위해서 해결안을 제시할 수 있을 것 같은 생각이 영훈의 머리를 스쳐 지나갔다.

"앞서 말한 정보를 토대로 생각해 보자. 만약에 가수가 제작부터 마케팅까지의 모든 과정을 자기가 하고 도매상으로 넘기면, 여기서 생기는 매출은 앨범 하나 당 8억(앨범 10만 장 × 8,000원)이고, 여기에 비용이 들 텐데, 우선 고정비로 레코딩비와 마케팅비가 들어가고, 이는 2억 3,000만 원이야. 그리고 앨범당 10만 장을 찍어내고, 제작비로 장당 100원이 드니까 1,000만 원의 변동비가 발생하네. 그러면 총 비용은 2억 4,000만 원이 되니까 앨범 하나당 총 이익은 5억 6,000만 원이 되고, 향후 3년 동안 총 3장의 앨범을 낼 것으로 예상되니까 3년 동안 이 가수는 총 16억 8,000만 원의 이익을 CD를 통해 얻을 수 있을 거야. 이야, 이거 답이 있구나. 전혀 생각지도 못한 것이었는데, 너와 얘기하면서 답을 찾을 수 있었어!"

"그치? 답이 있지? 보라고! 가수에게도 컨설팅을 할 수 있다니깐!"

"참, 좀 더 추가하면, 만약 가수가 CD를 자체 제작부터 마케팅까지 직접 하게 된다면 콘서트나 CF로 벌어들이는 수입은 줄겠지만, 연간 2,000만 원 미만의 수입이 생기고, 또한 기념품 수입으로 연간 500만 원 생기게 되네. 나도 맥킨지에 지원 한번 해볼까?"

시간은 어느덧 1시간이 흐른 상태였다.

선 택

벌써 2년 차 가을학기다. 모두들 그동안 바쁘게 앞만 보며 달려 왔다. 입학 당시 가졌던 졸업 후 진로에 대한 생각이 MBA 생활 마무리에 접어들면서 점점 희미해지기도 했다 어떤 학생은 입학 당시 원했던 자리가 취업 시즌 가능한 포지션(Position)으로 남아 있지 못해 아쉬워하였고, 공부를 하면 할수록 알아가는 부분도 많아져 그동안 알지 못했던 다른 매력적인 직업으로 진로를 변경하기로 결심한 사람도 있었다.

많은 학생들에게 있어서 카이스트 비즈니스 스쿨을 졸업한 후 자신의 모습을 그려보는 것이 처음 입학할 때의 마음가짐과 같을 수도 있다. 하지만 1년이 넘게 생활을 하다 보면 알게 되는 것도 많고 주변에서 들려주는 이야기도 많기 때문에 과연 자신의 길이 무엇일까라고 깊게 고민하게 된다.

MBA에서 공부했다면 자신이 투자한 2년 대비 그에 대한 성과를 최대한으로 높이기 위한 선택을 한다는 것은 당연한 일이다. 그래서 많은 카이스트 MBA들은 최대우위 전략을 선택하기 위해서 하루에도 몇 번씩 생각하고 또 생각한다.

"윤 선생님, 지난 학기 조연주 교수님 수업 시간에 한 커리어 리더(Career leader) 프로그램 있죠? 그게 MBTI보다 더 정확하게 자신의 적성과 또 향후에 맞는 직업도 조언해 준다고 하던데. 미국 비즈니스 스쿨 학생들을 위해 만들었다고 하는 그 프로그램을 저도 한번 해볼까 싶은데. 가능할까요? 요즘 들어 자꾸 제가 어떤 사람인지 혼란이 생기기도 하고 어떠한 직업이 맞는 길인지도 잘 모르겠구요."

이미 국내 대형 은행에 취직이 된 지수는 입학 전에는 유통분야에서 일했지만 졸업 후 금융쪽으로 경력을 전환한다는 것과 행여 이러한 선택에 대해 후회할까 하는 불안감 때문에 진로를 쉽게 결정하지 못하고 있었다. 그때 마침 지난 학기 학교 경력 개발 센터에서 실시한 커리어 리더라는 프로그램이 생각났다. 혹시 이 프로그램을 통해 자신에 대해 객관적으로 판단할 수 있지 않을까 해서이다.

"아, 네 지수씨. 지난 학기에 안 했어요? 제가 아이디와 비밀번호를 메일로 보내드릴 테니 한번 해 보세요. 생각보다 자세하게 나오더라구요."

평소 친분이 있던 마케팅실 윤 선생은 지수에게 프로그램을 사용하도록 아이디와 비밀번호를 알려 주었다. 프로그램은 생각보다 많은

300여 개의 질문들로 이루어져 있었다. 기존에 해 보았던 MBTI와는 사 뭇 달랐다.

'음. 어디 보자. 어라? 내가 계량적 성향이라고? 기획적이고 전략적 사고를 가지고 있다고? 나중에 투자 은행이나 금융권에서 일하는 게 맞을 것이라고? 예전에 알고 있던 내가 아니네? 이거 믿어야 해?

지수는 분석 결과에 놀랐지 않을 수 없었다. 의류학과를 졸업하고 평소 미술에 대해 관심이 많아 스스로가 정성적에 더 가깝다고 생각했는데 결과는 이와 반대였다.

'수량 계산에 강하고 새로운 일을 전략적으로 기획하는 일이 잘 맞는다. 숫자를 이용하는 직업을 선택하라.'

지수는 다시 한 번 검사를 실시하였다. 앞서 진행한 테스트의 결과와는 다를 것이라 확신하면서 수많은 질문에 다시 답변하는 과정을 거쳤다. 하지만 두 번째 결과 역시 같았다. 수리적인 사람, 전략적인 사람, 새로운 일을 기획하는 곳, 숫자를 만지는 곳이 적성에 맞는.

머리는 점점 더 복잡해져 갔다. 2년간의 카이스트 비즈니스 스쿨 과정을 통해서 성향이 바뀔 수도 있는 것이었다. 그러나 아직도 지수는 금융권 진출을 확신하기 힘들었다. 지수는 직장 경력이 많은 다른 학생들에게 조언을 구하기로 했다.

지수는 이메일을 통해 민아에게 저녁식사를 제안했다. 직장 경험이 많은 민아가 의미 있는 조언을 해줄 것이라 믿었기 때문이다. 민아는 삼성전자 마케팅실에서 근무하다가 회사의 지원으로 카이스트에 교육 파견을 나와 있었기 때문에 무엇보다도 제조업에서의 마케팅에 대해 잘 알고 있었다. 카이스트 비즈니스 스쿨에는 정부 기관뿐 아니라 공기업, 국내 대기업, 자영업 임원까지 다양한 직업군에서 교육 파견 나온 학생들이 많았기 때문에 각 산업에 대한 전문적 조언을 구하기 쉬운 환경이었다.

"지수야. 오랜만이네? 근데 웬일로 저녁을 다 먹자고 한 거야? 안 그래도 지수랑 밥 한번 같이 하고 싶었는데. 취업 준비는 잘 되어 가니?"

"네, 언니. 우선 은행에는 합격했어요. 하지만 아직 결정한 것은 아니고요. 다름이 아니고 언니에게 몇 가지 물어볼 게 있어서 저녁 먹자고 한 거에요. 막상 어느 정도 결정을 하려고 하니까 제가 알고 있는 것이 전부도 아니고 모르는 부분도 많고. 그래서 여러 사람들에게 이야기를 듣고 있긴 하지만 들으면 들을수록 더욱 어려워지기만 해요. 실은 저는 마케팅 전문가가 되고자 MBA에 왔고, 그래서 지금 MBA에서 마케팅 트랙(Track)을 밟고 있는데 지금 금융권으로 가는 것이 좋은 선택인지 잘 모르겠어요. 금융이 큰 시장이긴 한데. 저에게 중요한 결정이기 때문에 좀 더 신중히 생각해 보려고 하는데, 아직 경험해 보지 못해서 어려울 수밖에요. 얼마 전 동문 선배를 통해서 '금융 마케팅'에 대해 들었는데 이 분야가 많이 낙후되어 있긴 하지만 아직 전문가도 없고 만약 이 분야에서 제가 배운 것들과 경험을 바탕으로 시작하면 함께 발전할 수 있는 좋은 기회라고 하시더라구요. 향후 국내 금융

산업에 대한 성장 가능성도 높고 게다가 경쟁이 심해져 마케팅이 점점 중요해진다는 건 누구나 아는 사실이고요."

"으응, 나도 그건 동감이야."

"근데 언니가 일하고 있는 마케팅실은 1년 차부터 생각해 오던 직업이고, 지금 은행으로 가면서 제조업 마케팅 일을 포기하자니 미련이 생기더라고요. 그래서 직접 경험하고 있는 언니에게 좀 들어볼까 하는데."

지수는 민아와 식사를 하면서 민아에게 자신의 고민거리를 털어놓기 시작했다. 직접 경험해 보지 않았기 때문에 확실한 정답은 얻을 수 없었다. 자신이 경험해 보지 않고서는 그 직업이 좋은지 판단하기 어려운 법이다. 하지만 다시는 갖기 어려운 직업 선택의 기회였기 때문에 좀 더 신중하게, 많은 조언을 바탕으로 최적의 선택을 해야만 했다.

"그래. 잘했다. 네가 원하는 대답을 해 줄 수 있을지는 모르지만 현실적인 이야기를 하는 것이 좋겠지? 그게 지수에게 더 좋을 거라고 생각해. 우선 너는 2년 정도의 경력이 있기 때문에 우리 부서에 경력을 인정받고 들어가는 것은 쉽지 않을 거야. 2년 이라는 경력이 신입으로 가기엔 너무 아깝고 경력자로 들어가기엔 약간은 부족한 면이 없지 않아 있거든. 근데 기본적으로 우리 마케팅실에서는 만약 경력자를 뽑는다면 지수보다 경력이 있는 사람을 원할 거야. 특히 전자쪽 실무 경험이 있는 사람."

"아, 그래요, 언니? 제가 생각했던 거랑은 좀 다르네요."

"그치. 난 아무래도 경험이 좀 더 있으니까. 근데 내 생각엔 현재 합격한 그 은행으로 가는 것이 더 좋을 것이라고 생각하는데. 삼성전자처럼 제조업체로서 글로벌 마케팅을 하는 것은 아니지만 향후 발전 가능성을 보면 은행도 재미있고 할 일도 많고, 또 그만큼 네 역량을 발휘하기 쉽다고 생각하거든. 지수가 진짜 원하는 것이 무엇인지 더 잘 생각해 보고 각각의 장단점에 대한 표를 그려 봐. 그리고 가중치를 줘서 점수를 매겨 보고. 그러면 좀 더 객관적인 수치가 나오니까 판단하기 좋지 않을까? 모든 것에는 일장일단이 있으니."

민아는 지수에게 자신이 경험한 현실을 말해 주었다. 요즘 들어 마케팅을 전공하는 학생들이 취업 결정을 앞두고 삼성의 마케팅 분야에 대해 많이 물어보는 편이었다.

"고마워요. 언니. 제가 경험해 보지 못해서 알기 어려운 정보들이었는데."

"뭘, 또 물어보고 싶은 것이 있으면 물어봐. 그렇지만 내가 말한 것이 모두 다 정답은 아니니깐 다른 사람들에게 조언을 구해 보는 것도 필요할 것 같은데. 네가 원하면 우리 부서 사람 중 도움이 될 만한 사람의 이메일과 전화번호를 알려줄게. 직접 연락해서 물어봐도 좋고. 언제든지 필요한 것이 있으면 이야기해. 언니가 도와줄게."

지수는 자신의 일처럼 조언해 주는 민아가 참 고마웠다. 이러한 고민을 할 수 있다는 것도 행복한 일이었지만, 직업에 대한 의사결정이 결코 쉬운 일이 아니었다. 지수는 다음 날 있을 마케팅 촉진론 시험공부도 제대로 하지 못한 상태였지만 끊이지 않는 선택의 고민에 머릿속에 책이 들어오지 않았다. 누군가 함께 이야기할 사람이 필요했다. 지수는 승욱에게 전화를 했다.

"승욱 오빠, 지수야. 시험공부 많이 했어?"

시험공부를 하던 승욱이 반갑게 지수의 전화를 받았다.

"응, 그래, 지수야. 무슨 일이니?"

"아니. 그냥. 진로에 대해서 고민도 되고 내일 시험인데 공부는 머릿속에 하나도 안 들어오고. 이야기나 할까 해서. 바쁘면 나중에 봐도 되고."

사실 승욱 역시 졸업을 앞두고 직업 선택에 대해서 고민이 끊이질 않았다.

"그래. 뭐, 나도 좀 쉬려고 하던 참이었는데. 5층 로비에서 잠깐 이야기하자." 승욱은 동병상련의 심정으로 지수를 만났다.

"음, 당장 내일 일도 잘 모르는 판인데 10년 혹은 20년 일을 어떻게 알겠어? 매 시기마다 인기 직종은 있었지만, 그게 그 이후 계속해서 인기가 있고 잘 나가진 않았잖아? 1990년대에는 많은 이들이 대기업의 물산이나 상사에서 일하기를 원했고, 1990년대 말부터 2000년대 초에는 IT 기업에서 혹은 SI 업체에서 자신의 꿈을 이루고자 도전한 많은 젊은이들이 있었지. 최근에는 금융 분야의 직종에 대한 인기가 하늘을 찌르더군."

커피를 한 모금 마신 후 승욱은 말을 이었다.

"지난 겨울방학 때, 선배님 한 분이 취업문제로 고민하더라구. 이 학교에 올 때에는 통신회사에서 통신서비스 기획 일을 하고 싶어 한 엔지니어 출신이었지. 하지만 2학년 2학기 때에 금융 쪽에도 관심이 생겨서 은행에도 지원을 했더군. 결국 두 군데 모두 합격했는데 문제는 어디를 갈까 하는 고민이었지. 처음 그 선배를 학교로 오게 만든 동기는 통신 직종이었는데 말야. 물론 직장을 선택하는 데에 경제적인 보상과 직원 복지도 중요한 역할을 한다고 생각해. 하지만 그 선배와 얘기하면서 그분 스스로 결론 지은 내용인데, 자신이 가지고 있는 능력이 가고자 하는 분야에서 어떻게 적용될지에 대한 깊은 고민과 함께 자신의 미래에 대한 설계가 복합적으로 고려되어야 좋은 결론을 얻을 수 있다고 하더라구. 그 선배는 통신산업에 대해 스스로 공부도 많이 했고, 졸업논문도 그 분야의 주제에 대해 쓰셨기 때문에 다른 사람들보다 통신산업에 대한 이해도가 높다고 할 수 있지. 그런데 그 선배는 자신의 능력을 필요로 하는 은행으로 가기로 결정한 거야. 통신회사에는 이미 자신과 비슷한 능력을 보유한 많은 사람들이 치열하게 경쟁하며 지내고 있음에 반해, 타 산업에서는 자기가 좀 더 차별화될 수 있다고 생각한 것 같아."

"아, 맞다. 나도 그 선배 알아. 그런 사연이 있었군. 자신의 능력을 필요로 하는 타 산업에서 마음껏 자신의 능력을 발휘하는 것. 그것이 자신이 가진 자원을 가장 효율적으로 사용하는 것이라고 볼 수도 있겠네. 정말 어렵네. 휴우. 내일 보는 시험문제보다 더 어려운 문제야."

"사실 최근에 나도 MBA로서 앞으로 어떻게 살아야 하는지에 대한 고민이 있어. 그러나 한 가지 확실한 건, 경영대학에서 우리가 숱하게 읽고 분석하고 대안을 제시한 케이스들을 보면 알 수 있듯이 우리가 향후 어느 분야에서 일하게 되든, 우리는 당면한 문제에 대한 명확한 인식과 함께, 그것의 원인을 빠르고 정확하게 파악하고, 실현 가능한 대안을 제시하여 궁극적으로 대안이 현실에서 적용되도록 하는, 즉 비즈니스 문제해결의 전문가가 되어야 한다고 생각해. 그렇게 본다면 향후 어떤 산업을 선택할까, 어떤 산업이 유망할까에 대한 고민보다 내가 회사에 들어가서 어떻게 생활할 것인가가 더 중요해지는 것 같아. 향후 선택하는 직장이 자신이 몸담고 싶은 분야이면서, 직장 혹은 부서를 옮겨가는 과정에서도 결코 우리가 놓치지 말아야 할 것이 바로 이런 능력이라고 난 믿어. 수많은 유명한 CEO들이 자신의 전공이나 최초 업무와는 무관하게 직장이나 부서를 옮기면서도 능력을 인정받고 의미 있는 결과를 산출하면서 결국은 한걸음 한걸음 앞으로 나아가는 모습을 보면, 더욱 더 그러한 능력의 중요성을 인식하게 되거든."

"오빠 말이 맞아. 우리가 배웠던 수많은 수업과 거기서 다룬 케이스들을 돌이켜보면, 우린 분야에 상관없이 문제를 해결하는 해결사 역할을 해야 함을 나 역시 순간순간 느끼긴 했었거든. 오빠 말을 들으니 그게 더 분명해지네. 사실 입학 전에 가지고 있던 기준이 바뀌는 경우가 많은 것 같아. 이러한 변화에 대한 두려움이 많기는 했지만 확실한 것은, 내가 가지고 있는 역량을 바탕으로 그 역량을 최대한 활용할 수 있는 곳을 찾아야 한다는 거야. 최고의 마케팅 전문가가 되는 것. 이러한 나의 꿈을 위한 버팀목이 될 수 있는 곳을 선택해야지."

"그래. 이런, 시간이 많이 흘렀네? 지수야, 남은 기간 스스로 더 많이 고민하고 다른 사람들에게 조언도 많이 구하면서 의미 있는 학기 말을 보내자고. 이제 들어가서 내일 시험공부 마무리하자. 시험이 이제 12시 간도 남지 않았네. 난 아직 마무리도 못했는데."

"그래, 오빠. 이제 들어가서 내일 시험준비 마무리하자고. 오늘 이렇 게 이야기했지만 아마도 진로 선택에 대한 고민은 계속될 거 같아. 이 제 이런 고민도 즐겨야 될 것 같은데."

MBA들의 직업 선택에 대한 고민은 다양하다. 산업을 택할 것인가, 직종을 택할 것인가는 가장 대표적인 고민 중의 하나다. 현실적으로 돈 과 적성 사이의 갈등도 많이 발생하는 문제다. 각자 고민의 기준은 다 르지만 그들이 어디를 선택할지에 앞서 비즈니스 문제 해결의 전문가 로서 기반 역량을 제대로 갖추고 있는지가 중요할 것이다.

한 밤 의
샤 콘 느

새벽 3시, 밀린 숙제를 마무리하고 랩을 빠져 나오던 영훈과 승욱은 갑자기 걸음을 멈춰 섰다.

"야, 승욱아 이거 바이올린 소리 아냐? 어디서 나는 거지?"

"누군지 몰라도 기가 막힌 솜씨 같은데. 아트리움 쪽이야. 형, 한번 가보자."

한밤의 정적을 깨는 소리는 비탈리의 샤콘느였다. 세상에서 가장 슬픈 노래라는 별칭까지 얻고 있는 곡이었지만, 샤콘느는 지친 두 사람의 몸과 맘을 위로하는 것처럼 들렸다. 아트리움 구석 작은 무대 앞에서 누군가가 바이올린을 연주하고 있었다.

"형, 대체 누구지? 이 시간에."

"내가 아는 친구 같은데…."

영훈은 잠시 생각하더니 무릎을 쳤다.

"아, 예은이다. 승욱이 너도 예은이 알지? 왜 내가 멘토(Mentor)하고 있는 금융 MBA 1학년 학생 말이야. 지난번에 같이 원형광장에서 함께 차 마신 적 있었잖아."

"아, 맞다. 근데 바이올린도 켜는 줄 몰랐네. 근데 이 시간에 웬일이지. 형, 가볼까?"

"그럴까? 아니다. 연주에 흠뻑 빠져 있는데 그냥 방해하지 말고 여기서 연주나 좀 듣다가 가자."

아트리움 앞에 서서 10분 남짓 바이올린 연주를 듣던 둘은 다시 걸음을 돌려 기숙사로 향했다.

'예은이가 무슨 일 있나? 이 시간에 혼자 아트리움에서 연주를…'

신입생 오리엔테이션 때 멘토가 되었지만 정작 별 도움을 주지 못해 미안해 하던 영훈은 예은이에게 이메일이라도 보내봐야겠다고 생각했다.

바이올리니스트의 꿈을 넘어

'아, 대체 이게 무슨 말이지? 알 듯 모를 듯한데 아직도 감이 잘 안 잡히네.'

선물옵션 기말 시험공부를 하던 예은은 잠시 책을 덮고 일기장을 펼쳤다. 지난 1학기 때 썼던 일기가 눈 앞에 펼쳐졌다.

4.19 (수)

하루하루가 고달프다. 학부에서 경영학을 전공했지만, 금융 MBA 과목들을 소화하기 위한 고급 수리 통계적 지식에는 한없이 못 미치는 것 같다. 수학이나 공학을 전공한 다른 학생들은 수업을 따라가는 데 아무런 문제도 없어 보이는데 나만 지진아가 된 느낌이다. 대체 내가 무엇을 위해 카이스트 금융 MBA를 택했던가. 이렇게 힘든 줄 알았다면 차라리 미국에서 MBA를 계속하는 건데 나의 오판이었을까?

카이스트 금융 MBA를 하면 다른 사람들과 확실하게 차별화를 할 수 있고, 금융과 재무 분야에서 전문가로 성장할 수 있을 것 같다는 생각에 여기 홍콩까지 왔는데…. 이번 학기가 지나고 나면 학교생활에 더 잘 적응할 수 있을까? 두려움이 밀려온다. 국제금융, 자산관리, 신용분석, 리스크 관리, 파생상품 운영, 멋지게만 생각했던 분야들이 이젠 도저히 정복할 수 없을 것만 같은 고지로 느껴진다.

잘할 수 있을까? 월스트리트를 보며 키운 나의 꿈이 여전히 유효할까? 바이올리니스트의 꿈까지 포기하며 여기까지 왔는데. 이번 학기는 과연 어떻게 보낼 것이며, 다음 학기는 어떤 모습으로 다가올까? 여기서 2년을 보내면 내 꿈에 한 발자국 다가설 수 있는 것일까? 열심히 최선만 다하면 되는 것일까? 서서히 두려워진다.

예은은 자신이 쓴 일기를 보며 노도 같았던 지난 8개월간의 카이스트 금융 MBA 과정을 떠 올렸다. 학부에서 이미 경영학을 공부했고, 미국에서 고등학교를 졸업해서 원서로 공부하고 영어로 수업하는 것에 대해서도 전혀 부담이 없었던 까닭에 누구보다도 카이스트에서의 생활에 자신감이 있었는데, 그러한 예측이 완전히 빗나갔던 시간이었다.

고난도의 수리·통계적 기반 지식을 요구하는 금융 MBA 과정에 적응하기 위해 1학기는 하루하루를 시험기간처럼 보냈다. 그리고 공부 이외에도 예은을 힘들게 했던 것은 카이스트의 문화였다. 가치관의 형성에 많은 영향을 미치는 고등학교와 대학과정을 미국에서 보냈던 예은에게 카이스트의 랩 문화는 또 하나의 장애물이었다. 항상 같은 사람들과 동일한 공간에서 생활해야 했기 때문에 사생활을 유지하기가 힘들었다.

동료 학생의 관심이 간섭으로 느껴질 때가 있었고, 자신이 랩에서 하고 있는 모든 일이 랩을 공유하는 모든 학생들에게 전부 공유될 수 있다는 부담감이 컸다. 더욱이 2인 1실로 운영되는 기숙사 생활은 짧은 시간만이라도 혼자 있고 싶다는 작은 소망까지도 빼앗아가 버렸다. 공부에 대한 부담까지 더해져 예은에게 카이스트 금융 MBA의 생활은 하루하루가 버거웠던 것이다.

카이스트 생활한 지 8개월. 하루하루를 전쟁같이 보냈던 지난 8개월이 예은에게 헛된 것만은 아니었다. 암호처럼 느껴졌던 난해한 수리 모형도 이제 친숙하게 느껴졌다. 한때 간섭으로 느껴졌던 랩 동료들의 관

심은 예은이 공부와 학교생활에 제대로 적응할 수 있는 소중한 힘으로
변했다. 랩이라는 물리적 공동체는 자연스럽게 학습 공동체로서 역할
을 하여 서로 도우면서 공부할 수 있는 기반이 되었다.

함께 공부하면서 모두가 힘들어한다는 사실을 확인하게 되었고, 자
신의 부족한 부분을 보충하는 통로로 활용할 수 있게 되었던 것이다.
룸메이트 역시 누구보다 자신을 이해하고 도와주는 조력자로서 생각됐
다. 예은은 이렇게 짧은 시간 동안 자신이 변할 수 있다는 사실이 놀라
웠다. 사람은 무한한 가능성의 존재라는 자신의 믿음이 결코 틀리지 않
았다는 것을 확인하는 듯했다.

예은이 미국 유학 길에 오른 것은 중학교 3학년 때의 일이었다. 1년
동안 하루도 빠지지 않고 부모를 졸라 간신히 얻어낸 허락이었다. 뉴욕
예술고등학교(New York Professional Children's School)에 다니면서 비탈리
의 샤콘느와 싸라사테의 쯔고이네르바이젠에 푹 빠져 있곤 했다.

그런데 어느 날 월스트리트(Wall Street)를 보게 되었고 알 수 없는 흥분
과 짜릿함을 느꼈다. 자신의 전부라 느꼈던 음악이 주지 못했던 묘한
기운이었다. 학교에서 전철로 불과 10분 정도 거리에 있는 월스트리트
의 박진감 넘치고 역동적인 일상은 시간이 지날수록 예은의 마음을 빼
앗아 가기 시작했다. 음악의 세계가 아닌, 비즈니스 세계에서 꿈을 펼
치고 싶다는 생각을 거둘 수 없었다.

부모에게 미안한 마음도 있었지만 음악이든 비즈니스든 성공만 하

면 부모를 기쁘게 해 줄 수 있다는 생각에 예은은 결국 고등학교를 졸업하고 인디애나 주립대 경영학과를 선택했다. 공부하는 4년 동안 한 번도 그때의 선택을 후회하지 않았다. 매일이 새로웠다. 졸업 후 회계법인에서 RA(Research Assistant)로 잠시 근무한 후 LG미주법인에서 2년가량 일했다.

다시 고민이었다. MBA를 하기 위해 직장 경력까지 쌓았는데, 어떤 MBA를 선택하느냐가 문제였다. 이미 켈리 스쿨(Kelly School) MBA에 합격한 상태였지만 고민은 사라지지 않았다. 학부에서 경영학을 전공했기 때문에 좀 더 전문화된 과정이 필요했는데 이에 대한 확신이 서지 않았다.

그러던 중 한국에 있는 아버지의 소개로 카이스트 금융 MBA 프로그램 정보를 접하고 다시 고심했다. 월스트리트를 보며 꾸었던 꿈을 생각했다. 금융전문가가 되기 위해서는 보다 전문적 교육을 받을 수 있는 카이스트 금융 MBA가 좋을 것 같았다. 어려운 결정이었지만 카이스트를 택했고 이제 벌써 1년차의 생활이 마감되는 순간까지 이른 것이었다.

다시 세계로

기말시험을 힘겹게 마쳤다. 카이스트에서 두 학기를 보내면서 금융 MBA 과정에 많이 익숙해진 상태였지만, 학기 중에 배운 모든 지식을 시험하는 기말시험 기간은 여전히 인내와 체력을 요하는 힘든 시간이었다. 예은은 시험 성적이 어떻게 나올지 알 수 없었지만 최선을 다했다는 데 의미를 두며 뿌듯함을 느꼈다.

기말시험을 마치자 예은에게 다시 짐을 꾸려야 할 시간이 찾아왔다. 오랜만에 가족과 함께 여유로운 크리스마스 휴일을 보내려고 가방에 필요한 옷과 책들을 채우기 시작했다. 이번 크리스마스가 지나면 잠시 카이스트 비즈니스 스쿨을 떠나 런던에서 한 학기를 보내야 하기 때문이었다. 금융 MBA들은 의무적으로 한 학기를 미국이나 영국에서 보내야 했는데, 예은은 런던을 선택했다. 런던은 뉴욕과 함께 세계 금융의 양대 축으로 기능하는 도시였고, 이미 뉴욕에서의 경험은 충분하다고 판단하였기 때문이다.

시티 오브 런던(City of London)은 최근 들어 여러 측면에서 뉴욕 금융가를 제치고 세계 금융의 중심지로 재부상하고 있는 도시였다. 특히, 기업공개를 통해 조성된 자금 규모는 뉴욕증권거래소와 나스닥의 조성자금을 합한 것보다 많을 정도였다.

'이제 런던에서 공부하는구나. 뉴욕에서 공부하며 금융전문가로 꿈을 키웠고, 서울 홍릉에서 공부하면서 금융전문가가 되기 위한 혹독한 훈련의 과정을 거쳤는데 런던은 나에게 무엇을 줄 것인가?

예은은 다시 행복한 상상에 빠져 들었다. 한숨과 좌절 속에 보낸 1학기의 힘겨움을 겨우 극복하고 2학기를 지내면서 자신감이 많이 회복된 상태였다. 한 번도 경험해 보지 못한 런던 금융가에서 무엇을 경험하고 느낄 수 있을까를 상상하는 것만으로도 즐거웠다.

모듈(Module) 형태로 운영되는 카이스트에서의 두 학기 과정을 통해 금융의 15가지 이상의 핵심 분야에 대해 집중적으로 공부했기 때문에 더 이상 공부에 대한 부담감도 없었다. 런던에서 세계 각국의 학생들과 경쟁하게 될 것이라는 사실이 오히려 더 좋은 기회로 여겨졌다.

'이제 런던에서 나는 어떤 내용으로 내 일기장을 채우게 될까? 런던에서의 6개월이 앞으로의 내 꿈에 어떤 영향을 미치게 될 것인가? 런던에서의 생활은 마지막 남은 카이스트에서 한 학기를 다시 결정하게 될 것이다. 더욱 자신감을 회복하게 될지, 아니면 또 다른 좌절을 맛볼지 지금은 알 수 없다. 결과가 어떻게 전개될지 알 수는 없지만 그렇다고 꿈꾸는 자유까지 포기하지는 않을 것이다. 다시 꿈을 꾸자. 꿈이 계속될 때 그 꿈은 현실이 될 것이다.'

마 지 막
팀 미 팅

이제호 교수의 하이테크 경영전략 마지막 수업을 마치고 준헌, 승준, 길헌, 영훈은 학교 정문에서 100미터 정도 떨어진 두부사랑이란 식당을 찾았다. 평소 학교 식당이나 아트리움 끄로네에서 함께 식사를 하곤 했지만 마지막 팀 미팅을 평소와 같이 진행할 수는 없는 노릇이었다.

"한 학기 동안 다들 진짜 고생했어. 근데 난 이번 우리 팀 모임을 통해 많은 걸 배워서 정말 좋다야."

팀원 중에서 가장 나이가 많은 승준이 먼저 입을 열었다.

"형, 우리들도 마찬가지야. 사실 카이스트에서 4학기 동안 수많은 팀 미팅을 가졌지만 이번 우리 하이테크 팀은 가장 인상 깊고 좋았던 팀 중의 하나였어."

준헌이 승준의 의견에 맞장구를 치며 길헌과 영훈을 쳐다보았다.

한 학기 내내 거의 빠짐없이 일주일에 한 번 정도 만난 넷은 서로에 대한 정도 깊이 들었지만 각자 열정적으로 참여했던 팀 모임에 대해 깊은 애정을 느끼고 있었다. 일주일에 하나에서 두 개 정도의 케이스를 다루었던 하이테크 경영전략 수업이었지만 마지막 학기를 보내고 있던 넷은 케이스 분석에는 이미 충분히 익숙해진 상태였다. 특히 그간 다양한 과목을 수강하여 경영에 대한 이론적 기반을 튼튼히 다질 수 있었기에 각각의 케이스를 보다 다양한 시각으로 분석하고 대안을 위해 깊이 생각할 수 있었다.

"근데 하이테크 경영전략 수업을 수강하면서 가장 인상 깊었던 내용은 뭐야? 다룬 이론이나 사례가 다들 너무 재미있고 가치 있는 내용들이어서 뭐 하나 버릴 게 없단 말이야."

길헌이 마지막 팀 미팅을 의미 있게 마치자는 듯이 질문을 던졌다.

"음, 플랫폼 리더쉽(Platform leadership)에 대한 이론도 흥미 있었고, 캐즘이론(Chasm theory)의 가치를 재발견한 것도 아주 의미가 있었어. 관련한 케이스도 아주 적절했고 말이야."

영훈이 뿌듯한 표정을 지으며 길헌의 물음에 답했다.

"나도 그 말에 적극 공감해. 그런 것들을 모두 아우르는 것은 역시 CEO의 가치와 역할의 중요성 아닐까?"

"CEO의 가치와 역할이라? 준헌아, 너 혹시 IBM의 루 거스너(Louis Gerstner) 회장 생각하고 있는 거 아냐?"

승준이 준헌의 화두에 대해 자신도 공감하고 있다는 듯한 물음을 던졌다.

"맞아. 루 거스너."

"그래, 맞아. 루 거스너. 나도 그 양반 정말 인상적이더라. 어쩌면 그렇게 죽어가는 회사를 살려낼 수 있을까? 참, 대단했지. 아마 루 거스너가 없었으면 IBM은 역사책에서나 볼 수 있는 회사로 전락했을지도 몰라."

영훈도 승준과 준헌의 이야기에 맞장구를 쳤다.

메인프레임(Main frame) 컴퓨터 시장을 주름 잡으며 한때 전 세계 IT 시장 매출의 70% 이상을 차지하던 IBM은 인텔과 MS에게 컴퓨터 시장의 주도를 빼앗기면서 1990년대 초반 급속한 쇄락의 길을 걷기 시작했다.

결국 루 거스너가 IBM CEO로 취임할 무렵, IBM은 80억 달러에 이르는 적자에 힘겨워하는 기업으로 전락하고 말았다. 당시 증권사 애널리스트와 업계전문가들은 IBM이 서서히 몰락할 것이라는 발언을 주저하지 않았고, 잭 웰치나 빌 게이츠도 IBM의 CEO 자리 제안을 거부할 만큼 IBM은 심각한 상황이었다.

놀라운 사실은 루 거스너가 취임한 지 2년이 지나지 않아 IBM은 다시 흑자를 내기 시작했으며 4년 만에 IBM을 성장 기업으로 완전히 탈바꿈시켰다는 사실이었다. 루 거스너는 컴퓨터 제조업체인 IBM을 솔루션 제공 회사로 변모시켰고, 그가 퇴직할 무렵 IBM은 순이익 80억 달러의 흑자를 기록하였고 주가는 10배가 넘게 오른 상태였다.

"그러게. 어떻게 그렇게 문제 많던 IBM을 4년 만에 완전히 새로운 궤

도로 옮겨 놓을 수 있었을까? 취임 6개월이 지나기도 전에 IBM의 핵심 문제와 미래 사업 방향을 제시한 루 거스너는 대체 어떤 사람인 거야? 우리도 MBA 과정 2년을 마쳤는데 루 거스너와 같은 상황에서 그렇게 문제를 진단하고 의사결정할 수 있을까?"

길헌 역시 루 거스너의 경이적 성과가 놀라울 뿐이었다.

"나도 IBM 케이스를 다루면서 코끼리를 춤추게 하라는 책까지 읽어 봤는데 루 거스너는 완전히 준비된 CEO였던 것 같아. MBA를 마치고 맥킨지에서 다양한 회사의 경영 문제를 폭넓게 다뤄본 데다가 아메리칸 익스프레스와 나비스코 CEO까지 거쳤으니 그보다 더 이상적인 이력이 어디 있겠어?"

"맞아. 나도 형 말에 적극 공감해. 그런 경험을 통해 루 거스너가 축적한 역량은 핵심 문제를 정확하게 진단하는 능력이었던 것 같아. 세상 사람들 모두가 IBM이 분할되어야 한다고 주장했지만 루 거스너는 그게 문제의 초점이 아니라고 진단했잖아. 오히려 고객이 원하는 것은 하나의 IBM이고, 종합 솔루션이라는 문제 파악은 대단했던 것 같아."

영훈이 계속 말을 이었다.

"결국 CEO의 역할이 그만큼 중요하다는 것 아냐? 나도 그동안에는 CEO 역할이 막연하게 중요하다라는 정도로 생각했는데 IBM을 회생시킨 루 거스너의 활약을 보고 CEO의 가치에 대해 완전히 새롭게 인색하게 됐어."

준헌이 뭔가 대단한 가치를 깨달았다는 듯한 표정을 지으며 CEO의 중요성에 대해 강조하기 시작했다.

1993년 루 거스너가 취임하던 무렵 IBM은 30만 명에 가까운 직원을 보유하고 있었는데, 직원들의 직계가족과 관련한 협력사의 직원, 연관된 사람들을 생각하면 루 거스너는 수백만 명의 운명을 결정하는 자리에 있었다고 해도 과언이 아닐 것이다. 그의 정확한 문제진단과 의사결정이 수백만 명의 행복을 가능케 해 주었다. 어떤 측면에서는 미국인들이 가진 IBM에 대한 특별한 애정과 관심을 지켜주었고, IBM을 중심으로 IT 분야에 새로운 가치들이 창출되도록 한 것이었다.

결국 뛰어난 경영자는 의사가 환자의 생명을 지켜주듯 기업의 사회적 생명과 그 기업에 얽힌 수많은 기업과 사람들의 병을 고쳐주고 새로운 생명을 불어넣는 존재인 것이다. 루 거스너는 그러한 경영자의 역할에 대해 이상적 모델을 제시했다.

"여기 네 사람 중에서도 루 거스너와 같은 경영자가 탄생할 수 있을까? 지금까지 문제를 진단하고 해결책을 제시하는 훈련을 집중적으로 받았는데 최소한 그런 흉내라도 낼 수 있어야 하지 않을까? 최고경영자 자리가 아니라 하더라도 적어도 자신이 속한 조직에서는 문제를 제대로 진단하고 비전을 제시할 수 있어야 하지 않겠어?"

진지한 표정으로 승준이 질문을 던졌다.

"형, 정말 그럴 수 있으면 좋겠다. 사실 2년 동안 공부하면서 자신감도 많이 생겼는데 IBM과 같은 문제에 부딪힌 회사에 대해 그런 해답을 제시할 수 있을지는 정말 모르겠네."

"CEO. 정말 중요한 자리지. 단지 노력한다고 해서 루 거스너처럼 천재적으로 기업의 문제를 진단하고 해결책을 제시할 수는 없을 거야. 그래도 분명한 것은 루 거스너가 어느 날 갑자기 그런 능력이 생긴 것은 아닐 거라는 사실이야. 평소에 다양한 문제들에 대해 깊이 있게 생각하고 훈련한 덕분에 그러한 비전을 제시하고 죽어가는 회사를 살릴 수 있었던 거지."

두부전골이 끓고 있었지만 넷은 수저를 들기보다 CEO 이야기에 온 정신이 빠져 있었다. MBA 2년 과정을 마쳐가고 있는 그들에게 루 거스너의 이야기는 어느 먼 나라의 사례가 아니라 그들에게도 조만간 닥칠 수 있는 현실의 이야기였다. 비단 최고경영자의 자리가 아니더라도 어떤 위치에서든 당면한 문제를 진단하고 그것에 부합하는 최적의 답을 제시해야 하는 일이 앞으로 그들이 해야할 일이기 때문이었다.

노력만 해서는 탁월한 경영인이 될 수 없다. 그러나 노력도 하지 않고 탁월한 경영인이 되는 것은 더욱 힘든 일이다. 2년간의 고된 훈련을 거친 그들이 기업 경영의 현장에서 어떤 능력을 발휘할 수 있을지, 어떤 성과를 창출할지 예측할 수는 없다.

분명한 것은 열정이 지속된다면 그 열정이 다른 사람에게 전이되고 조직에 파급되어 새로운 변화와 발전의 흐름을 형성할 수 있다는 것이다. 열정을 가진 사람만이 다른 사람에게 동기부여를 할 수 있고, 다른 사람에게 동기부여를 할 수 있을 때 조직 전체의 동반 성장이 가능하다.

카이스트 MBA, 열정

초판 1쇄 2007년 2월 20일
　　　4쇄 2010년 4월 30일

지은이　　　서영훈, 강승욱, 김지수
펴낸이　　　김석규
펴낸곳　　　매경출판(주)
등　록　　　2003년 4월 24일 (No. 2-3759)
주　소　　　서울 중구 필동 1가 30번지 매경미디어센터 9층
전　화　　　02) 2000-2610~2, 2630~2632 (기획편집팀)
　　　　　　02) 2000-2645 (마케팅팀)
팩　스　　　02) 2000-2609
이메일　　　publish@mk.co.kr

ISBN 978-89-7442-438-1
값 12,000원